| 박주현 · 김민희 · 모아라 · 이소현 · 이은정 · 정다우리 · 정희정 · 한성희 공저 |

영유아발달

INFANT AND EARLY CHILDHOOD DEVELOPMENT

양성원

머 리 말

발달(Development)은 개인이 생물학적인 성숙 과정에 따라 자신의 환경과 상호작용하는 경험을 통해서 심리구조와 기능을 발달시켜가는 과정이다. 이 과정은 유전적으로 결정된 성숙의 순서, 타고난 잠재력, 환경의 영향 그리고 개인의 경험이라는 다양한 요소의 상호작용을 포함한다. 정신분석학에서 이 용어는 특히 환경과의 상호작용을 통해 주요 심리구조(id, ego, super ego)가 형성되는 성장 과정을 일컫는다. 성숙(maturation) 과정은 외부 환경 요인과는 별도로 선천적이고 유전적인 잠재력의 신체적 및 정신적 성장을 의미하는 것으로 발달과는 개념이 다르다.

발달은 특정 연구자들이 고안한 발달적 도식(schema)에 따라 다양한 관점에서 고찰되어 왔다. 가장 잘 알려진 것은 프로이트의 심리성적 관점(1905)이다. 이 관점은 영유아기 발달 과정 안에 리비도(libido) 욕동(drive)의 연속적 단계(구강기, 항문기, 남근기)가 존재한다고 가정하는데, 각 단계는 주로 성적 만족과 관련된 신체 영역과 기관에 기초해 있다. 몇몇 정신분석가(psychoanalyst)는 발달에서 대상이 갖는 중요성을 알게 되면서 어머니와 유아 상호 간의 반응 단계에 관한 개념을 고안해냈다. 유아는 이러한 단계를 따라 확고한 어머니 표상을 성취하고 자아 및 초자아 기능을 발달시킨다고 보았다. 이러한 도식은 모두 발달 과정이 예측이 가능하고 연속적인 방식으로 진행된다는 생각을 포함하고 있다.

『영유아 발달』을 통해 보육현장에 나갈 예비 보육교사의 전문성 함양에 보탬이 되기를 기대한다. 보육교사의 전문성 강화는 어제오늘의 이슈가 아니다. 보육교사의 전문성을 높이기 위해서는 대학에서 보육 관련 전문지식을 길러야 한다. 특히, 영유아의 발달에 대한 확고한 지식을 습득하여야 한다. 예컨대, 두뇌 발달이 3세까지 85%, 5세경이면 성인의 90%까지 이루어지며, 신체 부위 간의 크기 비율이 성인에 가까워진다. 유아기엔 상상력이 발달하여 어두움이나 보이지 않는 존재에 대해 공포를 느끼는 경우가 많다.

따라서 이 책은 보건복지부·육아정책연구소의 『보육교사 양성과정 및 보육실습 매뉴얼 연구』 지침을 최대한 반영하였다. 이를 위해 집필진은 현장 상황을 여러 각도에서 분석하였다. 그러나 공동 집필은 많은 장점에도 불구하고 약간의 단점도 있을 수밖에 없다. 따라서 장점은 최대한 살리고, 단점은 다음에 기회가 있을 때 보완하고자 한다. 원고를 위해 노력한 도서출판 양성원 관련 직원의 노고에 감사드린다.

2019년 7월

차 례

PART 1 영유아 발달의 기초

PART 1

영유아 발달의 기초

Chapter 01

발달의 개념 및 쟁점

• 학습목표 •

1. 발달의 개념을 이해하고 영유아기의 발달을 시기에 따라 나누어 볼 수 있다.
2. 발달의 원리를 이해한다.
3. 발달에 대한 논쟁점을 설명할 수 있다.

발달이라는 개념이 인간에게 적용되면서 아기가 태어나서부터 시간의 흐름에 따라 나타나는 독특한 특성을 분명하게 구분되어지는 단계로 나누어 설명한다. 발달단계와 단계에 따른 발달의 원리를 이해하는 것은 영유아에 대한 이해의 첫걸음이다. 한편 오랫동안 학자들은 발달에 대한 다양한 견해를 주장해 왔으며, 그러한 주장은 서로 상반되어 지금까지 연구되어 왔다. 이러한 발달 연구의 다양한 시각은 영유아의 폭넓은 이해의 근간이 된다.

1. 발달의 개념

발달(Development)이란 수정의 순간에서 사망에 이르기까지 인간의 모든 생애동안 지속적으로 일어나는 양적, 질적인 변화를 말한다. 양적 변화란 신장, 체중, 어휘 등의 양이나 크기의 변화를 의미하며, 질적 변화는 정서, 지능 등 인간의 본질이나 구조의 변화를 의미한다. 과거에는 발달이란 신체적, 심리적 성장을 의미하는 경향이 있었으나, 최근에는 상승과 쇠퇴를 모두 발달로 간주한다. 발달과 함께 쓰이는 용어로는 성숙(maturation)과 성장(growth)이 있다. 성숙은 주로 인간의 유전적, 생리적 요인에 의한 성장을 의미하며, 성장은 발달과정에 있어서 양적 변화를 의미하는 것으로 주로 신체적 변화를 말할 때 사용한다. 발달은 주로 이러한 성숙과 성장을 포함하는 상위개념이라 할 수 있다.

2. 발달 단계와 원리

1) 발달 단계

인간의 발달은 생애를 거쳐 지속적으로 일어나는 변화이므로 양적인 증가나 기능의 향상을 가져올 뿐 아니라 양적인 감소나 기능의 쇠퇴 역시 포함한다. 발달의 시기 구분은 연구자마다 다소 다르지만 주로 시간적 추이나 변화 양상에 기초하여 구분하며, 일반적으로 태내기, 영아기, 유아기, 아동기, 청소년기, 성인기, 중년기, 노년기로 구분한다. 영유아 발달은 태내기, 영아기, 유아기로 이루어지며 이어지는 아동기의 특성을 살펴보는 것은 발달의 연계에서 영유아를 더욱 잘 이해할 수 있다.

(1) 태내기(Prenatal period)

난자와 정자가 결합되는 수정에서 출산까지의 기간으로 약 9개월 정도의 기간을 말한다. 이 시기를 세분화하여 발아기, 배아기, 태아기로 나눌 수 있다. 이 시기에는 태아의 신체 조직이 구성될 뿐 아니라 신체 성장이 급격히 이루어지며, 특히 태내 환경의 영향을 많이 받는 시기이다.

(2) 영아기(Infancy)

영아기는 주로 출생 후 2년간을 의미하나 보다 넓게 36개월까지로 정의하는 경우도 있다. 이 시기는 매우 많은 변화와 성장이 이루어지므로 세분화하여 신생아기, 영아기로 구분할 수 있으며 특별히 영아 후기를 걸음마기로 구분하기도 한다. 이 시기에는 양육자와 긴밀한 유대감을 이루어 애착을 형성하여 이를 기반으로 발달한다. 특히 급격한 두뇌 및 신체의 성장은 물론 걷기, 배변, 언어의 사용 등 중요한 발달적 사건들이 일어난다.

(3) 유아기(Early childhood)

영아기보다는 신체적 발달이나 속도는 완만하지만 여전히 빠른 신체적 발달이 이루어지며, 모든 발달 영역에서 성장이 지속적으로 진행된다. 운동능력이 발달하여 뛰고 달리는 등 대근육 활동이 증가하고, 소근육 발달 역시 정교해진다. 자아가 발달하며, 인지능력과 더불어 언어가 유창해지고, 창의력, 상상력 등이 풍부해진다. 또한 또래와 놀이를 즐기며, 적극적으로 주변 환경을 탐색할 뿐 아니라 자기조절, 통제능력 등을 길러 사회화의 기초를 이루게 된다.

(4) 아동기(Middle childhood)

일반적으로 아동기는 초등학교에 다니는 시기를 의미한다. 이 시기 아동들은 보다 세련되고 향상된 발달 양상들로 인해 자기중심성이 사라지면서 타인 이해나 조망 수용 능력 등이 증진된다. 보다 형식적인 교육기관인 학교를 중심으로 규율이나 학습능력 향상에 대한 기대와 요구를 받으며 사회적 관계를 형성해 나간다. 특히 또래집단의 영향력이 커지는 시기로 사회화에 있어 중요한 시기이다.

〈표 1-1〉 인간의 발달 단계

발달 단계		시 기
태아기		임신 ~ 출산
영아기	신생아기	출생 ~ 1개월
	영아기	생후 1개월 ~ 2년
유아기		생후 2년 ~ 6년
아동기		생후 6년 ~ 12년
청소년기		12세 ~ 20세(부모로부터 독립)
성인기		20세 ~ 40세
장년기		40세 ~ 65세
노년기		65세 이후

2) 발달의 원리

(1) 발달의 진행은 일정한 순서로 이루어진다.

발달은 일정한 순서대로 진행된다. 즉, 신체 발달은 고개를 들고, 가슴을 들고, 앉고, 서는 순서로 진행된다. 언어 발달도 울음, 몸짓 등으로 자신의 요구를 표현하다 쿠잉, 옹알이, 한 단어, 두 단어 시기를 거쳐 원활한 의사소통으로 발달하게 된다. 이러한 발달의 순서는 이전의 발달이 다음 발달의 기초가 되어 이후 발달을 이룬다는 것을 의미한다.

(2) 발달은 일정한 방향이 있다.

발달은 일정한 방향으로 진행되며, 3가지의 원칙에 따라 이루어진다.

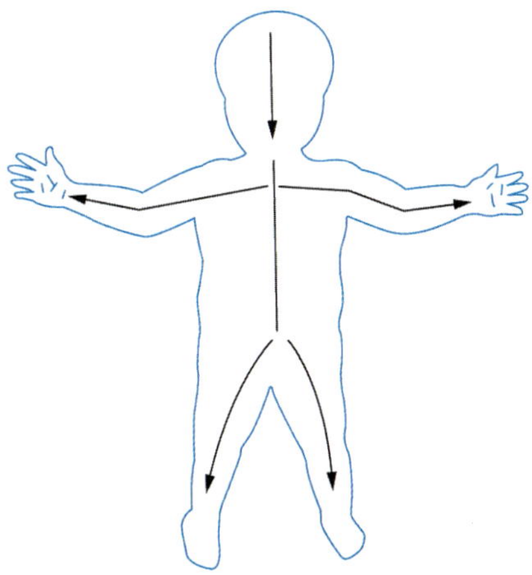

[그림 1-1] 발달의 방향성

① **두미 발달**(Cephalocaudal development)**의 원칙**

발달은 머리 부분이 몸통이나 다리보다 먼저 발달한다. 따라서 영아의 신체 발달이 머리를 먼저 들고 가슴을 들며, 팔을 이용해 기기, 이후 무릎으로 기다가 일어서서 걷는 방향으로 진행된다.

② **근원 발달**(Proximodistal development)**의 원칙**

발달은 신체의 중심에서 말초 방향으로 진행된다. 팔의 발달에 있어서도 팔이 먼저 발달하고 점점 손목, 손, 손가락의 순서로 중심부분에서 말초 방향으로 발달한다.

③ **세분화 발달**(General to specific development)**의 원칙**

발달은 일반적이고 전체적인 것에서 보다 특수한 것으로 분화되어 발달한다. 즉, 단순한 것에서부터 복잡한 것으로 진행되는 것이다. 영아는 물건을 잡을 때 손바닥 전체를 사용하여 주먹으로 쥐듯 잡게 되지만, 점차 엄지와 검지 손가락을 사용하여 물건을 잡을 수 있게 된다.

(3) 발달의 속도는 일정하지 않다.

각 영역의 발달은 전 생애에 걸쳐 지속적으로 진행되지만 그 속도는 일정하지 않다. 즉, 신체의 성장발달은 영아기에 크게 증가하며 둔화되어 성장하다 사춘기에 다시 급격하게 이루어진다. 언어 발달에 있어서도 유아기에는 어휘력이 풍부해져 15개월에는 10여 개의 단어를 사용하던 것이 20개월이면 약 300여 개, 36개월에는 1,000여 개의 단어를 사용할 수 있다. 또한 청년기에는 논리적인 문제해결능력 등 인지 발달이 현저히 이루어진다.

(4) 발달에는 개인차가 있다.

영유아의 발달은 보편적인 순서와 방향을 가지지만 성별이나 유전인자 및 양육환경 등에 따라 그 속도의 차이가 있다. 이러한 발달의 차이는 유전과 환경의 영향에 의해 나타나는 것으로 연령과 성별이 같아도 키나 몸무게 뿐 아니라 운동기능이나 언어 발달, 지각능력 등에서 차이를 보인다. 심지어 유전인자가 동일한 쌍둥이의 경우에도 다른 환경에서 양육될 때 차이가 나타난다.

(5) 발달 영역은 상호의존적이다.

영유아의 발달은 독립적이 아니라 상호 간에 영향을 미치며 진행된다. 예를 들면, 양육자와 안정적인 애착을 형성한 영아는 안정적으로 주변 환경을 탐색하여 인지 발달에 긍정적인 영향을 미치게 된다. 또한 언어 발달이 늦은 영유아가 소통의 어려움으로 인해 울기나 떼쓰기, 뺏기 등 부정적인 방법으로 자신의 의사를 표현하게 된다면 사회적인 관계에도 영향을 가져오게 된다. 이렇게 신체 발달, 인지 발달, 언어 발달, 사회성 발달, 정서 발달은 밀접하게 연계되어 발달이 총체적으로 이루어진다.

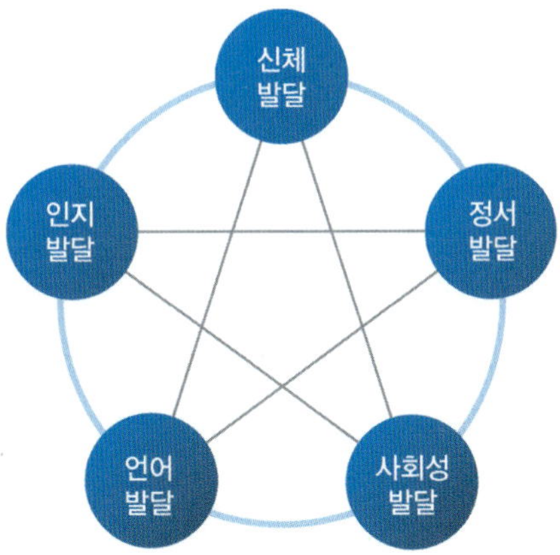

[그림 1-2] 발달 영역 간 상호 의존 관계

3. 발달에 대한 쟁점

1) 유전과 환경

발달에 있어서 유전과 환경의 영향은 오랫동안 논쟁거리였다. 즉, 발달이 유전적 요인에 의한 영향을 많이 받은 것인지 환경의 영향력에 의한 것인지에 대한 것이다. 유전론자들은 인간의 발달이 유전적 · 생물학적 요인에 의해 결정된다고 주장하였다. 루소(Rousseau)나 게젤(Gesell) 등은 발달에 있어서 유전을 강조하며 발달은 타고난 유전적 요인에 의해 결정되는 것으로 보았다. 반면 환경론자들은 인간이 경험과 학습을 통해 발달하는 것으로 보았다. 로크(Locke)를 비롯한 왓슨(Watson), 스키너(Skinner) 등과 같은 행동주의자들에 의하면 인간은 스스로 경험을 통해 학습하고 발달하여 변화가 이루어진다고 주장하였다. 따라서 인간을 발달에 있어서 환경에 의해 영향을 받는 수동적인 존재로 보았다.

한편 20세기 후반 들어 인간의 발달은 유전과 환경의 불가분 관계로 보는 상호작용적 접근방법이 제기되었다. 유전과 환경의 상호작용은 영유아마다 다르며 영유아 모두 그들 나름의 독특한 방식으로 환경과 상호작용한다. 즉, 유전과 환경이 역동적 상호작용을 통하여 발달에 영향을 주므로 최적의 발달을 위해서는 유전과 환경이 공동으로 그 역할을 수행해야 한다고 보는 것이다.

최근에는 발달과정이 다양한 방향으로 경로를 만들어낸다는 역동적 체계이론이 제기되고 있다. 이는 인간의 발달이 보편적인 유전적 소양과 환경에서의 규칙성 발달의 보편적 기초경로를 형성하며, 그밖에 생물학적 기초나 생활환경에 따라 능력에 있어서 개인차가 생긴다고 보는 입장이다.

또한 뇌과학 이론에 의하면 유전적 요인들이 태내환경을 포함한 환경적 요인에 의해 영향을 받을 수 있으므로 인간의 성장 · 발달에 있어서 환경적 요인의 중요성에 대해 언급하고 있다. 적절한 환경이 뒷받침된다면 유전적으로 결정된 선천적 특성이 충분히 발휘되어 개인의 잠재력을 최대한 발휘할 수 있을 것으로 보아 최적의 환경을 위한 노력의 필요성을 강조한다.

2) 연속성과 비연속성

발달의 연속선을 주장하는 입장은 발달의 변화를 누적적인 변화로 본다. 따라서 사람의 키가 자라는 것과 같이 시간이 지날수록 양적으로 증가하거나, 더 복잡해지면서 점진적으로 변화하는 것으로 보는 입장이다. 이러한 입장은 영유아의 세상에 대한 반응방식이 기술과 정확도에서 미성숙한 부분이 있으나 본래 성인과 같은 것으로 보며, 발달의 변화는 종류가 아니라 정도의 변화를 의미한다. 즉, 걷기에 사용한 기술은 기어다닐 때 사용하던 기술과 유사한 형태로서 보다 정교한 기술이 조금씩 누적되어 발달이 점진적으로 이루어진다는 것이다. 인지능력의 발달도 유사한 경험을 반복하면서 자연스럽게 하나씩 하나씩 점진적으로 학습해 나가는 것으로 본다.

반면 비연속성을 가정하는 입장에서는 발달이란 일련의 순서로 진행되지만 독립적이고 질적으로 차이가 있는 비연속적인 몇 개의 단계로 이루어진다고 본다. 새로운 발달 단계는 특정 시기를 결정하는 행동이나 사고의 질적인 변화를 의미한다. 즉, 피아제(Piaget)는 인간의 사고가 일련의 단계를 거치면서 불연속적으로 변화하므로 영아기와 유아기의 사고는 질적으로 다른 특성을 가지고 있다고 주장한다. 따라서 아동과 성인은 전혀 다른 방식으로 세상에 반응한다고 보는 것이다. 하지만 발달에 있어서 연속성과 비연속성의 입장 역시 논란의 대상이다. 즉, 발달이 완전하게 연속적으로 변화하거나 불연속적으로 이루어진다고 설명하기보다 연속성과 비연속성이 모두 작용한다는 것으로 이해해야 할 것이다. 즉, 연속적인 발달과정 중에도 질적으로 다른 변화들이 진행될 수 있으며, 어느 순간 추상적이고 고차원적인 사고가 나타났다 할지라도 이는 이전과 다른 갑작스러운 변화로 볼 수 있지만, 오랜 시간 축적된 변화의 산물로 볼 수도 있기 때문이다.

[그림 1-3] 연속적 발달과 비연속적 발달

3) 결정적 시기와 민감기

결정적 시기(Critical period)란 인간을 비롯한 유기체가 그를 둘러싼 내·외적 사건들로부터 매우 큰 영향을 받는 특별한 시기를 말하며, 이 시기는 매우 짧은 기간이다. 조류의 각인이론을 연구한 로렌츠(Lorenz)의 영향을 받은 애착이론가들은 인간이 출생 초기의 애착이 이루어지지 않으면 이후 애착형성이 어렵다는 결정적 시기에 대한 견해를 가지고 있다.

한편 비슷한 개념으로 민감기가 있다. 민감기(sensitive period)란 특정한 발달을 위한 최적의 시기가 있는데, 이 시기에 적절한 환경을 제공하면 영유아가 능동적으로 능력이 급등하는 시기이다. 하지만 이 시기가 지나면 다소 발달에 어려움이 있을 수 있다고 보는 입장이다. 임신기간 중 약물이나 방사선 등에 노출되었을 경우 태아에게 이상 증상이 나타날수 있는 것으로 태내 발달에 있어서 민감기를 설명한다.

한편 최근 이론에 따르면 탄력성, 가소성과 같은 영유아의 특성에 따라 어린 시절 열악한 환경에서 받은 손상이 이후 충분한 환경 제공을 통해 회복될 수 있다고 본다. 사람에게는 탄력성이 있어 가끔 초기의 극심한 결핍을 극복하고 있는 사례들이 보고되고 있어 결정적 시기라는 개념에 대해 논쟁이 제기되고 있다. 이에 결정적 시기라는 개념보다는 민감기라는 용어가 더 적절하다고 본다.

따라서 영유아 시기는 발달 영역에 따라 같지는 않지만 특정 발달에 있어서 민감한 시기가 있고, 발달해야 하는 중요한 부분이 있으므로 이때 꼭 필요한 환경과 경험을 제공해주는 것이 중요하다. 즉, 환경과 상황을 개선시킴으로써 초기 경험의 효과가 달라질 수 있으며, 그 효과는 경험의 내용과 기간, 시기 등 여러 가지 요소와 관련이 있다.

4) 초기 경험과 후기 경험의 중요성

인간의 발달에 있어서 초기 경험의 중요성은 발달의 비연속성을 주장하는 학자들에 의해 강조되었다. 초기 경험은 선행 자극이 되어 이후의 발달에 중요한 영향을 미치므로 발달에 있어서 초기 경험이 중요하다고 보는 입장이다. 만약 영유아의 살아가는 생활환경이 크게 변화하지 않는다면 영유아기의 발달은 이후의 발달을 예측할 수 있을 정도로 중요한 영향을 끼친다.

하지만 영유아기의 발달이 이후에도 일관된 특성을 보이는 경우가 있을 수 있지만 그렇지 않을 수 있다는 견해도 있다. 살아가면서 생활환경 역시 변화를 경험하는 경우가 많기 때문이다. 한편 전생애 발달이론가들은 인간의 발달은 끊임없이 변화하므로 초기 경험은 물론 후기 경험 역시 그 중요성이 크다고 본다.

Chapter 02

발달연구방법

• 학습목표 •

1. 발달 연구의 목적과 필요성을 이해할 수 있다.
2. 발달과 과학적 연구를 이해할 수 있다.
3. 발달 연구 설계를 이해할 수 있다.

영유아기는 인간의 발달 단계 중 가장 많은 변화가 일어나는 시기로 신체적, 정신적, 사회적 변화가 현저하게 나타나는 시기이다. 영유아기의 발달에 대한 연구는 영유아를 잘 이해하게 됨으로써 영유아에게 더 많은 도움을 줄 수 있을 것이다.

1. 발달 연구의 목적과 필요성

1) 발달 연구의 목적

영유아를 대상으로 하는 발달 연구는 아동의 발달과정을 객관적이고 타당한 방법으로 기술하고 그 원인을 정확한 지식에 근거하여 과학적으로 설명함으로써 건강한 발달은 촉진하고 건강하지 못한 발달요인은 제거하여 영유아들이 보다 좋은 환경을 영위하도록 하는 데에 목적이 있다. 영유아 발달 연구는 영유아의 미래행동에 영향을 주어 결국 인간의 복지를 향상시키는데 이바지할 것이다.

(1) 기술

'기술(記述)'의 사전적 의미는 '대상이나 과정의 내용과 특징을 있는 그대로 열거하거나 기록하여 서술함 또는 그런 기록'이다. 영유아 발달 연구에서의 '기술' 역시 각기 다른 연령의 아동들을 주의 깊게 관찰하고, 시간의 변화에 따라 어떻게 변하는지를 사실대로 기록하는 것이다. 예를 들면, 아동이 영아기의 언어능력과 습관은 어떠하고 유아기에는 어떠한 과정을 거쳐 언어능력이 발달되는지, 또래아동과의 언어 습관은 어떻게 변했는지를 사실대로 기록하는 것이다. 이러한 관찰에 따른 기술과정을 거쳐 평균적인 연령별 발달수준과 개인차를 유추해볼 수 있다.

(2) 설명

발달 연구의 두 번째 목적은 '기술' 과정에서 알게 된 연령별 발달에 따른 변화와 개인차를 '설명'하는 것이다. 기술과정에서 아동의 연령별 언어능력과 습관이 어떻게 변했는지를 관찰하고 기록했다면, 설명과정에서는 왜 변했는지, 변화의 원인은 무엇인지를 분석하고 그 이유를 밝히는 것이다. 더 나아가 아동의 개인차에 의해 연령별 언어능력이 늦어지거나 앞서가기도 하는데 개인차의 원인은 무엇인지, 환경적인 것인지, 유전적인 것인지를 질문하고 답하는 것이다.

이러한 변화의 원인과 개인차는 심리적인 것일 수도 있고, 사회적인 것일 수도 있고, 유전적인 것일 수도 있다. 때문에 이를 설명하기 위해서는 심리학, 생리학, 유전학, 사회학, 소아의학, 정신분석학, 인류학, 행동과학 등 매우 다양한 다른 분야의 도움을 얻거나 공동연구가 필요하다.

(3) 적용

발달 연구의 마지막 목적은 기술과 설명으로 알게 된 아동의 발달에 대한 이해와 원인분석을 활용해 아동에게 적합한 환경과 프로그램을 제공함으로써 아동의 사회적 적응력을 높여주고, 행복한 삶을 영위할 수 있도록 도움을 주는 것이다. 예를 들면, 기술과 설명을 통해 특정 아동의 언어수준이 연령별 발달수준에 못 미치고 그 원인이 맞벌이를 해야만 하는 사회적 환경에 있다고 판단되었다면 맞벌이 가정 자녀를 위한 언어능력 향상 프로그램을 개발하고 이를 보육과정이나 보육정책에 반영하도록 하는 것이다.

2) 발달 연구의 필요성

영유아의 발달에 대한 연구는 다음과 같이 영유아 및 관계자에게 여러 가지 도움을 준다(이은혜, 1995; 정옥분, 2004; 심성경 외, 2011).

(1) 영유아의 복지 증진

영유아 발달에 대한 연구는 영유아에 대한 이해를 높이는 자료를 제공함으로써 영유아에게 좀 더 적합한 환경을 조성하도록 하여 결과적으로 영유아의 교육환경과 복지를 증진시키고 삶의 질을 높이게 된다.

(2) 부모의 양육에 도움 제공

영유아에 대한 과학직이면서도 체계직인 정보를 제공해 부모가 자녀의 발달 단계에 따른 심리적 · 행동적 문제를 이해하고 적절하게 대응하도록 도움을 준다.

(3) 교사의 보육프로그램 설계에 도움 제공

교사들은 영유아의 발달에 맞추어 영유아 보육 및 교육 프로그램을 설계할 수 있게 된다. 영유아 발달에 대한 연구결과는 영유아의 발달 정도에 따라 보육 및 교육 내용과 방법을 선정하고 적용할 수 있는 정보를 제공한다.

(4) 관련 학문분야에 영향

영유아 발달에 대한 연구결과는 영유아에 대해 기존의 관점이나 상식과는 다른 인식 변화를 가져올 수 있어 이를 기반으로 하는 관련 학문분야에 영향을 미친다.

(5) 사회에 이익 제공

영유아의 발달 연구는 영유아의 복지를 증진시키고 부모에게 적절한 양육방법을 선택하게 하고 교사에게 적합한 교육을 제공할 수 있도록 하며 영유아에 대한 올바른 연구를 할 수 있게 하여, 결과적으로 영유아를 전인적인 사회구성원으로 키워냄으로써 사회 전체에 이익을 가져다주게 된다.

2. 발달과 과학적 연구

1) 영유아 발달 연구의 역사

아동기에 대한 개념은 근대문명의 산물로 17세기 이전까지는 아동기에 대한 개념이 존재하지 않았고, 아동을 성인의 축소판이나 가족의 소유물로 여겼다. 큰 인형 속에 이를 복제한 보다 작은 인형이 끊임없이 나오는 러시아 인형이나 인간의 정자를 확대하면 축소된 인간이 존재할 것이라는 중세의 상상도를 통해 이를 확인해 볼 수 있다. 백일이나 돌을 기념하는 우리나라의 관습에서도 알 수 있듯이 근대 이전까지 아동의 생존율은 그리 높지 않았다. 때문에 중세 이전까지 허약한 아동을 죽이거나 제물로 바치는 것이 범죄로 인식되지 않았고, 스스로 음식을 먹고 씻을 수 있게 되면 성인과 동일하게 취급해 6세 정도부터 경제활동을 하고 범죄에 대해 성인과 동일한 처벌을 받기도 하였다.

기원전 9세기 고대그리스의 도시국가 중 하나인 스파르타에서는 용감한 군인으로서의 시민을 양성하기 위해 남아의 경우 만 7세가 되면 검사관이 건강을 체크해 건강하지 않으면 들판에 버려지고 건강한 아이는 공립기관에서 전사가 되기 위한 혹독한 훈육을 받았다. 같은 시기 경쟁 국가인 아테네에서도 7세가 된 남아는 집을 떠나 학교와 체육교습소에서 체육과 음악중심의 교육을 받았다.

로마에서도 4세기까지 부모에게 기형아나 발달지체아를 버리거나 죽일 권리가 있었으며 12세기까지 영아살해는 범죄가 되지 않았다. 중세 유럽에서도 아동을 그들만의 욕구를 가진 존재로 인식했다는 일부 연구도 있지만, 아동에게 성인의 옷을 그대로 줄여서 입히고 성인이 하는 놀이를 하게 하는 등 성인의 축소판으로 인식하여, 만 6세가 되면 성인과 함께 일을 하고 같은 사회활동을 하도록 권장하였다.

17세기에 들어서면서 아동에 대한 인식이 조금씩 달라지기 시작하였는데, 아동은 여전히 가족의 경제를 위한 소유물이었지만 17세기 근대과학의 발전에 맞추어 훌륭한 근로자가 되도록 기능교육 및 읽기, 쓰기, 셈하기, 종교, 도덕 교육을 받게 되었다. 17세기 교육사상가인 코메니우스(Comenius)는 아동교육의 중요성을 인식하고 유아기의 발달 단계를 6단계로 세분화하고 각 단계에 맞춰 교육해야 한다고 주장하였다. 로크는 '백지설'을 통해 아동이 성인의 축소판이 아니라 백지상태로 태어나므로 성인과 다르다는 새로운 관점을 제시하였다.

18세기 루소는 그의 저서 『에밀』에서 아동을 아동만의 감정과 사고방식을 가진 존재로 인식하고, 아동기를 유아기, 아동기, 아동후기, 청년기의 네 단계로 구분하여 각 단계별 특성에 따라 교육하도록 하였다.

19세기 산업혁명의 시기를 맞이해 여성의 사회진출이 늘어나면서 자녀 보육문제가 대두됨에 따라 아동에 대한 인식도 달라지기 시작했다. 19세기 후반 아동연구 운동의 창시자인 홀(Hall)은 관찰법의 중요성을 강조하여 기존의 신비주의 관점에서 벗어나 실질적인 아동 발달에 대한 내용이 아동교육에 반영되도록 하였고, 게젤은 아동의 발달 단계를 성숙주의 이론에 따라 체계적으로 제시하고 유아의 발달 단계에 기초하여 교육하도록 하였다.

2) 과학적 연구

영유아 발달에 대한 연구는 체계적이고 과학적으로 이루어져야 하는데, 과학적 연구 과정은 문제를 제기하고, 중요한 요인을 찾아내고, 문제를 검증하고, 제기된 문제에 대한 가설을 받아들일지 말지를 결정하는 네 단계로 나눌 수 있다.

예를 들면, 현장에서 영유아의 언어 발달 정도가 과거와 비교하여 빠르거나 늦어졌다고 인식된다면 이에 대한 문제를 인식하는 단계가 첫 번째 문제 제기의 단계이고, 언어 발달에 영향을 미치는 요인을 가정환경, 가족구성의 변화 등으로 특정하고 이러한 요인들을 어떠한 방법으로 조사할 것인지를 결정하는 단계가 두 번째 단계이다. 세 번째 단계는 문제를 검증하는 단계로 가정환경, 가족구성이 다른 집단을 선정하고 이 두 집단 간에 차이가 있는지를 설문, 면접 등의 방법으로 조사하여 통계적 검증

등 객관적 수단을 적용하는 단계이다. 마지막 단계는 앞 단계의 검증결과에 따라 영유아의 언어 발달이 가정환경이나 가족구성의 변화에 따라 변하였다는 가설을 수락할 것인지 기각할 것인지 결정하는 단계이다. 만약 가설이 수락된다면 연구자는 또 다른 질문을 하게 될 것이고, 기각된다면 문제의 처음으로 돌아가 처음 제기한 문제와 가설은 재검토 될 것이다.

3) 발달 연구방법

영유아 발달 연구에서는 '영유아 발달을 어떻게 연구할 것인가?'가 가장 중요하다 할 수 있다(김상윤, 2010). 영유아의 발달은 환경이나 상황, 사회적 요소, 개인적 특성에 따라 다양하므로 이에 대한 차이를 인정해야 한다. 또한 신체적 발달이 덜 되고 언어적 표현이 사회화되지 않고 주의집중 시간이 짧아 영유아에 대한 직접적인 연구에 제약을 받기도 한다. 때문에 영유아의 경우 부모를 대상으로 연구를 하기도 한다.

연구방법은 다양하나 연구목적에 따라 연구방법과 도구를 선택하여야 한다. 일반적으로 영유아 발달 연구에 적용되는 연구방법은 관찰법, 기록법, 자기보고법, 사례연구, 조사연구, 실험연구, 상관연구 등이 있다.

(1) 관찰법

관찰법은 평가방법 중 가장 오래된 연구방법으로 영유아를 더 잘 이해하기 위해 영유아의 행동과 환경을 관찰하고 관찰과정을 객관적으로 기록하는 방법이다. 관찰법은 의사전달 능력이 미숙한 영유아의 행동을 이해하기 위한 방법으로 유용하게 사용된다. 이러한 관찰법은 영유아의 행동 특성을 실제 상황에서 관찰하는가, 통제된 상황에서 관찰하는가에 따라 자연관찰과 통제된 관찰로 나뉜다. 자연관찰의 경우 관찰 장면을 조작하지 않고 실제상황에서 영유아의 자발적 행동을 있는 그대로 관찰하는 것인데, 관찰 목적이 분명하지 않을 경우 명확한 관찰이 어려우므로 관찰하기 전에 무엇을 기록할지 정해놓아야 한다. 영유아의 모든 것을 기록할 수는 없으므로 연구목적에 맞게 관찰항목을 미리 정해야 한다. 통제된 관찰은 인위적인 상황을 만들어 특정 상황에서 반응하는 영유아의 행동특성을 기록하는 것이다. 1960~1970년대 스텐퍼드대학에서 아이의 자기통제성을 실험했던 유명한 '마시멜로 실험'이 통제된 관찰의 한 예이다.

또 관찰법은 관찰자가 관찰 장면에 직접 참여하느냐의 유무에 따라 참여관찰과 비참여관찰로 나누기도 한다. 참여관찰은 관찰자가 관찰대상과 함께 생활하면서 자연스럽게 관찰하는 방법으로, 영유아교사들이 보육현장에서 관찰자이자 교사의 역할을 수행하면서 사용할 수 있는 방법이다. 비참여관찰은 일방경(one way mirror)이나 비디오촬영을 통해 관찰하는 방법으로 관찰자가 관찰에 집중할 수 있는 장점이 있다. 두 방법의 장점에도 불구하고 참여관찰은 관찰자가 낯설 경우 영유아가 평소와는 다른 반응을 보일 수 있으며 교사의 역할을 같이 수행할 경우 관찰에 집중할 수 없다는 단점이 있고, 비참여관찰은 영유아의 세밀한 부분까지 관찰하기 어렵다는 한계를 지니기에 관찰 목적에 맞게 관찰법을 정해야 할 것이다.

(2) 기록법

관찰한 것을 기록하는 방법으로 기록하는데도 시간표집, 사건표집, 표본기록, 일화기록 등 여러 가지 방법이 있다.

① 시간표집

시간표집은 통계적 분석이 가능하도록 관찰하고자 하는 행동이 특정 시간 내에 발생하는 빈도를 조사·수집하는 방법이다. 시간표집 방법은 짧은 시간에 많은 자료를 수집할 수 있고 특정 행동이 얼마나 많이 혹은 적게 나타나는지에 대한 정보는 알 수 있으나 왜 그러한 빈도 차이를 보이는지에 대한 원인을 파악하는 데는 한계가 있다. 예를 들어 어떤 영유아의 문제행동이 어떠한 시간에 어떠한 빈도로 나타난다는 것은 알 수 있으나 왜 그러한 행동이 나타나는지는 알기가 어렵다.

② 사건표집

사건표집은 특정 사건이나 행동이 나타나는 원인과 인과관계를 알기 위해 사건의 전후맥락을 관찰하고 기술하는 방법으로, 특정 행동이 발생하기를 기다렸다가 그 사건을 누가 일으켰는지, 어떠한 맥락에서 발생했고 어떠한 결과를 가져왔는지 구체적으로 기록한다. 사건표집은 시간표집과는 달리 사건기록에 시간제한이 없고 전체적인 맥락에 맞추어 특정 사건을 이해하는데 도움을 준다.

③ 표본기록

표본기록은 특정 사건이나 행동에 대해 가능한 한 많은 자료를 수집하기 위한 것으로 장비를 사용한 동영상 촬영을 하기도 한다. 표본기록은 많은 자료를 수집하는 것이 목적이므로 해석이나 평가보다는 통계적 분석을 한다. 촬영된 모든 자료를 분류하고 정리하기 위해서는 많은 시간을 필요로 한다.

④ 일화기록

일화기록은 어떠한 사건을 객관적으로 이해하기 위해 6하 원칙에 의거 사실 그대로 기록하는 방식이다. 관찰자는 항상 메모지와 필기도구를 휴대하다가 사건이 일어나는 즉시 사건을 왜곡하지 말고 시간순서대로 기록해야 한다.

(3) 자기보고법

자기보고법은 영유아들의 생각이나 태도, 느낌, 지각, 경험 등에 대해 질문하고 그에 대한 대답을 기록하는 방법으로 영유아에게는 제한적으로만 적용될 수 있고 부모를 대상으로 하는 발달 연구에 주로 적용될 수 있다. 자기보고법은 질문하는 방법에 따라 직접 대면하여 질문하는 면접법, 질문지를 통해 조사되는 질문지법, 검사지를 통한 검사법이 있다. 이 중 면접법은 영유아에게 직접적인 적용이 가능하나, 질문지법과 검사법은 글을 알지 못하는 영유아에게 직접적인 적용은 어렵고 부모를 대상으로 적용 가능하다.

① 면접법

면접법은 면접자와 피면접자가 일대일 또는 일대다수가 대화를 나누며 피면접자에 대한 정보를 수집하는 방법으로 구조화된 면접법과 비구조화된 임상적 면접법으로 나뉜다. 구조화된 면접법은 미리 준비된 일관성 있는 질문을 통해 면접이 이루어져 면접 자료의 신뢰도와 객관성이 높은 방법이다. 비구조화된 임상적 면접법은 면접과 관찰이 함께 이루어져 융통성 있게 자료를 수집하는 방법으로, 영유아의 생각을 최대한 자연스럽게 알 수 있다. 면접법은 연구대상과 직접적인 의사소통을 통해 개인으로부터 상세하고 구체적인 정보를 얻는 데 효과적인 방법이나 시간과 비용이 많이 들고 면접자와 피면접자 간에 편견이 개입될 수 있다.

② 질문지법

질문지법은 세분화된 여러 문항으로 구성된 질문지를 사용하여 많은 연구대상으로부터 정보를 얻는 방법이다. 질문지법은 질문 문항의 형식에 따라 개방형 질문과 폐쇄형 질문으로 나뉜다. 개방형 질문은 주관식 문제처럼 보기가 없이 응답자가 주어진 질문에 자유롭게 답하도록 하는 방식이다. 개방적 질문지법은 분류나 분석이 어렵지만 복잡한 문제에 대한 응답자의 창의적인 답변을 얻기가 용이하다. 폐쇄형 질문은 질문에 대한 답변을 제시하고 이를 선택하거나 순서를 정하도록 하는 방법이다. 폐쇄형 질문지법은 질문지를 구성하는데 많은 시간이 걸리고 응답자의 창의적인 답변을 얻어낼 수는 없지만 조사 시간이 비교적 짧고 조사가 용이하며 객관적인 분석이 용이한 장점이 있다.

③ 검사법

표준화된 검사를 통하여 규준과 비교함으로써 특정 집단의 특성을 알아내는 방법으로 지능검사, 성격검사, 적성검사 등이 여기에 해당된다. 응답자가 검사문항에 미리 제시된 답변 중에서 자신과 일치하는 것을 선택하는 것으로 폐쇄형 질문지법과 유사하다. 폐쇄형 질문지법과 다른 점은 척도개발을 통해 신뢰도와 타당도가 확보된 질문

문항을 사용한다는 점이다. 검사법을 사용하면 비교적 객관화된 자료를 수집할 수 있고 빠른 시간 내에 많은 조사를 할 수 있다. 하지만 신뢰도와 타당도가 높은 표준화된 검사라 할지라도 결과의 해석에는 신중하여야 한다.

(4) 사례연구

사례연구(Case study)는 특정인을 심도 있게 연구할 때 사용하는 방식으로, 영유아를 대상으로 하는 연구에서도 소수 영유아의 행동을 심도 있게 관찰하고 분석하는 연구방식이다. 사례연구는 관찰, 실험, 면접 등 다양한 기법을 동시에 사용하여 특정 영유아의 발달과정을 세밀하게 분석할 수 있다는 장점이 있지만, 소수를 대상으로 한 연구결과를 일반화하는 데에는 한계가 있다.

(5) 조사연구

조사연구는 질문지나 표준화된 검사지를 사용하여 연령별이나 집단별 반응, 태도, 동기, 선호도 등을 조사하는 연구방법이다. 체계화된 질문과 응답을 사용하기 때문에 조사가 용이하며 비교적 신뢰성 있는 결과를 얻을 수 있다. 특정 개인보다는 집단의 일반적인 특성을 파악하기 위한 연구로 여론조사나 통계청의 실태조사 등이 여기에 해당된다. 질문지나 검사지를 사용하기에 문자를 모르는 영유아에게 직접적으로 사용하는데는 어려움이 있다.

(6) 실험연구

실험연구(Experimental study)는 엄격한 실험을 통하여 영유아의 발달에 영향을 미치는 변인을 찾아내는 연구이다. 예를 들면, 비슷한 조건의 두 집단을 실험집단과 통제집단으로 나누고 처음에는 양 집단 모두 동일한 사전검사를 한다. 그 후 일정기간 실험집단에게는 일정한 자극을 주고 통제집단에게는 아무런 자극을 주지 않거나 다른 종류의 자극을 준 후, 두 집단 모두에게 동일한 사후검사를 실시하면 어느 집단에 더 많은 변화가 있었는지 비교분석할 수 있게 된다. 이러한 과정을 통하여 발달에 영향을 미치는 변인을 찾아낼 수 있게 된다.

(7) 상관연구

상관연구(Correlation study)는 통계기법을 사용하여 아동의 발달에 영향을 미치는 변인을 찾아내는 연구이다. 관련이 있다고 생각되는 둘 이상의 변인들 간에 상관계수(correlation coefficient)를 산출하여 정적인 상관관계인지 부적인 상관관계인지를 밝히는 것이다. 상관계수는 많이 사용되는 통계기법의 하나이며, 상관계수를 사용한 상관연구는 실천적 절차 없이 있는 그대로 여러 가지 변인들을 동시에 검사할 수 있는 매우 편리한 연구법이다.

3. 발달 연구 설계

영유아의 발달 연구에서 특정한 시기의 발달 뿐만 아니라 시간의 흐름에 따라 영유아의 감정이나 사고, 신체적 능력, 언어적 능력, 행동 등이 어떻게 변하는지를 알 수 있는 발달의 경향 및 유형, 발달에 영향을 미치는 요인을 알아보는 것은 매우 중요하다. 이를 위해 각 연령의 영유아를 비교하거나 한 연령의 영유아를 지속적으로 관찰하거나 두 가지 방법을 병행하여 사용하거나 하는데, 이를 각각 횡단적 접근법, 종단적 접근법, 순차적 접근법이라 한다(정옥분, 2012).

1) 횡단적 접근법

횡단적 접근법(Cross-sectional approach)은 연령에 따른 발달 정도의 변화를 알아보기 위해 어느 한 시점에 각 연령대의 발달을 한꺼번에 비교하는 방법이다. 횡단적 접근법은 연구대상이 나이가 들 때까지 기다릴 필요가 없기 때문에 발달현상 측정이 짧은 시간 안에 이루어져 시간과 비용을 절약할 수 있다는 장점이 있다. 하지만 각 연령층마다 다른 대상을 표집하여 전반적인 발달 경향을 추론하는 것으로 영유아 개개인이 어떻게 변하는지 알 수가 없고 발달의 차이가 연령 그 자체의 영향이라기보다는 그 연령이 태어난 동시대의 시대 상황에 영향을 받았을 가능성이 있다. 예를 들어 3~6세 영유아의 신체 크기의 변화를 알아보았을 때 각 연령별 신체의 차이가 변화의 추이를 나타내기도 하지만 시대 상황의 변화에 따라 영양공급이 급격히 달라지는 상황이 있었다고 가정하면 특정 연령대의 신체 크기는 그 영향을 받았을 가능성이 높다.

2) 종단적 접근법

종단적 접근법(Longitudinal approach)은 동일한 개인이나 집단을 연구대상으로 오랜 기간 그들의 발달을 추적하여 조사하는 방법이다. 같은 대상을 지속적으로 연구하기에 각 발달 단계에서 나타나는 개인차를 알 수 있어 영유아의 발달과정을 심도있게 이해하는데 도움이 되며, 모든 연구대상이 동일한 사회문화적 환경에서 발달했기에 개인이나 집단의 발달을 제대로 이해하고 파악할 수 있다. 하지만 종단적 접근법은 매우 장기간에 걸쳐 이루어지기에 시간이나 비용이 많이 소요되고, 이주 등의 이유로 연구대상이 중도에 탈락하기도 하며, 반복되는 검사로 인해 연습효과가 연구결과에 영향을 미칠 가능성도 있다.

3) 순차적 접근법

순차적 접근법(Sequential approach)은 횡단적 접근법과 종단적 접근법의 문제점을 극복하기 위해 두 가지 방법을 절충·보완한 것으로 여러 연령의 집단을 몇 해에 걸친 연구기간 동안 관찰하여 그 결과를 서로 비교하는 방법이다. 즉, 횡단적으로 비교한 연령집단을 다시 종단적으로 추적 연구하는 것이다. 예를 들어 3~6세 영유아의 언어능력 변화를 연구한다고 하면, 3세와 4세 연령집단을 각각 표집하여 3년간 추적 연구하는 것이다. 이 방법은 종단적 접근법보다는 비교적 짧은 시간에 연구가 가능하면서도 개개인의 발달변화까지 알 수 있는 장점이 있다. 또한 특정 시기를 중심으로 종단적인 비교도 가능해 발달변화가 시대 상황에 영향을 받은 것인지, 연령이 높아지면서 나타난 것인지 알 수 있다.

Chapter 03

발달이론

● 학습목표 ●

1. 이론과 발달이론의 개념을 이해할 수 있다.
2. 발달이론과 영유아의 행동은 어떤 관계가 있는지를 설명할 수 있다.
3. 다양한 이론을 통하여 영유아 발달의 복잡한 현상을 이해할 수 있다.
4. 다양한 이론의 유사점과 차이점을 설명할 수 있다.

아동에 대한 과학적 연구가 활발하게 진행됨에 따라 아동 발달에 관한 다양한 이론도 제시되었다. 하지만 다양한 발달이론은 서로 전혀 다르지 않고, 상호보완적으로 영유아 발달에 중요한 역할을 한다. 영유아의 행동을 겉으로만 관찰하면 왜 저런 행동을 할까? 저렇게 행동하는 원인은 어디에 있을까? 등 우리가 이해하지 못하는 부분이 너무나 많다. 예컨대, 배고파 우는 갓난아기의 울음소리에 "그래, 그래, 아가야, 엄마 간다."라는 부엌에서 나는 엄마의 소리만 듣고도 울음을 뚝 그치고는 입술을 빠는 아기의 행동, 아직 엄마가 한 말을 알아들었을 리는 분명히 없을 텐데 정말 이상하지 않은가? 또 이젠 제법 대견스럽게 말도 잘 듣고, 대소변도 잘 가리던 아기가 동생이 태어나고 나서 언제부터인가 갑자기 대소변을 못 가리고 어린 아기처럼 징징거리며 손가락을 빠는 등의 엉뚱한 행동(퇴행적 행동)을 하는 것을 볼 때 어떤 생각이 드는가? 이처럼 발달과 관련된 다양한 영유아의 모습과 행동, 그리고 이들의 변화를 체계화해 설명하는 것이 바로 발달이론이다. 발달이론은 아이가 보이는 반응이나 행동 유발의 원인이나 심리적 기제를 탐색하여, 아이의 행동을 논리적으로 설명할 수 있는 개념적 틀이다.

1. 성숙이론

성숙은 연령의 증가에 대한 일차적 함수로서 생물학적으로 변화하는 것인데, 어떤 종의 구성원에게 나타나는 통상적인 성장과 발달이며 내적이고 유전적인 요인으로 발달적 변화가 통제되는 생물학적 과정을 말한다. 성숙은 경험과 환경적 요인에 상관없이, 연습의 정도와 관계없이 발달 규칙에 따라 나타나고 변한다. 예컨대, 태내 발달, 출생 이후 신생아의 급성장, 2차 성장을 비롯한 사춘기 변화는 성숙의 결과다.

환경이 아동 발달에 주도적인 영향을 미치지 못하기 때문에 아동이 지닌 능력 이상으로 아동을 교육하는 것은 아동에게 좌절을 일으킨다는 주장이 성숙이론이다. 성숙이론에 따르면, 발달이란 유기체 내부에서 자연스럽게 이루어지기 때문에 환경은 행동을 변화시키는 이차적 역할을 한다. 따라서 아동 자신의 속도에 맞는 발달을 위해 아동 중심의 양육환경을 강조한다. 성숙이론은 '학습준비도[1]' 개념을 이끌어 냈다(정옥분, 2015 : 53-63).

1) 게젤의 성숙이론

아널드 게젤(1880~1961)

게젤은 미국 위스콘신(Wisconsin)주(州) 알마(Alma)에서 태어났으며, 아동 발달 분야 발전에 이바지한 심리학자이자 소아과 의사이다. 게젤은 당시 클라크대학교 총장이었던 아동연구 운동 창시자인 스탠리 홀의 영향을 많이 받았다. 1906년에는 박사학위를 받은 다음 바인랜드훈련학교(Vineland Training School) 등에서 정신질환자들과 함께하면서 장애를 지닌 아동연구에 몰두하였다. 의사가 되기로 결심한 게젤은 위스콘신 의대에 들어갔고, 예일대학교에서도 의학을 공부하였다. 그곳 아동발달클리닉(Clinic of Child Development)에서 열심히 일하다가 1915년에는 박사학위를 받아 예일대학교 정교수가 되었다. 아동발달클리닉 시절의 동료들이 게젤의 이름을 딴 게젤인간발달연구소(Gesell Institute of Human Development)[2]를 만들었으며, 그도 함께 일하였다. 게젤은 인간행동에는 여러 국면이 있다는 믿음을 가졌으며, 잘 쓰는 손이나 기질 같은 것은 유전될 수 있다고 생각하였다. 또한, 아이들은 부모에게서만이 아니라 서로서로 영향을 받는다고 생각하였다. 이에 따라 그는 전국적인 유치원 체계가 미국에 도움이 될 것이라는 믿음을 가지게 되었다.

---

1) 학습준비도란 아이에게 무엇을 가르치기 위해서는 아이가 성숙할 때까지 기다려야 한다는 학습의 시기에 관한 개념이다. 즉, 아이가 배울 준비가 돼 있지 않다고 여겨지면, 아이가 준비될 때까지 기다려야 한다는 것이다.

2) '게젤인간발달연구소(Gesell Institute of Human Development)'라는 이름은 2012년에 '게젤아동발달연구소(Gesell Institute of Child Development)'로 개명하였다.

저서로는 『취학 전 아동의 지적 성장(*Mental Growth of the Preschool Child*)』(1925), 『영유아(乳幼兒)의 심리학(*The First Five Years of Life*)』(1940), 『영유아기(乳幼期)와 현대의 문화(*Infant and Child in the Culture of Today*)』(1943), 『아동 심리학(*The Child from Five to Ten*)』(1956) 등이 있다.

(1) 성숙의 개념

게젤(1945)은 태아가 모체에서 하나의 개체로 자리 잡은 후 38주(266일) 동안 외부의 영향(환경)보다는 내적인 힘으로 성장한다는 발달의 예정론을 주장하였다. 즉, 이러한 선천적인 메커니즘으로 말미암아 유기체는 주어진 환경과 관계없이 발달한다는 것이다. 게젤은 발달과정이 이처럼 유전자에 따라 방향이 결정되는 기제를 성숙(成熟, maturation)이라고 불렀다.

게젤은 모든 유기체가 성장하는 데 있어 이미 성장의 방향이 결정되어 있는 성장모형(成長母型, growth matrix)을 갖고 있으며, 이러한 성장모형은 유전적으로 결정되어 있다고 생각하였다. 그러나 그는 환경이 발달에 전혀 영향력을 미치지 않는다고는 생각하지 않았다. 성숙 역시 환경에 영향을 받기는 한다고 생각하였다.[3] 다만 게젤은 아동의 성장과 발달을 촉진하는 두 가지 힘(성숙과 환경) 중 특별히 성숙이 더 중요하다고 생각하였다.

성숙의 가장 큰 특징은 정해진 순서로 발달 단계를 거쳐 간다는 점이다. 신체의 양적 변화, 즉 신체의 크기나 능력이 증가하는 성장이나 경험에 의해 나타나는 행동의 변화인 학습과는 구별된다. 지나치게 빠른 성숙이나 지연된 성숙은 지적 · 신체적 · 정신적 발달의 불균형과 부조화를 가져오게 되고, 적응에서 어려움을 겪는다. 성숙이론에 따르면, 발달은 유기체 내부에서 발생하는 자연스러운 과정이므로 개별 아동의 발달 속도에 초점을 둔 아동 중심의 양육과 아동의 성숙수준에 맞는 학습준비도가 중요하다.

영아의 발달에도 정해진 순서가 있다. 영아는 정해진 발달순서에 따라 앉고, 서고,

3) 예를 들어 태아 발달에 있어서 성숙은 자궁 내 양수온도와 모체로부터 들어오는 산소의 양에 의해 영향을 받는다.

걷고, 뛰는 것을 학습한다. 그 어떤 아기도 앉기 전에 서거나 걸을 수 없다. 왜냐하면 이러한 능력은 이미 유전적으로 결정된 신경성숙 과정과 함께 이루어지지 때문이다. 그러나 게젤은 발달 속도에는 개인차가 있다고 생각했다. 즉, 모든 아기가 똑같은 나이에 서고, 걷는 것은 아니다. 하지만 게젤은 이러한 개인차 역시 내적인 유전적 기제에 의한 차이라고 생각했다.

(2) 발달의 원리

게젤은 미리 계획된 유전적 기제의 기능에 따른 발달의 기본원리를 그의 저서 『유아행동의 개체발생(*The Ontogenesis of Infant Behavior*)』(1954)에 다음과 같이 기술하였다(정옥분, 2015 : 55-56, 재인용).

① 발달 방향의 원리

발달 방향의 원리는 발달이 무작위가 아닌 정돈된 방식에 의해서 진행된다고 가정한다. 발달은 머리에서 발쪽으로 체계적으로 진행되며, 팔의 협응(協應, coordination)[4]이 다리의 협응에 선행된다. 이러한 경향을 두미발달 경향이라고 한다. 또 신체의 중심이 말초보다 먼저 발달한다. 어깨 동작은 손목과 손가락 동작보다 더 일찍 나타난다. 이러한 근원(proximodistal)발달 경향은 아동의 잡기행동에서도 나타나는데, 20주경에 나타나는 잡기행동은 아주 미숙하고 주로 상박(upper arm)의 움직임에 의존한다. 그러나 28주가 되면 엄지손가락의 섬세한 사용에 의해 잡기행동은 더 섬세한 근육운동에 의해 주도된다.

② 상호적 교류의 원리

상호적 교류의 원리는 영아가 먼저 한 손을 사용하고 나서 다른 한 손을 사용하며,

4) 근육 · 신경기관 · 운동기관 등의 움직임의 상호조정 능력을 뜻한다. 즉, 머리 · 어깨 · 입 · 팔 · 손가락 등을 시각적 탐사와 연결하여 움직이는 신체적 조절능력을 말한다. 유아는 어떤 조작적 일을 완수하기 위하여 시각과 움직임을 조정하는 훈련과 신체적 성숙을 통하여 움직임을 어떤 형태로 조절하는 것을 학습하며 그 결과 조절능력이 형성된다.

그 다음 양손을 사용하는 등 계속적인 반복과정을 통하여 손을 능숙하게 사용할 수 있게 될 때까지의 발달과정을 말한다. 게젤은 이를 뜨개질하는 모습에 비유하여 상호적 교류라는 용어를 사용하였다. 그는 상호적 교류의 원리가 성격형성 과정에서도 나타난다고 보았다. 인간은 내향적 특성과 외향적 특성이 모두 있다. 유아는 3세에서 3세 반까지는 약간 소심하며 내향적 특성을, 4세에는 외향적 특성을 보이다가 5세가 되면 이 두 가지 성격특성이 통합되어 균형을 이룬다고 보았다(Crain, 2000).

③ 기능적 비대칭의 원리

실제 인간 발달에서 완벽한 균형이나 조화를 이루는 것은 상당히 어려운 일이며, 오히려 불균형이 훨씬 더 기능적이다. 게젤은 기능적 비대칭의 원리가 오른손잡이, 왼손잡이와도 관련이 있다고 믿었다(Crain, 2000; Salkind, 1985). 이러한 기능적 불균형은 신생아의 경직성 목반사(tonic neck reflex)에서 잘 나타난다. 이 반사는 마치 펜싱을 하는 자세처럼 영아가 머리를 한쪽으로 돌리고, 한쪽 팔은 머리가 돌려진 방향으로 내밀고, 같은 쪽 다리는 쭉 핀 상태이며, 다른 팔은 가슴에 얹고, 그와 같은 쪽 다리는 무릎이 구부러진 자세를 취한다. 이 비대칭적 행동은 환경에 익숙해지고, 환경을 이해하려는 아동의 노력에 있어서 중요한 단계가 된다.

④ 자기 규제의 원리

게젤은 부모가 수유와 수면 등의 생리적인 리듬을 영아의 요구대로 따랐더니 영아 스스로 점차적으로 수유시간을 줄이고, 더 오랫동안 깨어 있음을 발견하였다. 이러한 과정이 계속 일정하게 진행된 것은 아니고 때로는 뒤로 후퇴할 때도 있었다. 그러나 이러한 과정을 거치면서 영아는 점차적으로 안정적인 스케줄을 형성하였다. 이러한 유기체의 자기 규제의 원리는 영아 스스로 자신의 수준에 맞도록 성장을 조절하고, 이끌어 가는 능력을 말한다. 예를 들어 영아는 걸음마를 배울 때 몇 걸음 걷다가 기고, 또 몇 걸음 걸어가다가 다시 기는 것과 같은 발전과 퇴보의 과정을 주기적으로 거치고 나서 비로소 걷게 된다.

2) 몬테소리의 민감기이론

마리아 몬테소리
(1870~1952)

몬테소리(Montessori)는 이탈리아 안코나(Ancona)주(州) 키아라발레(Chiaravalle)에서 태어났으며, 비교적 유복한 가정에서 무남독녀로 자랐다. 그녀는 평소 흥미를 가졌던 기술학교에 진학을 하였고, 이어 이탈리아에서 여성으로서는 최초로 의대에 입학하였다. 어렵사리 진학한 의대였지만, 많은 수업에서 그녀는 여성이라는 이유로 차별을 받았다. 그녀는 대부분의 차별을 극복하고 학점을 따내기 위해 고군분투했고 그 결과 6년 만에 로마대학교 의과대학을 좋은 성적으로 졸업하였다. 몬테소리는 1896년 독일 베를린에서 개최된 국제여성권리대회에 이탈리아 특사로 파견되어 여성의 사회적 지위와 임금, 그리고 남녀평등 문제에 대해 강도 높은 연설을 하였다. 이 연설은 많은 사람으로부터 주목받았고 당시 유럽에서 많은 여성의 선망의 대상이 되었음은 물론, 사회적·학문적인 측면에서 유럽 여성들의 사회적 지위에 대해 고민하게 했으며, 여성 교육을 현실화하는 데 성공하였다. 이것은 그녀가 이탈리아 최초의 여의사가 되었다는 것을 의미했다. 그리고 동시에 이것은 전문적 지식을 가진 여성으로서 19세기 말 이탈리아 여성을 대표하는 선구자가 되었다는 의미였다.[5)]

저서로는 『몬테소리 교육법(*The Montessori Method*)』(1912), 『가정에서의 어린이(*Das Kind in der Familie*)』(1926), 『어린이의 비밀(*Il segreto dell'infanzia*)』(1936), 『어린이의 정신(*La mente del bambino*)』(1952), 『흡수하는 마음(*La Mente del bambino*)』(1952), 『가정에서의

5) 아이를 키우는 사람들에게 '몬테소리'는 익히 들어본 단어이다. 특히, 미취학 아동이 있는 집에는 "몬테소리 교육법"이라던가 "몬테소리 교재 도구" 등 몬테소리라는 말이 붙은 유아교육과 관련된 책이나 도구가 한두 개쯤은 꼭 있다. 몬테소리는 유아교육의 대명사처럼 사람들에게 불리지만, 정작 몬테소리가 뭔지 알고 있는 사람은 드물다. 몬테소리는 놀잇감을 통해 아이들을 교육하는 방법을 개발해낸 몬테소리의 이름을 딴 것이다. 그녀가 개발한 아동 교육 방법이 오늘날까지 전해져와 우리 아이들을 교육하고 있다. 최근에는 몬테소리 교육뿐 아니라 몬테소리 치료가 활발하게 연구되고 있다. 몬테소리가 지적장애아와 장애아동을 대상으로 치료했던 방법을 비장애아동에게 적용시켜 몬테소리 교육을 발전시켰다면, 최근에는 몬테소리의 기본 교육원리를 장애아에게 적용하여 장애아의 회복과 발달을 위한 몬테소리 치료분야가 발달하고 있다.

유아들(*Bambino in famiglia*)』(1956), 『몬테소리의 어린이 발견(*Scoperta del bambino*)』(1966) 등이 있다.

(1) 민감기의 개념

몬테소리는 자연주의자였던 루소의 영향을 많이 받았다. 루소와 마찬가지로 그녀도 아동은 성인과는 다르게 생각하고 배우며, 우리가 만들고 싶은 대로 만들어지는 것이 아니라 자신의 성숙적 자극을 통해서 발달이 이루어진다고 보았다. 몬테소리 이론의 주요 요소는 '민감기(敏感期, sensitive period)[6]'의 개념인데, 이는 결정적 시기와 매우 비슷하다. 즉, 발달과정에서 특정 능력이나 기술을 발달시킬 수 있는 준비가 가장 잘 이루어져 있는 시기를 뜻한다. 민감기는 유전적으로 프로그램 된 기간으로서 아이는 특별히 이 기간에 어떤 과제를 숙달하고자 노력하고 또 숙달할 수 있게 된다(Crain, 2000, 정옥분, 2015 : 58-60, 재인용). 민감기는 오래 지속되지 않으며 어떤 특정한 학습에 대한 민감기가 일어난 다음에는 그 학습을 어렵지 아니하고 쉽게 하는 민감기는 다시 일어나지 않는다. 따라서 민감기에 일정한 능력을 얻지 못하면 그 능력의 발달기회는 영원히 지나가 버린다.

① 질서(Order)의 민감기

생후 3년 동안에 나타나는 시기로, 이때 영유아는 질서에 대한 강한 욕구를 갖는다. 움직일 수 있게 되자마자 아기들은 물건을 제자리에 놓기를 좋아한다. 만약 책 또는 펜이 제자리에 놓여 있지 않으면 반드시 그것들을 제자리에 갖다 놓는다. 스스로 움직일 수 없을 때조차도 물건이 제자리에 놓여 있지 않으면 동요한다. 성인에게 질서는 외부적인 즐거움을 제공해 주는 것이지만, 아이에게 질서는 본능적이다.

---

6) 몬테소리의 저서 『어린이의 비밀(*Il segreto dell'infanzia*)』에서 처음 사용한 말인 '민감기'는 아동마다 다르나, 대체로 유아기는 모든 학습의 민감기라 할 수 있다. 무엇에 민감한가에 따라 질서에 민감한 시기, 언어 발달에 민감한 시기, 쓰기에 민감한 시기 등으로 표시한다. 몬테소리는 언어의 민감기는 2세에서 7세 사이라 하였다. 동물에게 민감기가 존재하는 사실을 처음 발견한 사람은 네덜란드의 과학자 유고 드 브리스(Hugo de Vries)이다.

② 세부 사항(Details)의 민감기

생후 1~2년 사이의 영아는 작고 세부 사항에 주의를 고정시킨다. 예를 들면, 영아는 우리 눈에 잘 띄지 않는 작은 곤충을 발견한다. 그리고 사진을 보여주면 우리가 중요하게 보는 것은 무시하고 대신 배경에 있는 작은 것에 주의를 기울인다.

③ 양손 사용(Use of Hands)의 민감기

생후 18개월에서 3년 사이의 영유아는 끊임없이 물건을 움켜쥐려고 한다. 특히, 그들은 열고 닫고, 그릇 속에 물건을 넣거나 꺼내고 다시 채우는 것 등을 좋아한다. 그다음 2년 동안에는 그들의 동작과 촉감을 다듬게 된다. 예를 들어 4세 유아는 눈을 감고 손으로 물건을 만져서 그것을 알아맞히는 게임을 매우 좋아한다.

④ 걷기(Walking)의 민감기

생후 1~2년 사이에 나타나는 시기로, 몬테소리는 영아가 걷는 법을 배우는 것은 무력한 존재에서 능동적인 존재로 전이되는 '제2의 탄생(second birth)'이라고 말한다. 영아들은 억제할 수 없는 충동에 의해 걷기를 시도하게 되며, 걷는 법을 배움으로써 대단한 자부심을 갖게 된다.

⑤ 언어(Language)의 민감기

언어 획득과 관련된 놀라운 사실은, 아이가 언어를 익히는 복잡한 과정을 학습하는 속도다. 언어를 배우기 위해서는 단지 단어와 그것의 의미뿐만 아니라 문법도 익혀야 한다. 문법에 내재하는 규칙이 너무 어렵고 추상적이기 때문에 언어학자들도 그것을 제대로 이해하기 위해서는 많은 노력을 해야 한다. 그러나 아이는 규칙에 대해서 많은 생각을 하지 않고도 그 규칙을 숙달한다. 두 가지 언어에 동시에 노출된다 하더라도 아이는 두 가지 언어를 모두 숙달하게 된다. 성인은 외국어를 배울 때 의식적으로 노력하면서 매우 힘들게 배우지만, 아이는 언어를 무의식적으로 흡수한다. 몬테소리는 언어 획득은 타고난 성숙적 요인으로 지배되기 때문에 아이는 어느 곳에서 성장하든지

간에 같은 단계를 거쳐 언어가 발달한다고 주장하였다(정옥분, 2015 : 58-60).

(2) 아동 중심의 교육환경

몬테소리는 아동은 의식적인 노력 없이도 환경으로부터 생활에 필요한 매우 중요한 기술을 습득한다고 믿었다. 따라서 아동으로 하여금 질서를 배울 수 있게끔 아동의 환경을 아름답고 질서정연하게 조성해야 한다고 말했다. 그녀는 또한 아동은 감각 경험을 통해 많은 것을 학습할 수 있다고 믿었기 때문에 교사는 아동의 시각, 청각, 후각, 촉각 등을 자극할 수 있는 환경을 조성할 책임이 있다고 말했다. 아동의 감각 경험을 자극할 수 있는 예로 아동의 작은 신체에 적합한 책걸상과 아동의 작은 손에 어울리는 도구를 제공해 주는 것을 들 수 있다(몬테소리, 2000, 정옥분, 2015 : 60-61, 재인용).

① 실제 사용이 가능한 진짜 도구의 제공

몬테소리는 아동의 신체에 적합한 교구의 크기가 매우 중요하다고 강조했다. 이탈리아에서 몬테소리 학교가 처음 문을 열었을 때 아동에게 맞는 크기의 교구를 구할 수가 없었다. 그래서 그녀는 아동의 신체에 적합한 여러 가지 교구제작에 착수하게 되었다. 심지어 아동의 작은 발에 맞추어 계단도 주문제작을 했다. 비록 크기는 작지만 이 교구들은 아동이 실제로 사용할 수 있게끔 만들어졌다. 많은 학교에서 아동이 다치는 것을 염려해서 가위나 칼의 날을 무디게 만들어 사용하게 하였다.[7)]

② 손쉽게 교구를 이용하기

몬테소리는 아동이 교구에 손쉽게 접근할 수 있어야 한다고 주장했다. 선반을 낮게 만들어 아동으로 하여금 자신이 필요로 하는 것은 교사의 도움 없이 스스로 꺼내 사용할 수 있게 해야 한다는 것이다. 교사는 때때로 교구를 아이들 손이 닿는 곳에 두면

7) 그런데 이렇게 하면 가위나 칼이 잘 들지 않아 작업을 어렵게 만들어 아동의 흥미를 잃게 할 뿐만 아니라, 오히려 더 위험한 경우가 발생할 수도 있다.

아이들이 너무 어질러 놓을 것이라고 우려한다. 교사의 이러한 주장에 대해 몬테소리는 교구가 있어야 할 자리에 사진이나 그림 또는 글씨로 표시를 해두면 아동은 교구를 꺼내 쓰고, 사용하고 나서 원래 있던 자리에 도로 갖다 놓기 때문에 문제가 전혀 없다고 반박한다.

③ 질서정연하고 아름다운 환경의 조성

몬테소리는 아동을 위해 아름답고 질서정연한 환경을 조성해 주는 것이 매우 중요하다고 생각했다. 아름다운 환경을 조성함으로써 아동의 미적 감각을 자극할 수 있다고 주장했다. 예를 들어 아름다운 음악을 들려주거나, 예쁘게 핀 라일락꽃을 교탁 위에 놓아두거나, 신선한 공기가 들어오게 창문을 열어 두거나, 아동이 그린 그림을 예쁜 색종이로 테두리를 만들어 벽에 걸어 두는 것 등이다.

2. 정신역동이론

프로이트(Freud)의 정신분석학은 과거 100년간 제기됐던 발달이론 가운데 가장 커다란 논쟁을 불러일으켰다. 모든 인간의 행동 기반이 성적 동기로 이루어진다는 그의 주장은 1800년대에서 1900년대에 걸쳐 많은 사람에게 엄청난 충격을 주었다. 더욱 충격적인 점은 영유아에게 성적 욕구가 있으며, 그것이 개인의 적응에 중요한 결정적 요인으로 작용한다는 주장이다. 또한, 프로이트는 우리가 행한 행동의 원인은 그가 명명한 '무의식'에 잠재해 있는 과거의 정신적 외상(trauma)에 따라 구사되고 처리되는 것으로 보았다. 정신분석학은 그가 제기한 리비도(libido)나 무의식의 개념 등으로 말미암아 많은 논쟁을 일으켰다. 그러나 현재까지도 심리학에 주요한 한 분야로 영향을 미치고 있음을 부인하는 사람은 아무도 없다.

1) 프로이트의 심리성적이론

지그문트 프로이트
(1856~1939)

프로이트는 모라비아(현 체코) 지방 프라이베르크 마을에서 유대인으로 출생하였다. 빈대학 의학부에 입학하여 신경해부학(Neuroanatomy)을 공부하였다. 졸업 후 얼마 동안 뇌의 해부학적 구조를 연구하였고, 코카인의 마취작용을 연구하여 우울증 치료제로 시도했지만 결과는 좋지 못했다. 1885년 파리의 살페트리에르(Salpetriere) 정신병원에서 마르탱 샤르코의 지도 아래 히스테리 환자를 관찰하였고, 1889년 여름에는 낭시(프랑스)의 베르넴과 레보 밑에서 최면술을 보게 되어, 인간의 마음에는 본인이 의식하지 못하는 과정, 즉 무의식이 존재한다는 것을 믿게 되었다. 프로이트는 브로이어(Breuer)와 공동으로 히스테리의 치유방법을 연구하였고, 1893년 카타르시스(katharsis, 淨化)법을 확립하였다. 그러나 얼마 후 이 치유법에 결함이 있음을 깨닫고 최면술 대신 자유연상법을 사용하여 히스테리를 치료하는 방법을 발견하였고 1896년 이 치료법에 '정신분석'이라는 이름을 붙였다. 1900년 이후 그는 꿈 · 착각 · 말실수와 같은 정상 심리에도 연구를 확대하여 심층심리학을 확립하였고, 또 1905년에는 유아성욕론(幼兒性慾論)을 수립하였다. 20세기의 사상가로 프로이트만큼 큰 영향을 끼친 인물은 없다고 평가되며, 심리학 · 정신의학에서뿐만 아니라 사회학 · 사회심리학 · 문화인류학 · 교육학 · 범죄학 · 문예비평에도 큰 영향을 끼쳤다.

저서로는 『히스테리 연구(*Studies of Hysteria*)』(1895), 『꿈의 해석(*The Interpretation of Dreams*)』(1900), 『일상생활의 정신병리학(*Psychopathologie des Alltagslebens*)』(1901), 『성욕에 관한 세 편의 에세이(*Drei Abha-ndlungen zur Sexualtheorie*)』(1905), 『토템과 터부(*Totem und Tabu*)』(1913), 『정신분석 강의(*Vorlesungen zur Einfuehrung in die Psychoanalyse*)』(1917), 『쾌락 원리를 넘어서(*Beyond the Pleasure Principle*)』(1920), 『자아와 이드(*Ego and Id*)』(1923) 등이 있다.

(1) 자각의 수준과 성격의 구조

프로이트에 따르면, 정신생활에서 의식적으로 하는 부분은 출생 시나 영아기에 결정적인 상태가 갑자기 시작되는 것이 아니라, 내적 성숙의 증가와 세상과의 경험 확장으로부터 영향을 받으며, 수년에 걸쳐 발달한다. 신생아의 마음은 거의 모두 무의식이고, 원초아(id)의 중심에서 일어나는 본능에 따라 지배되는 무의식으로 채워져 있다. 실제로 일생을 통해 무의식 속에서 압도적으로 기능하는 것은 원초아이고, 이는 외부 세상의 규칙과 상관없이 쾌락 원리에 따라 작용한다.

① 자각의 수준

프로이트는 인간의 정신세계를 의식, 전의식, 무의식의 세 가지 수준으로 나누고, 모든 행동은 이 세 가지 수준에서 일어난다고 하였다. 이를 빙산에 비유하여 의식수준은 물 위에 떠오른 빙산의 작은 부분이고, 무의식은 물속에 잠겨있는 빙산의 대부분처럼 자아가 통제할 수 없는 기억 밖의 묻힌 부분이라 하였다(강경미 외, 2003 : 52-54).

의식이란 주의를 기울이는 순간에 곧 알아차릴 수 있는 정신세계로, 이때 알거나 느낄 수 있는 모든 경험과 감각을 말한다. 이러한 의식은 시간이 지나거나 주의를 바꾸면 그 순간에 전의식 혹은 무의식 속으로 들어가 잠재된다. 전의식은 현재 의식되지는 않지만, 주의를 집중하고 노력하면 의식이 될 수 있는 정신세계로, 의식과 무의식을 연결한다. 무의식은 자신이 전혀 자각하지 못하는 정신세계로, 자신이 영원히 알지 못하거나 일부는 전의식으로 올라와 의식될 수도 있다.

② 성격의 구조

프로이트에 따르면, 인간의 성격은 원초아(id), 자아(ego), 초자아(super ego)의 세 부분으로 구성되어 있다.

원초아(Id)는 성격의 가장 원초적인 부분으로 본능적인 욕구를 관장하며, 성욕과 공격욕을 말한다. 원초아는 신생아 때부터 존재하는 정신에너지의 원천적 저장고로, 성장하면서 자아와 초자아로 분화한다. 원초아는 '리비도(libido)'라는 성적 에너지를 방출하며, 원초아 · 자아 · 초자아의 활동에너지이다. 원초아는 만족 · 쾌락을 추구하고 고통을 회피하는 '쾌락 원리'로 움직인다. 원초아는 반사(reflection)를 통해 자극에 자동적으로 반응하여 긴장을 제거한다. 원초아는 기능상 외부세계와 교섭할 수 없으므로 비현실적인 환상으로 욕구를 충족시키려고 시도하게 되는데, 이를 일차과정이라 한다.

자아(Ego)는 원초아의 욕구를 충족시키기 위해 환상이 아닌 현실적인 방법으로 여건이 마련될 때까지 지연시키는 현실 원리에 입각해서 기능한다. 출생 후 대략 24개월이 되면 자신이 원하는 것을 언제나 즉각적으로 충족시킬 수 없다는 것을 인식하게 되며, 이러한 의식적이고 이성적 요소인 자아가 발달한다. 자아는 현실을 평가하고 판단하므로 이차과정이라 한다. 자아는 원초아의 욕구와 초자아의 저지 사이를 원만하게 중재하는 정신과정의 조정자 역할을 한다. 자아의 합리적 사고방식에는 지각 · 사고 등의 인지과정이 포함된다.

초자아(Super ego)는 성격의 구조 중 마지막으로 발달하는 체계로, 부모와 주위 사람들로부터 물려받은 사회의 도덕적 · 윤리적 가치가 내면화된 표상이다. 초자아는 유아가 3~4세경이 되면 발달되기 시작하고, 사회에서 도덕적으로 옳다고 보는 기준에 맞게 행동하는 것이므로 사회적 원리를 따른다. 초자아는 '양심'과 '자아 이상'으로 구성되어 있는데, 양심은 부모로부터 받은 비난과 처벌로 형성되고, 자아 이상은 부모로부터 받은 칭찬과 보상으로 형성된다. 양심은 어떤 행동이나 생각에 죄책감을 느끼는 것이고, 자아 이상은 자신의 잘한 행동에 대해 느끼는 자부심이다.

(2) 자아방어기제

우리는 앞에서 원초아와 초자아는 서로 상반된 목적을 추구한다고 이해하였다. 따라서 본능적·충동적 원초아와 이를 억제하려는 초자아 사이에는 긴장이 발생할 수밖에 없다. 이때 자아의 조정자 역할이 대단히 중요하다. 그런데 자아의 역할이 부족하면 갈등을 느끼게 되는데, 이것이 불안이다. 자아가 합리적 방법으로 불안에 대처하지 못할 때 불안을 감소시키기 위해 무의식적 상태에서 현실을 왜곡하여 불안을 줄이려 한다. 이처럼 무의식적인 심리적 기제를 자아방어기제라고 한다.

자아방어기제는 불안감이나 정서적 갈등과 같은 유쾌하지 못한 정서를 감소시키거나 벗어나기 위한 자동적·무의식적 과정이다. 널리 사용되는 자아방어기제는 억압, 투사, 합리화, 부정, 고착, 보상, 반동형성, 퇴행, 전치, 승화 등이 있다.

① 억압

가장 기본적인 자아방어기제로, 자아는 수용할 수 없는 것을 의식에서 없애버린다. 불안을 일으키는 기억, 생각하고 싶지 않은 사건 등을 의식으로부터 꺼내어 무의식으로 밀어 넣는다. 예를 들어 야구경기 중 야구방망이로 사람을 친 사람이 그 사고를 기억하지 않으려는 경우이다. 이는 완전히 망각되는 것이 아니라 의식의 배후에 남게 되는데, 이런 상태가 억압이다.

② 투사

자신이 받아들일 수 없는 감정을 다른 사람의 것으로 전가시키는 것이다. 예를 들어 특별한 이유도 없이 어머니에게 화난 감정을 느낀 아이가 자신이 어머니에게 화가 난다고 말하는 대신 "어머니는 나만 보면 화를 내느냐"는 식으로 전가하는 경우이다.

③ 합리화

바람직하지 못한 행동에 그럴듯한 이유를 붙여 정당화하는 것이다. 예를 들어 부모가 아이를 때리면서 사랑하기 때문이라고 하는 경우이다. 합리화의 대표적 기제로, 우리는 보통 신포도(sour grapes)를 든다.[8)]

④ 부정

현실을 왜곡하고 그 현실 자체를 인정하지 않는 것이다. 받아들일 수 없는 사건을 믿지 않으려는 것으로, 기억에서 그 현실을 완전히 차단해 버린다. 예를 들어 사랑하는 남편의 장례식에서 돌아와 그가 죽었다는 사실을 인정하지 않으려는 경우로, 심하면 기억상실증으로 발전할 수 있다.

⑤ 고착

발달이 정지되어 다음 단계로 옮겨가지 못하고 일정한 단계에 머물게 되는 것이다. 고착은 불안에 대한 또 다른 자아방어기제인데, 너무 많은 욕구 불만이나 다음 단계로의 지나친 불안이 원인이 된다. 예를 들어 학교에 입학해 등교할 때 대부분의 어린이가 약간 걱정하는 하는 경우이다.

⑥ 보상

자신의 실제 또는 가상의 결점을 유사한 부분의 노력(직접적 보상)이나 다른 영역에서 노력(간접적 보상)으로 메우려는 것이다. 예를 들어 몸이 약해 열등감을 느끼는 사람이 보디빌딩장비를 구입해서 최고의 무게를 들 때까지 체력을 소진(직접적 보상)하거나,

---

8) 이솝 이야기 중 포도덩굴이 높아 포도를 못 따먹게 된 여우의 변명에서 온 것으로 자신의 약점을 감추려는 무의식 중의 변명을 의미한다.

최우수학생이 되기 위해 학업에 정진(간접적 보상)하는 경우이다.

⑦ 반동형성

용인할 수 없는 감정을 느낄 때 그 감정과 반대되는 태도로 행동하는 것이다. 예컨대, 삶 대(對) 죽음, 사랑 대 미움, 건설 대 파괴, 지배 대 복종, 능동 대 수동 등이다. 예를 들어 남학생을 좋아하는 여학생이 남학생에게 거칠게 행동하거나 때리는 경우이다.

⑧ 퇴행

새로운 상황에 적응하지 못하거나 불안한 상황에 대한 해결책으로 이전의 안락했던 어린 시절 행동으로 후퇴하는 것이다. 예를 들어 동생이 태어나 부모의 관심이 동생에게 집중됐을 때 잘 가리던 대소변을 갑자기 못 가리는 경우이다.

⑨ 전치

어떤 대상이나 사물에 향했던 감정을 그대로 다른 대상이나 사물에 향하게 하는 것이다. 예를 들어 어머니에게 혼난 아이가 강아지를 발로 차는 경우이다.

⑩ 승화

바람직하지 않은, 받아들일 수 없는 충동을 사회적으로 용인되는 행동으로 전환시키는 것이다. 예를 들어 청소년의 끓어오르는 성적 욕망을 다양한 스포츠나 음악활동 등에 심취하여 욕구를 가라앉히는 경우이다.

(3) 심리성적 발달 단계

프로이트는 환자가 유아기의 꿈이나 기억에 대해 서술하는 것을 설명하기 위해 일련의 발달 단계 모형을 제시했다. 그는 모든 본능을 근본적으로 성적인 것으로 보았다. 그의 성(sex) 개념은 단지 성교만이 아니라, 육체적 즐거움을 일으키는 모든 것을 포함한다. 유아기의 성적 감정은 매우 개괄적이고 다양하다. 발달 단계의 구분은 성적 에너지인 '리비도'가 집중적으로 모이는 성감대의 변화에 따른다. 아동이 발달과정에서 나타나는 퍼스낼리티(personality)[9] 문제는 해결되지 않은 채 남게 되거나 괴로운 자아에 의해 억압되고, 무의식 가운데서 활동을 계속함으로써 말미암아 수년 후에 신경증의 원인이 되기도 한다.

① **구강기**(Oral stage : 출생~1세)

영아는 구강이 주된 성감대로 입 · 혀 · 입술 등으로 젖을 빨 때 성적 욕구를 충족시킨다. 자신의 욕구를 충족시켜 주는 어머니에 대해 애착을 형성한다. 입술을 통해 성적 욕구를 충족하므로 구순기라고도 한다. 이때 영아는 배고프지 않아도 손에 잡히는 모든 것을 입에 넣고 빤다. 생후 6개월 이전까지 대상부재(objectless)의 상태로, 영아는 젖을 먹을 때 어머니 품의 안락함을 경험하지만, 어머니를 자신과 분리된 개체로서의 존재로 인식하지 못한다. 프로이트는 이런 초기 대상부재 상태를 초기의 나르시시즘[10](primary narcissism)으로 기술했다.

9) 개인의 행동에 있어서 모든 비환경적 요소를 집합적으로 지칭하는 데 사용되는 편리한 포괄적 용어인 퍼스낼리티(personality)의 정의는 학자에 따라 강조하는 것이 각기 다르다. 하지만 최근에는 퍼스낼리티를 여러 특성이 서로 역동적 관계를 맺고 있는 구조로서, 이것을 환경의 장에서 이해하려고 하고 있다. 즉, 퍼스낼리티란 생활공간 내에서 개체가 존재하는 양식, 행동양식을 뜻하며 타인과는 다른 특징적인 것을 말한다. 한마디로, 퍼스낼리티는 개인을 특징짓는 속성의 전체를 말한다. 따라서 여기에는 생리적 · 심리적 · 사회환경적 요인이 모두 포함된다. 그리고 퍼스낼리티의 형성은 유아기의 경험이 대단히 중요한 것으로 강조되고 있다.

10) 나르시시즘(Narcissism)이란 자신이 리비도의 대상이 되는 정신분석학적 용어로, 자기애(自己愛)라고 번역한다. 자기의 육체를 이성의 육체를 보듯 하고, 또는 스스로 애무함으로써 쾌감을 느끼는 것을 말한다. 예컨대, 한 여성이 거울 앞에 오랫동안 서서 자신의 얼굴이 아름답다고 생각하며 황홀하여 바라보는 것은 이런 의미에서의 나르시시즘이다.

■ **나르시시즘(Narcissism)의 유래**

나르시시즘은 그리스 신화에서 호수에 비친 자기 모습을 사랑하며 그리워하다가 물에 빠져 죽어 수선화(水仙花)가 된 나르키소스(Narcissos)라는 미소년의 이름에 연관 지어 독일의 정신과 의사 네케(Necke)가 1899년에 만든 말이다. 프로이트가 이 말을 정신분석학에서 자아의 중요성이 너무 과장되어 자기 자신을 너무 사랑하는 것을 지칭하는 용어로 사용하였다. 프로이트는 나르시시즘에 대해 자기 자신을 리비도의 대상으로 삼는 것이라고 하였으며, 인격적 장애의 일종으로 보았다.

정신분석에 따르면, 유아기에는 리비도가 자기 자신에게 쏠려 있다. 그래서 프로이트는 이 상태를 일차적 나르시시즘이라고 하였다. 나중에 자라면서 리비도는 자기 자신으로부터 떠나 외부의 대상(어머니나 이성)으로 향한다(對象愛). 그러나 애정생활이 위기에 직면하여 상대를 사랑할 수 없게 될 때, 유아기에서처럼 자기 자신을 사랑하는 상태로 되돌아간다. 이것이 이차적 나르시시즘이다. 프로이트는 조현병(정신분열병)이나 파라노이아(paranoia, 편집증)는 극단적인 예라고 생각하였다.

구강적 성격은 두 가지 유형으로 나타나며, 구강기 전기에 고착되면 구강 수동적 성격이 되고, 후기에 고착되면 구강 공격적 성격이 된다. 먼저, 구강 수동적 성격은 낙천적이고 타인에게 의존적이며, 모든 것을 희생해서라도 인정받고 싶어 한다. 이 유형의 행동양식은 수동적이고 미성숙하고 의존적이며, 잘 속는 경향이다. 다음으로, 구강 공격적 성격은 논쟁적이고 비꼬기를 잘하며, 타인을 이용하거나 지배하려 한다. 이 유형의 행동양식은 성인기에 손톱을 물어뜯는 행위, 껌을 씹는 행위, 담배를 피우는 행위와 지나친 흡연, 과음, 과식 등으로 나타난다.

② 항문기(Anal stage : 1~3세)

영유아가 대변을 보유하고 배출하는 데 최대 관심이 있으므로 항문기라고 한다. 더욱 강렬한 쾌감을 얻기 위해 배설을 미루는 보유와 배설을 통해 안도와 쾌감을 경험하는 만족을 얻는다. 이때 배변훈련이 이루어지며, 영유아는 생후 처음으로 그의 본능적 충동의 만족이 외부 간섭으로 지연되는 것을 경험하게 된다. 이러한 과정을 통해 정체감을 확립하기 시작하며, 자아의 발달을 가져오게 된다.

부모가 배변훈련을 너무 너무 일찍 시키거나 지나치게 엄격 · 억압적인 태도를 보이면, 아이는 성인이 되어 항문기에 고착된 행동을 보인다. 즉, 고집이 세고 인색하고 복종적이고 시간을 엄수하며, 지나치게 청결한 경향을 보인다. 반대로 부모가 아이의 발달 정도에 맞게 칭찬과 격려를 보이면, 아이는 이 과업의 중요성을 깨닫고 배변훈련에 즐겁게 임할 수 있다. 대소변을 자연스럽게 인지하게 되어 후에 창의적이고 생산적인 성격의 소유자로 자란다.

③ **남근기**(Phallic stage : 3~6세)

유아는 남녀의 생식기와 성별 차이에 새로운 호기심과 구별 의식을 갖게 되며, 생식기의 자극을 통해 만족을 얻으려고 한다. 아들은 어머니에 대해 성적으로 접근하려는 오이디푸스 콤플렉스(Oedipus complex)를 가지게 된다. 반대로 딸은 아버지에 대해 사랑의 감정을 품는 엘렉트라 콤플렉스(Electra complex)를 겪게 된다. 아들은 아버지와 비교하여 열등감을 느끼며, 아버지를 두려워해서 거세불안(castration anxiety)을 느낀다. 딸도 어머니와의 동일시를 통해 이런 심리적 갈등을 해결한다. 이때 여아는 남아와 생식기 모양의 차이를 알게 되고, 남아의 거세불안과 맞먹는 남근을 부러워하는 남근선망(penis envy)을 경험한다.

남근기에 고착되면 성인이 되어 남자는 경솔하고 과장되고 야심적이 되며, 항상 자신의 강인함과 남자다움을 나타내려고 하는 경향이 있다. 여자는 성관계에 있어 순진하고 결백해 보이지만 난잡하고 유혹적이며, 경박한 기질을 가지는 경향이 있다. 프로이트는 해결하지 못한 오이디푸스 문제는 후에 노이로제(neurosis, 신경증)[11]의 원인이 되며, 남자의 성적 무기력과 여자의 불감증(不感症, sexual anesthesia) 원인으로 보았다.

④ **잠복기**(Latency stage : 6~12세)

지금까지는 강한 리비도의 발산 욕구로 말미암아 거세불안, 오이디푸스 콤플렉스 등을 나타냈으나, 6살 정도가 지나면서 점차 사라진다. 성적 충동이나 환상이 무의식

11) 노이로제(Neurosis, 신경증)란 내적인 심리적 갈등이 있거나 외부에서 오는 스트레스를 다루는 과정에서 무리가 생겨 심리적 긴장이나 증상이 일어나는 인격 변화를 말한다.

속으로 잠재된다. 아동은 스포츠와 게임, 지적인 활동과 같은 구체적이고 사회적으로 용인되는 일에 그들의 에너지 방향을 돌린다. 그러나 성적이고 공격적인 환상이 프로이트의 말처럼 이 시기에 완전하게 사라지는 것은 아니다(Blos, 1962, 강경미 외, 2003 : 61, 재인용). 예를 들면, 8살 소년이 여전히 소녀의 몸에 더욱 관심을 보인다.

대개 잠복기 아동은 새로운 침착한 태도를 가지고 자제(self-control)를 유지한다. 보통의 아동은 이성을 포함하는 집단을 자발적으로 형성하지 않으며, 사회적 관계에서도 동성끼리 더 끌리는 경향이 있으므로 '동성의 시기'라고도 한다. 실제로 초자아는 강하고 부모의 교훈적인 내적 표본이 사회적 규칙으로 기능한다. 잠복기에 고착되면 성인이 되어서 이성과 안정감을 느끼지 못하고, 이성과의 성관계를 회피하는 경향이 있다. 또 정서적으로 고립되거나 공격적인 태도로 성적 관계를 가질려는 경향이 있다. 그런데 프로이트는 이 시기에 거의 관심을 가지지 않았으며, 성격 조직이나 발달에 관한 정신적 영역에 있어서 중요성이 없다고 가정(假定, supposition)했다.

⑤ **생식기**(Genital stage : 12세 이후)

자아의식과 사회성이 발달하는 사춘기에 접어들게 된다. 여아는 월경(月經, menses)을 하고 남아는 흔히 선정적인 꿈을 꾸며 밤에 사정(射精, ejaculation)을 한다. 지금까지 잠복해 있던 성적 욕구가 다시 고개를 들기 시작한다. 그러나 이제는 이전의 단계에서 자신의 신체 자극을 통해 얻었던 단순한 쾌감이 아니라, 진정한 사랑의 대상을 찾아 만족을 얻고자 한다. 이러한 이행 문제가 잘 해결됨에 따라 청년들은 성숙한 형태의 성적 본능 만족이 가능할 뿐만 아니라 자기중심적이 아닌 일반에 대해 더 객관적인 시야를 갖추게 된다.

질풍노도(疾風怒濤)의 시기인 청소년기에는 성격기제나 자아방어기제가 곧 개인의 성격 구조가 된다. 이때 초자아가 적절한 양심과 자아 이상을 갖추어

잘 형성되고, 자아는 현실 원리에 따라 제대로 움직이며, 자아방어기제에 과도하게 의존하지 않게 되면, 자아로 인생 문제를 해결하는 직접적인 방법이 발달하게 된다. 그러나 자아와 초자아의 부적절한 발달은 청소년의 자살과 비행, 그리고 심각한 정신적 불안의 원인이 될 수도 있다.

2) 에릭슨의 심리사회적 이론

에릭 에릭슨
(1902~1994)

에릭슨(Erikson)은 독일의 프랑크푸르트(Frankfurt)에서 태어났으며, 미국에서 활동한 자아심리학의 대표적 이론가다. 그는 어릴 적부터 뛰어난 학생이었고, 고대역사와 미술을 좋아하였다. 학교 졸업 후 대학 진학을 바로 하지 않고 유럽여행을 했는데, 여행 중 1927년에 프로이트의 딸인 안나 프로이트를 만나게 되었다. 그녀는 에릭슨에게 아동분석가가 될 것을 제안하였고, 에릭슨은 25세의 나이에 안나 프로이트가 운영하던 학교에서 아이들을 가르치게 되었다. 그는 27세에 미국의 미술가이며 작가인 여성과 결혼하였으며, 미국 보스턴에 자리를 잡고 아동정신분석학자로 활동했다. 그는 매사추세츠 일반병원(Massachusetts General Hospital), 하버드 의과대학, 심리클리닉 등에서 일하였다. 1936년 예일대학교 교수가 되어 인간관계연구소(Institute of Human Relations)에서 일하면서 의과대학 강의를 하였다. 1960년대에 들어와 에릭슨은 다시 하버드대학교로 돌아와서 인간발달을 전공으로 교수 자리에 앉아 1970년 퇴직할 때까지 머물렀다. 에릭슨은 만년에 이르기까지 집필활동을 하면서 정신분석에 기반을 둔 성격 이론을 세상에 알렸다.

저서로는 『유아기와 사회(*Childhood and Society*)』(1950), 『정체성과 생활주기(*Identity and the Life Cycle*)』(1955, 1980), 『청년 루터(*Young Man Luther*)』(1958), 『통찰과 책임(*Insight and Responsibility*)』(1964), 『자아정체감 : 청년과 위기(*Identity : Youth and Crisis*)』(1968), 『간디의 진리(*Gandhi's Truth*)』(1969), 『장난감과 이성(*Toys and Reasons*)』(1977), 『완벽한 생

활주기(*The Life Cycle Completed*)』(1982) 등이 있다.

(1) 점성적 원리

에릭슨은 성격이 일련의 단계를 거쳐 발달한다는 프로이트의 관점을 받아들였으나, 심리성적 발달에 초점을 맞춘 그와 달리 심리사회적 발달이론을 수립하였다. 심리사회적 발달이론은 개인의 전 생애에 걸쳐 일어나는 사회의 영향력을 고려하며, 성격이란 생애 초기 몇 년에 걸쳐 완성되는 것이 아니라, 전 생애를 걸쳐 진화되는 것으로 본다. 이처럼 그는 '전 생애 발달(life-span development)'이라는 개념을 제안한 최초의 인물이며, 성격의 발달이 점성적 원리(epigenetic principle), 즉 앞 단계의 발달이 이후의 연속된 단계를 예측할 수 있다는 원리에 의해 진행된다고 보았다. 인간은 미리 짜인 계획안에 따라 발달한다. 이 기초안은 두 개의 중요 요소로 이루어져 있다. 첫째, 인성은 미리 정해진 성숙하는 단계에 따라 발달한다. 둘째, 사회는 각 특정 단계에 제기되는 과제를 끌어내고 조장하기 위해 구조화된다.

(2) 발달적 위기

인간이 영아기부터 노년기까지 전 생애에 걸쳐 진화되는 발달에는 단계마다 통합해야 할 일련의 심리사회적 위기(psychosocial crisis)가 있다. 이 위기는 하나의 전환점으로 성장 잠재력이 큰 동시에 매우 취약한 기간을 말한다. 각 단계에서 다루어져야 하는 발달 과제가 어떻게 해결되느냐에 따라 개인의 특징적인 행동 패턴이 결정된다. 이때 자아(ego)는 각 단계에 나타나는 두 특성 사이의 균형을 발달시키며, 갈등의 양 측면을 모두 통합해야 한다. 갈등이 균형적으로 통합될 때 자아 특성 혹은 덕목(virtue)이 나타난다.

(3) 심리사회적 발달 단계

에릭슨은 부모, 형제, 친구 등과의 대인관계가 정서 발달에 중요한 사회심리적 관계라고 강조하면서, 이러한 대인관계의 질이 정서 발달을 결정한다고 보았다. 그는 연령별로 특징적인 정서상태가 나타난다고 생각하여 인간의 일생을 8단계로 나눈 것이다. 각 단계에서는 상충되는 양극의 정서를 경험하는 갈등을 겪으며 정서 발달을 이루게 된다. 그가 만든 8단계의 심리사회적 발달 단계는 아동발달 분야에서 선도적 역할을 하였다.[12] 그에 따르면 각 단계마다 과업을 거치며 획득되는 요소가 있다. 영아에서 죽음에 이르기까지 전 생애에 걸친 심리사회적 발달의 8단계는 다음과 같다.

① 1단계 : 신뢰 대 불신 단계(출생~1세)

영아는 어머니에 의해 욕구가 충족될 경우 세상에 대한 기본적 신뢰를 발달시킬 수 있다. 불신감과 신뢰감이 적절한 수준으로 통합될 경우, '희망'이라는 자아 특성이 발달된다.

② 2단계 : 자율성 대 수치심 단계(1~3세)

영유아는 신체에 대한 통제 및 그에 동반되는 자율성에 관심을 갖는다. 자율성과 수치심이 적절히 경험될 경우 자유 선택권을 행사하려는 '의지'라는 자아 특성이 발달된다.

③ 3단계 : 주도성 대 죄의식 단계(3~6세)

영유아 자신의 영향력을 행사하는 것에 관심을 갖는다. 또한, 자신의 계획과 희망이 매번 이루어질 수 없으며 때로는 억제되어야 한다는 것을 배우며 죄책감을 경험한다. 주도성과 죄책감 간의 갈등이 잘 다루어진다면 가치 있는 목표를 추구하려는 '목적'이라는 자아 특성이 발달된다.

12) 에릭슨의 심리사회적 발달을 8단계로 서술하였지만, 4단계까지가 아동기에 해당한다. 5단계부터는 청소년기 이후에 해당한다.

④ **4단계 : 근면성 대 열등감 단계**(6~12세)

후기 아동기로 아동은 사회가 요구하는 인지적이고 사회적인 기술을 연마하게 된다. 근면성과 열등감 간의 갈등이 잘 해결될 경우, '유능함'이라는 자아 특성이 발달된다.

⑤ **5단계 : 자아정체감 대 역할 혼미 단계**(12~20세)

청소년은 다양한 시도를 통해 자신의 위치를 파악하게 된다. 완전한 자아정체감이 형성될 경우 '충성심(fidelity)'이라는 자아 특성이 발달된다.

⑥ **6단계 : 친밀감 대 고립감 단계**(20~24세)

성인 초기 개인은 친밀한 대인관계에 관심을 갖게 된다. 친밀한 관계를 맺는 능력이 잘 발달될 경우 '사랑', 즉 타인과 나의 독자적인 정체감 사이의 갈등을 가라앉힐 수 있는 자아 특성이 발달된다.

⑦ **7단계 : 생산성 대 자기 침체 단계**(25~65세)

중년기 개인은 다음 세대를 위해 생산을 하고 희생을 하게 된다. 생산성의 균형적인 발달이 이루어진다면 내가 만들어 낸 아이, 직업, 관계 등에 대한 '호의(care)'라는 자아 특성이 발달된다.

⑧ **8단계 : 자아 통합 대 절망의 단계**(65세 이후)

노년기 개인은 인생을 평가하고 생의 통합성을 직면한다. 자아 통합을 경험할 경우 의미 부여와 자비, 지속적인 성장을 추구하는 '지혜'라는 자아 특성이 발달된다.

3. 행동주의이론

심리학의 대상을 의식이 아니고 관찰 가능한 인간의 외현적 행동만을 탐구대상으로 한다. 1913년 왓슨이 의식 내용 분석을 중심으로 하는 전통적 심리학을 비판하고, 심리학이 과학적이기 위해서는 객관적으로 관찰 가능한 행동을 대상으로 해야 한다고 강조한 것이 행동주의의 시초가 되었다. 유기체는 외부환경 자극에 반응하여 적응한다는 가정 아래, 그러한 자극과 반응의 기계적 연합을 규명히고, 그러한 연합을 이용하여 행동을 예언하거나 변화시킬 수 있다고 보았다. 왓슨은 동물의 행동을 자극과 반응 관계로 환원하여 설명할 수 있다고 보았는데, 이것이 자극–반응이론이다. 그렇기 때문에 본능이나 유전보다는 후천적 학습의 중요성을 강조한다.

1) 파블로프의 고전적 조건형성이론

이반 파블로프
(1849~1936)

파블로프(Pavlov)는 러시아의 생리학자로, 개가 주인의 발자국 소리만 들어도 침을 분비한다는 조건반사를 발견하여 실험적인 대뇌 생리학의 길을 열었다. 러시아 혁명 후 레닌의 원조를 받아 과학 아카데미 부속 생리학연구소 소장이 된다. 그가 초기에 행한 연구는 주로 순환생리, 소화생리로, 소화액 분비의 신경 지배에 관한 연구로 노벨 생리의학상(1904)을 받았다. 타액이 밖으로 나오도록 수술한 개에게서 타액선을 연구 중(1902) 사육사의 발소리에 개가 타액을 흘리는 것을 발견하였고, 조건반사 연구를 집성(集成)하여 발표(1923)하였다. 만년에는 수면 · 본능 · 신경증 연구를 진행하였다.

저서로는 『소화샘 연구에 대한 강의(*Lectures on the work of the Digestive Glands*)』(1923), 『동물의 고등신경계활성에 관한 객관적인 20년 연구경험(*Twenty years of objective study of the higher nervous activity of animals)*』(1923), 『조건반사학 강의(*Lectures on conditioned reflexes)*』(1928) 등이 있다.

(1) 고전적 조건반사와 조건형성

파블로프는 배고픈 개에게 음식을 주면 개가 타액을 분비한다는 사실을 확인하였다. 만일 음식을 다른 사건, 즉 종을 울리는 것과 같은 사건과 함께 제공하면, 개는 마침내 종만 울려도 침을 흘리게 된다. 이처럼 중립적 자극에 대해 학습된 타액 분비 반응을 '고전적 조건반사'라고 부르며, 이 과정을 '고전적 조건형성'이라고 한다. 이때 음식은 '무조건자극'이며, 개의 타액 분비는 (무조건자극에 대한 반응이므로) '무조건반응'이라 한다. 그리고 종소리는 '조건자극'이라 부르고, 개의 타액 분비는 (조건자극에 대한 반응이므로) '조건반응'이라 한다.

[그림 3-1] 파블로프의 조건형성 실험장치

출처 : https://terms.naver.com/

파블로프의 조건반사를 인간행동에 적용한 선구자가 왓슨이다. 그는 알버트(Albert)라는 9개월 된 건강한 아이를 '흰 쥐에 대한 공포 환자'로 학습시켰다. 그 과정은 단순하다. 아이에게 실험용으로 사용하는 흰 쥐를 보여주고 아이가 관심을 보이고 만지려고 할 때마다 막대기로 큰소리를 들려준다. 몇 번을 반복하면, 결국 아이는 흰 쥐만

봐도 울고, 피하려는 소위 공포 반응을 보이게 된다. 이 상황을 차근차근 분석해 보자. 큰소리는 깜짝 놀라는 반응을 일으키고(무조건자극-반응), 호기심의 대상이던 흰 쥐(사실 귀엽기까지 한 새로운 자극)가 연결되면서 놀라는 반응(공포)이 학습된 것이다. 왓슨은 이를 통해 파블로프의 조건형성이 단순히 동물의 침 분비의 문제가 아니며, 인간의 특정 대상에 대한 불안, 공포 등과 같은 복잡한 정서 반응 획득의 기본 원리가 될 수 있음을 보여주었다. "아니, 갓난쟁이를 환자로 만들다니…" 하면서 분노할 독자가 있을 수 있겠으나, 전혀 염려하지 않아도 된다. 왜냐하면, 논리적으로 명쾌한 해결책이 있다. 흰 쥐에 대한 공포 반응은 학습된 것이기에 새로운 학습 경험으로, 즉 같은 조건형성의 원리를 사용하여 흰 쥐를 공포의 대상이 아니게 만들 수 있다. 사실 이러한 생각이, 학습 원리를 이용한 부적응 문제의 치료방법인 '행동수정 치료법'의 기본이 된다(https://terms.naver.com/).

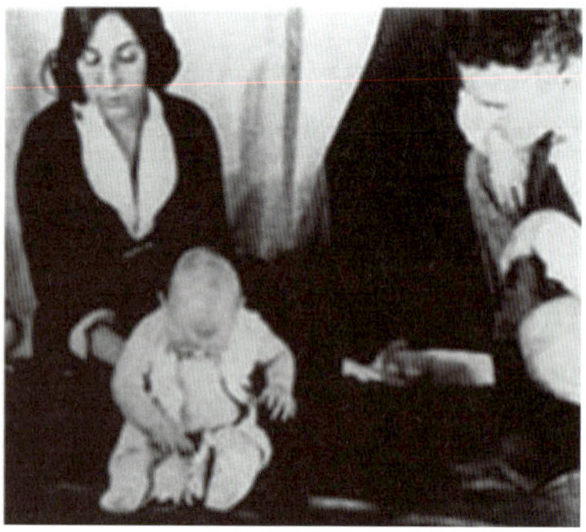

[그림 3-2] 왓슨의 실험: 알버트

출처 : https://terms.naver.com/

(2) 강화와 소멸

강화(强化, Reinforcement)란 어떤 행동을 한 뒤에 유기체가 원하는 자극을 제공하여 행동의 빈도수를 높이는 것을 말한다. 하지만 쾌(快)자극의 제공뿐 아니라 혐오(嫌惡)자극의 제거로도 유기체를 강화시킬 수 있는데, 쾌자극의 제공으로 행동의 빈도수를 높이는 강화를 정적(positive)강화라고 하고 혐오자극의 제거로 행동의 빈도수를 높이는 강화를 부적(negative)강화라고 한다.

정적강화는 쾌자극의 제공으로 유기체를 강화시킨다. 교사가 학생들의 발표를 유도하기 위해 발표를 할 때마다 추가점수를 제공하거나 사탕을 하나씩 주는 것은 정적강화의 예가 되는데, 여기서는 발표라는 행동의 빈도수를 높이기 위해 추가 점수나 사탕이라는 쾌자극을 제공함으로써 학생을 강화시킨 것이 된다. 부적강화는 혐오자극의 제거로 유기체를 강화시키는 것을 말한다. 부적강화도 정적강화처럼 결과적으로 유기체가 유리하다고 느끼게끔 하는 것이지만 쾌자극을 제공하지 않고 혐오자극을 제거하는 것으로 강화한다는 점에서 차이가 있다. 화장실 청소를 하도록 되어 있는 아이에게 "오늘 수업에 열심히 참여하면 화장실 청소를 하지 않아도 좋다."라고 이야기하여 아이가 수업에 열심히 참여하였다면, 화장실 청소라는 혐오자극을 제거함으로써 수업에 열심히 참여하는 행동을 증가시킨 것이다.

그러나 조건형성이 한 번 이루어졌다고 해서 조건자극이 계속해서 영원히 작용하지는 않는다. 예를 들면, 종소리를 타액 분비를 위한 조건자극으로 만들 수도 있으나, 만약 음식 없이 종소리만 몇 번 제시하면 종소리는 그 효과를 잃게 된다. 이렇게 되는 것을 소멸(消滅, extinction)이라고 한다.

(3) 자극의 일반화와 변별화

자극의 일반화는 원래의 자극과 비슷한 조건자극에 대해 조건반응을 하는 것을 말한다. 예를 들면, 어떤 음조의 종소리에 타액을 분비하도록 조건형성 된 개는 비슷한 다른 음조의 종소리에도 같은 반응을 보이는데, 이것이 자극의 일반화다. 또 악몽을 꾼 아이가 어두운 장소를 싫어하는 경우이다. "자라(soft-shelled turtle) 보고 놀란 가슴, 솥뚜껑 보고 놀란다."라는 속담도 자극의 일반화 예이다. 자극의 일반화에 대한 보완적인 과정이 자극의 변별화인데, 한 자극이 다른 자극과 변별되는 방식을 말한다. 예를 들면, 어두운 곳에서 공포를 느끼는 아동이 극장과 같은 어떤 특정한 어두운 장소에서는 공포를 느끼지 않는다.

2) 스키너의 조작적 조건형성이론

벌허스 스키너
(1904~1990)

스키너는 미국 펜실베이니아주(州)의 작은 마을 서스퀴해너에서 출생한 심리학자이자 신행동주의자다. 해밀턴대학교에서 영문학을 전공한 후 시와 소설을 습작하였으나 성과 없이 지내다가 파블로프와 왓슨의 글에 매료되면서 하버드 대학교에 재입학하여 심리학을 공부하였다. 그는 인간과 동물을 동일시함으로써 심리학의 역사에서 가장 많은 논란을 일으킨 장본인이기도 하다. 인간을 환경과 상호작용하는 동물로 인식하고 분석해야 한다고 주장함으로써, 인간을 단순한 반사기계가 아닌 행동의 결과로 자신의 행동까지도 바꿀 수 있는 대상으로 보았다. 스키너는 가설의 구성이나 설명보다도 조작주의적 분석에 의해, 선행 조건과 귀결과의 관계만을 기술하는 입장을 주장하여 스키너학파를 이루었다. 강화 스케줄에 의한 실험 연구는 일반심리학뿐만 아니라, 생리심리학 · 약리심리학 · 교육심리학 · 임상심리학에도 이용된다.

저서로는 『유기체의 행동(*The behavior of organism*)』(1938), 『과학과 인간의 행동(*Science and human behavior*)』(1953), 『언어적 행동(*Verbal behavior*)』(1957), 『자유와 존엄을 넘어서(*Beyond Freedom and Dignity*)』(1971), 『행동주의자가 되다(*The Shaping of a Behaviorist*)』(1979), 『결과의 문제(*A Matter of Consequence*)』(1983) 등이 있다.

(1) 스키너 상자(Skinner box)

동물(주로 쥐 · 비둘기)의 오퍼런트(operant, 자발적) 행동을 분석하기 위한 실험 장치로, 스키너가 고안하였으나 그 자신은 '실험 공간'이라고 불렀다. 상자 안쪽 벽에 지렛대가 있어 그것을 누르면 밑에 있는 먹이통에서 보수(報酬)로서 먹이가 나온다. 이 보수를 얻는 것이 강화(强化)되어 쥐는 지렛대 누르기를 학습하게 된다. 비둘기를 쓸 때는 지렛대 대신 표적을 만들어서 이것을 쪼이면 먹이가 나온다. 현재는 각종 동물용으로 표준화되어 차폐, 방음된 일정한 넓이의 독실에 각각 종에 알맞은 오퍼런트 반응용 장치(수동레버, 패킹용 키 등), 변별자극으로서 시각·청각자극 제시를 위한 설비이다. 먹이·물 등 강화자극을 주는 장치 등이 설치되어 있으며, 외부 자동프로그래밍이나 기록장치에 접속되어 있고 원격조작을 할 수 있다. 거기서 조작적 조건화에 필요한 엄밀한 환경 통제와 동물이 장시간 자유롭게 행동할 수 있는 장면이 만들어져 있다. 같은 원리로 원숭이나 어린이들의 행동분석에도 쓰인다.

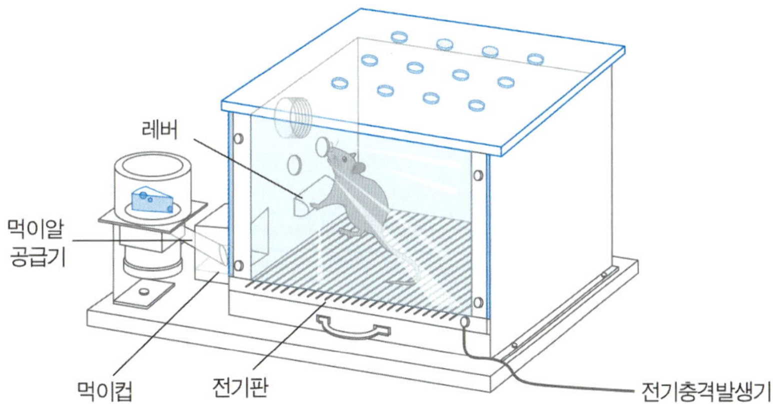

[그림 3-3] 스키너의 실험 공간 : 스키너 상자(Skinner box)

출처 : https://terms.naver.com/

(2) 반응적 행동과 조작적 행동

스키너(1953)에 따르면, 인간의 모든 행동은 두 가지 범주로 나눌 수 있다. 첫 번째 유형은 반응적 행동인데, 고전적 조건화에서 사용된 반응과 같이 자극에 의해 직접적으로 유발된 반응이다. 파블로프의 실험에서 개가 음식물을 보고 침을 흘리는 반응,

동공의 수축, 무릎 반사 등이 이에 속한다. 반응적 행동의 특징은 전적으로 반응을 유발하는 자극으로 통제된다. 즉, 자극이 있으면 반응하고, 자극이 없으면 반응하지 않는 매우 단순한 행동으로 그 종류는 매우 적다.[13)]

두 번째 유형은 조작적 행동인데, 인간 행동의 대부분은 조작적 행동이다. 조작적 행동은 어떤 자극으로 일어나는 것이 아니라 스스로 일어나는 행동, 혹은 어떤 자극이 있었다고 하더라도 그것이 무엇인지 알 수 없었던 경우의 행동을 말한다. 즉, 조작적 행동은 어떤 유기체가 능동적으로 환경에 작용을 가하는 행동을 말한다. 조작적 행동으로 형성되는 조건을 조작적 조건화라고 하는데, 유기체가 행하는 조작행동은 결과에 따라 증가하기도 하고 감소하기도 한다. 이를 통해 어떤 반응을 증가시키거나 감소시키는 것이 조작적 조건화인 것이다.[14)]

(3) 강화인

스키너(1953)는 유기체가 어떤 행동을 한 결과가 스스로에게 유리하면 그 행동을 더 자주 하게 된다고 보았다. 이때 그 행동의 결과로 주어진 것으로 행동의 빈도를 높이는 자극을 강화인(强化因, reinforcer)이라고 하는데, 이런 강화인은 일차적 강화인과 이차적 강화인으로 나눈다.

일차적 강화인은 유기체의 행동을 직접적으로 증가시킬 수 있는 강화인이다. 예를 들면, 음식이나 물과 같은 것이 되겠는데, 당장 배고픈 유기체에게 음식으로 만족을 주는 것으로써 바로 다음 행동을 증가시킬 수 있다. 이차적 강화인은 유기체의 행동을 바로 증가시키지 못한다. 하지만 일차적 강화인과 연합하여 행동을 증가시킬 수 있는데, 쿠폰이나 토큰 등이 이에 해당한다. 즉, 쿠폰이나 토큰으로도 유기체를 강화할 수 있지만 그것은 유기체를 직접 강화하는 것이 아니라, 일차적 강화인과 교환할 수 있기

---

13) 스키너는 외부적 자극에 초점을 맞춘 고전적 조건화를 S(Stimulus)형 조건화라고 칭하면서, 조작적 행동에 관심을 가진 조작적 조건화를 R(Response)형 조건화라고 구분하기도 했다.

14) 조작적 조건형성은 왓슨의 행동주의에 영향을 받았는데 이는 자극보다는 결과가 유발된 행위에 있다는 이론이다. 스키너는 학습자가 획득해야 할 행동은 조작적으로 조건화될 수 있다고 보았다. 스키너의 조작적 조건형성은 프로그램학습, 행동수정기법, 내장 반응(심장박동, 혈관 팽창)의 조건형성 등에 적용되었다.

때문에 강화가 가능하다.[15)]

(4) 처벌

조작적 조건화에서는 단지 유기체가 하는 행동의 빈도를 증가시키는 것만을 이야기 하지는 않는다. 어떤 행동을 수정하기 위해서는 특정 행동의 빈도를 감소시킬 필요가 있는데, 이때 혐오자극을 제공하거나 쾌자극을 제거함으로써 행동의 빈도수를 감소시킨다. 이렇게 행동의 빈도를 증가시키는 강화와 대별되는 것이 벌이다. 특히, 혐오자극을 제공하는 것을 수여성(授與性) 벌이라고 하는데, 수여성 벌의 대표적인 예로 체벌을 들 수 있다. 학생이 바람직하지 못한 행동을 했을 때 교사가 체벌을 가함으로써 그 행동을 더는 하지 않게 만든다. 쾌자극을 제거하는 벌은 박탈성(剝奪性) 벌이라고 한다. 박탈성 벌은 그동안 받아오던 강화인을 제거한다는 말과 같다. 박탈성 벌의 대표적인 예로 '타임아웃(time out)'이 있다. 타임아웃은 어떤 학생이 교실을 시끄럽게 할 때, 그 학생을 일시적으로 교실 밖으로 추방하는 것이다.[16)]

4. 사회학습이론

인간의 사회적 행동뿐만 아니라 개인의 성격 같은 심리적 특성도 사회적 과정, 특히 대인관계를 통해 학습된다는 이론이다. 대표적인 사회적 학습이론은 ① 사회적으로 보상받은 행동은 강화되고, 그렇지 못한 행동은 약화된다는 행동주의와 심리학적 강화의 원리로 사회적 행동을 설명하는 강화이론, ② 대부분의 학습은 대인관계를 통해

15) 이차적 강화인으로써 가장 대표적인 것이 돈이다. 돈은 여러 종류의 일차적 강화인과 교환할 수 있기 때문에 일반화된 강화인이라고 부르기도 한다.

16) 이처럼 편하게 교실에서 앉아 공부할 기회와 친구들과 함께 있을 기회를 박탈당하는 것은 직접적인 혐오자극을 부여하는 것이 아니라 쾌자극을 제거하는 박탈성 벌에 해당한다.

이루어지며, 타인의 행동을 모방하고 관찰함으로써 사회적 행동이 학습된다는 관찰학습 또는 모방이론, ③ 사회적 상호작용 관계의 상황에서 서로 주고받는 상과 벌, 보상과 희생의 이해관계로서 사회적 행동을 설명하려는 사회적 상호작용 관계의 이론, ④ 개념형성 · 지각 · 인지조직 · 태도 · 신념 및 기대 같은 인간의 내적 · 심리적 과정, 즉 인지과정을 강조하는 인지이론의 입장 등이 있다.

1) 반두라의 사회학습이론

앨버트 반두라(1925~)

반두라(Bandura)는 캐나다 앨버타(Alberta)주(州) 북쪽의 작은 시골 마을 문데어에서 태어났으며, 사회학습이론의 주창자로 현대 교육심리학 분야의 석학이다. 1949년 영국의 브리티시 컬럼비아(British Columbia)대학교에 입학하여 심리학 공부에 매진하여, 심리학부에서 볼로칸상(Bolocan Award)을 수상하였다. 초기에는 임상심리학에 흥미를 가졌지만, 후에 행동수정이론, 관찰학습, 자기효능감 등에 관한 연구로 옮겨 갔다. 그의 이론은 환경에 대한 인간의 반응으로서 자기조절 기제와 반응에 영향을 주는 동기에 관심을 가졌다는 점에서 인지이론으로 분류되며, 이러한 점이 급진적인 행동주의자(조작적 조건형성이론가)인 스키너와 다르다. 그는 인간이 행동을 습득하는 것에 관심을 갖고 다른 사람의 행동을 관찰하고 모방하는 과정에 초점을 둔다. 그는 인간에게는 경험을 상징화하는 능력이 있다고 주장하면서, 이 능력이 환경을 조성하고 목적을 이루게 하는 태도 · 문제해결 · 결과에 대한 예측 및 비판, 시간과 공간을 넘나드는 타인과의 의사소통 등을 이해할 수 있도록 해 준다고 하였다.[17] 반두라의 업적은 1960년대 후반에 시작된 심리학의 인지적 혁명의 일부라는 평가를 받는다. 그의 이론은 성격심

17) 이것이 그가 주장한 자기효능감이론(Theory of Self-efficacy)과 연결된다.

리학 · 인지심리학 · 교육학 · 심리치료 등에 헤아릴 수 없는 영향을 미치고 있다.

저서로는 『청년기의 공격(*Adolescent Aggression*)』(1959), 『사회학습과 성격발달(*Social Learning and Personality Development*)』(1963, 공저), 『공격 : 사회학습분석(*Aggression : A Social Learning Analysis*)』(1973), 『사회학습이론(*Social Learning Theory*)』(1977), 『변화하는 사회 속에서의 자기효능(*Self-Efficacy in Changing Societies*)』(1995), 『자기효능(*Self-Efficacy*)』(1997) 등이 있다.

(1) 관찰학습

비교적 높은 지적 능력을 가진 동물이나 인간은 직접 경험에 의하지 않고 관찰만으로도 행동의 형성과 변용, 즉 학습이 성립되는 경우가 있다. 예를 들어 우리는 타인이 암에 걸려 있는 것을 본 적이 있거나, 그에 관한 드라마를 보았기 때문에 직접 걸리지 않았어도 암이 가져오는 정서적 혼란이 어떤가를 실감할 수 있다. 그리고 이러한 모델링(modeling, 모방)의 영향은 특정한 반응 유형만을 전달시키는 것이 아니라, 다른 혁신적 행동도 창조해 낼 수 있다. 만약 한 어린이가 동생에게 과자를 나누어 주는 것처럼 친구들과 장난감을 나누어 갖는 행동이나, 어머님의 집안일을 거들어 주는 것과 같은 행동도 할 수 있다. 이렇게 남이 시범하는 행동의 관찰에 바탕을 두고 성립하는 학습을 관찰학습(모방학습)이라 부른다(성영혜 외, 1999 : 80-82).

관찰학습은 '주의집중–파지–운동재생–동기화'의 네 가지 상호 연관된 구성요소와 과정으로 이루어진다. 첫째, 주의집중 과정은 모방하려는 모델의 행위에 주의를 집중하고 정확하게 지각하는 단계로, 모델의 어떤 점을 선택적으로 지각하고, 어느 것을 습득할 것인가를 결정한다. 이에 대해 반두라는 관찰학습은 모델 행동의 특징이나 뚜렷한 단서에 주시하거나 정확하게 지각하여야만 이루어진다고 했다. 주의집중을 더 많이 받게 되는 경우는 모델의 성 · 연령이 관찰자와 비슷할 때, 존경받을 때, 지위가 높을 때, 유능하거나 매력적일 때 등이다.

모델링은 다음의 세 가지 측면에서 관찰자에게 영향을 미친다(성영혜 외, 1999 : 82).

첫째, 타인이 하는 행동을 관찰함으로써 새로운 반응을 학습할 수 있다. 모델이 우리가 학습하지 못한 새로운 행동을 하게 될 때 우리는 그 행동을 모방하게 된다. 그런데 이때 모델은 반드시 실제 인물에 의한 것이 아니어도 효과가 있다. 따라서 신문 · 도서 잡지 · 영화 · 텔레비전 등을 통한 상징적 · 회화적 제시방법도 관찰의 대상이 될 수 있다. 둘째, 타인 행동의 관찰에 대해 어떤 특수한 행위를 억제하거나 피하게 되는 수가 있다. 특히, 어떤 사람이 행한 행동이 나쁜 결과를 가져오는 것을 관찰했을 때에는 이러한 억제효과는 높다. 셋째, 모델링은 행동의 촉진작용을 하기도 한다. 흔히 어떤 행동을 할 줄 알면서도 하지 않다가 다른 사람이 그러한 행동을 하면 우리도 따라서 하게 되는 경우이다.

(2) 자기효능감

사회학습이론에서 인간은 내부의 힘이나 외부자극에 의해 자동적으로 조종되는 존재가 아니라, 자신이 속해 있는 환경과의 상호작용에서 행동하는 자기조절체계(self-regulatory system)로 기능하는 존재다. 반두라는 인간 기능 모형으로 삼자 상호작용론(triadic reciprocality)을 제시하면서 행동, 환경 속에서 일어나는 사건, 개인의 인지적 요인에 대해 설명하였다. 여기서 개인의 인지적 요인으로 지각과 행동 간의 관계를 중재하는 것이 자기효능감이다.

자기효능감은 특정 성취 상황에서 자신이 얼마나 효율적으로 기능할 수 있는가에 대한 기대 또는 신념으로, 수행수준을 결정하는 데 직접적인 영향을 미치는 동기요인이다. 자신을 얼마나 가치 있게 여기는가에 대한 판단 기준인 자아존중감과는 달리, 자기효능감은 한 개인이 특정 과제를 얼마나 확신을 갖고 수행해 나가는지가 반영되어 있다. 자기효능감은 자신에 대한 전반적인 지각을 의미하는 자기개념이나 자아존중감보다는 구체적 상황이나 과제에 국한된 능력에 대한 신념이다. 따라서 특정 과제에 대한 이 같은 자신의 수행예측은 일반적인 수행 상황에서의 예측보다 훨씬 정확할 수 있기 때문에 성취 상황에서의 수행수준에 대한 강력한 예측변인이 된다.

반두라는 개인이 자기효능감에 대한 정보를, 첫째, 자신의 수행을 관찰함으로써, 둘째, 모델이 수행하는 것을 관찰함으로써, 셋째, 타인의 설득을 통해서, 넷째, 생리적 지표를 통해서 얻을 수 있다고 하면서 이러한 정보원을 통해서 효능기대를 향상시킬 수 있다고 하였다. 다만, 어느 한 영역에서 높은 자기효능감을 지녔다고 해서 다른 영역에까지 높은 자기효능감을 지녔다고는 할 수 없다. 자기효능감이 높은 사람은 긍정적인 자아상을 촉진하고 목표 중심적으로 행동하여 높은 성취수준에 도달하지만, 자기효능감이 낮은 사람은 부정적인 자기평가가 주를 이루어서 자신감이 결여되어 있고 목표 지향적 행동이 부족하다. 같은 능력을 가지고 있어도 자신의 능력에 대한 효능기대가 높은 사람은 낮은 사람보다 실제 수행수준이 높고, 이는 훈련으로 향상시킬 수 있다.

2) 달러드와 밀러의 사회학습이론

존 달러드(1900~1980)

달러드와 밀러(Dollard & Miller)는 프로이트의 정신분석학을 이해하였고, 그것이 인간행동에 대한 빈틈없는 관찰의 결과에 토대를 두고 있음을 알았다. 그들은 1950년 '인성과 심리치료(Personality and Psychotherapy)'를 통해 프로이트의 심리성적 발달 단계에 의한 발달 패턴이 신행동주의의 사회적 학습에서 설명될 수 있음을 밝혔다. 또한, 그들은 학습이론, 정신분석이론, 사회인류학에 기초하여 인간의 습관이 어떤 식으로 발달하는지에 관한 이론을 발전시켰다. 그들은 습관이란 자극과 반응 사이의 안정된 연결이라고 보아 습관을 사용하여 무의식 과정(동기, 갈등, 방어 등)을 설명하였다. 그들은 동물에 대한 실험실 연구에서 발견한 결과를 프로이트의 임상적 관찰과 혼합하였다. 또 프로이트의 정신과학과 학습이론 및 사회학습과의 연결고리를 만들었다. 이 연구는 성격심리학자들에게 새로운 연구방향을 제시하였으며, 오늘날까지도 놀라울 정도의 생명력을 유지하고 있다(성영혜 외, 1999 : 82-84).

달러드와 밀러는 학습을 하기 위해서는 무엇인가 원하고, 무엇인가에 주목하고, 무엇인가를 하고, 무엇인가 얻어야 하며, 학습의 4대 기본 측면으로, 추동(drive, 동인)[18], 자극(단서), 반응, 보상을 제시하였다. 그들은 자극과 반응의 정의를 넓힘으로써, 유기체의 행동을 단순하게 설명하는 학습이론을 의미 깊게 적용되는 이론으로 변형 · 발전시켰다.

닐 밀러(1909~2002)

(1) 학습된 추동의 중요성

달러드와 밀러의 또 다른 공헌은 학습된 추동(이차적 추동)이 어떻게 발달하는가를 보여준 것이었다. 그들의 근본적 논리는, 매우 문명화되고 복잡 미묘한 이차적 추동은 어릴 때의 일차적 추동의 충족으로부터 생긴다는 것이다. 예를 들어 아이들은 어떻게 해서 어머니를 사랑하거나, 혹은 어머니 곁에 있으려고 하게 되는가? 이들의 주장에 따르면, 한 일차적 추동의 충족과 빈번히 연합되는 자극이나 단서는 무엇이든 그 자체가 이차적 강화가 된다. 아이에게는 (반복적으로 직접 연결되어 발생하고 식별할 수 있는) 어머니의 모습 · 촉감 · 손길 · 냄새 등이 배고픔의 충족, 여러 가지 신체적 불편함으로부터의 도피와 단서이므로 이들의 연합이 학습된다. 일단 학습되면 어머니의 모습과 존재는 이제 그 자체가 강력한 강화로 추구된다.

(2) 성격의 발달

수많은 발달이론가와 마찬가지로 달러드와 밀러도 성격형성에서 어린 시절의 중요성을 강조했다. 그들은 영유아의 세 가지 기본 특성을 다음과 같이 가정함으로써 발달에 관한 설명을 시작한다. 첫째, 모든 영유아는 어느 상황에서나 단순한 자극에도 반응

18) 헐(Hull)은 동물과 사람이 추동이라는 동기 상태 때문에 행동을 한다고 믿었다. 그에게는 모든 행동이 말 그대로 추동되었다. 예를 들어 먹이가 박탈된 동물은 먹이를 획득하도록 추동된다. 다른 추동은 물, 수면, 산소, 성적 자극의 박탈로 말미암아 일어난다. 강화물이란 하나 이상의 추동을 감소시키는 자극이다(P. Chance, 2001, 박소현 · 김문수 역, 2004).

하게 만드는 뛰어난 재능인 '특수한 반사'를 갖추고 있다. 둘째, 영유아는 '선천적 반응 서열'이 있다. 즉, 선천적으로 가지고 태어난 특수한 상황에서의 특정한 반응은 다른 반응보다 발생할 가능성이 더 높다. 셋째, 통상적인 '일차적 추동'이 있다.

그러면 이러한 원시적 상태의 특징을 지닌 영유아가 어떻게 복잡한 성인으로 발달할까? 이에 대한 해답은 바로 '학습과정'이다. 언제나 존재하는 추동의 감소[19] 기제를 통하여 기존의 반응이 새로운 자극에 부착되며, 새로운 반응이 강화되고, 일차적 추동에서 이차적 추동이 생겨나고, 매개된 자극의 일반화를 통하여 고등 정신 과정이 크게 성장한다. 이런 과정이 수만 번 일어나서 인간 유기체가 천천히 성인이 된다(성영혜 외, 1999 : 84).

5. 인지발달이론

인간행동을 예측하고 통제하는 데 목표를 두고 행동과 외적 자극의 함수관계를 찾아 자극조작을 통해 행동을 통제하려고 하는 것이 행동주의이론인데, 현대심리학에서 인지발달이론은 이 같은 행동주의이론에 반하는 폭넓은 의미를 가지고 있다. 인간은 주관적 존재로, 개인의 정서 · 행동 · 사고는 개인이 현실을 창조해 내는 방식이며, 환경에 따라 능동적으로 중재하고 재구성할 수 있는 능력이 있으며, 계속해서 성장 · 발달할 수 있는 잠재력을 지닌 비(非)결정론적이라는 것이 인지발달이론의 인간관이다. 인지는 개인이 환경적 사건에 노출된 결과일 뿐만 아니라, 개인이 이러한 사건의 의미를

19) 강화물 효과의 원인을 추동의 감소에서 찾는 강화이론을 추동감소이론(Drive-Reduction Theory)이라고 한다. 이 이론은 음식이나 물과 같은 일차 강화물에 대해서는 상당히 잘 적용되지만 생리적 욕구를 감소시키는 것처럼 보이지 않는 강화물도 많다. 교사들은 음식이나 물보다는 긍정적인 피드백(예: "좋아." "맞아요." 등)과 칭찬으로 행동을 강화하는 경우가 더 많다. 헐(Hull)은 이 비판에 대응하여, 그런 이차 강화물은 추동을 감소시키는 일차 강화물과의 연합을 통해서 강화력을 갖게 된다고 제안하였다(P. Chance, 2001, 박소현 · 김문수 역, 2004).

능동적으로 구성한 결과이다. 인간은 환경적 사건을 인지적으로 표상하고 이에 따라 행동하며, 사고 · 감정 · 행동 · 결과는 원인적으로 관련성을 지닌다.

1) 피아제의 인지발달이론

진 피아제(1896~1980)

피아제는 스위스에서 태어났으며, 인지발달 연구의 선구자다. 어린 시절에는 동물학에 관심을 가졌는데, 10세 때 백색종 참새 관찰결과를 논문으로 발표했고, 연체동물에 대한 논문을 여러 편 발표하여 15세 때에는 이미 유럽 동물학자들 사이에서 인정을 받았다. 그 후 생물학 지식과 인식론에 대한 흥미가 결합되어 심리학에 관심을 보이기 시작하였다. 피아제는 파리에서 처음 발견한 주제, 즉 아이의 정신은 일련의 정해진 단계를 거쳐 성숙한다는 생각을 계속 발전시켜 나갔다. 이러한 아동 연구를 통하여 수 · 양 개념의 발달, 시간 · 공간 · 인과성 · 언어와 사고 · 도덕성 발달 등 아동의 지적 발달 전반에 크게 이바지했다. 아동 심성의 독자성과 발달 단계를 명확히 하고, 아이와 어른 간에는 논리구조에 질적으로 차이가 있다는 연구로, 아이를 어른의 작은 모형으로 파악하는 아동관의 결정적 잘못을 깨닫도록 하였다.

저서로는 『아동의 언어와 사고(*Le langage et la pensée chez l'enfant, Switzerland : Delachaux & Niestlê*)』(1923), 『*Le Jugement et la raisonnement chez l'anfant, Switzerland : Delachaux & Niestle*』(1924), 『*La Naissance de l'intelligence chez l'enfant, Switzerland : Delachaux & Niestle*』(1948) 등이 있다.

(1) 도식-동화와 조절-평형화

피아제는 인간의 지적 행동을 환경에 대한 순응(順應)이라고 보았으며, 이 순응은 동화(同化)와 조절(調節)[20]이라는 두 가지의 보충적 과정을 통해서 이루어진다고 했다.

예를 들면, 한 아이가 네 발 달린 짐승을 개라고 이해한다면, 그 아이는 네 발로 다니는 동물을 모두 개로 이해하는 데, 이것이 동화이다. 그러나 네 발이긴 하지만 뿔이 있는 것은 개가 아니라 사슴이라는 것을 알게 되면서 '네 발로 다니더라도 뿔이 있는 것은 사슴이다.'라고 받아들여 이해의 틀을 변화시키는데, 이것이 조절이다. 다시 아이는 네 발로 다니며 뿔이 있는 모든 것을 사슴으로 이해하는 것이 동화이다. 그러나 네 발로 다니고 뿔이 있지만, 다리가 짧고 수염이 있는 것은 염소임을 알게 되면서 다시 기존 이해의 틀을 변화시키는 조절을 경험하게 된다. 그는 이처럼 동화와 조절을 통하여 인간의 인지가 점점 발달한다고 보았다(Crain, 1983, 서봉연 역, 2007). 이러한 과정을 통해 체계화되어서 인간이 행동에 의미를 주게 되는 지능의 여러 측면을 구조(構造, structure)라고 부르는데, 구조는 처음에 도식(圖式)으로 구성되어 있다가 후에는 점점 더 복잡한 체계화된 조직으로 이루어진다.

동화 / 조절	▶▶▶	적응(평형)	▶▶▶	지능	① 감각운동 ② 전조작(직관적) ③ 구체적 조작 ④ 형식적 조작

[그림 3-4] 지능 발달의 개관

① **도식**(Schema)

피아제는 1926년 '스키마(schema, 도식)'라는 단어를 처음 사용한다.[21] 그는 지적 발달의 원동력이 경험을 이해하려는 끝없는 노력이라고 믿었다. '아동은 적극적 사고자

20) 환경과 끊임없는 상호작용을 통해 이루어지는 적응과정을 동화와 조절이라 한다.

21) 심리학 및 인지과학에서 도식(schema)은 생각이나 행동의 조직된 패턴을 일컫는다. 도식은 선입견의 정신적 구조, 세계에 대한 관점의 측면을 나타내는 틀, 새로운 정보를 지각하고 조직화하는 시스템으로서 작동한다. 사람들은 신속하게 새로운 지식을 흡수하고 기존의 도식에 의해 새로운 지식을 정리하거나 새 지식의 예외성을 확인해 도식을 수정하지만, 자신의 도식에 맞는 정보를 선호하는 경향이 있다. 도식은 많은 경우 생각을 자동적으로 정리하도록 돕기 때문에 세계를 이해하는 데 도움을 준다. 도식(또는 구조)은 유기체가 생태적으로 가지고 태어나는 것이 아니라 환경과의 접촉에서 반복되는 유기체의 행동과 경험에서 형성되는 것이다.

이며, 세상에 대해 한층 진보한 이해를 구성하고자 끊임없이 시도한다.'고 생각했고, 이 목표를 달성하기 위해 성숙하는 두뇌가 형성하는 개념을 도식이라 칭했다. 즉, 도식이란 '경험을 부어 넣는 마음의 주물'로서, 아주 어린 시절부터 시작해 성인이 되면 구체적인 주변 사물로부터 추상적인 개념에 도달하기까지 무수한 도식을 갖게 된다. 도식을 조정 · 사용하는 과정이 동화와 조절이다.

사람들은 새로운 정보로 도식을 변형해야 할 때, 대응한 정보에 타협하면서도 최대한 도식 변화의 폭을 줄이고자 한다. 가상적인 예시를 들자면, 어떤 사람은 닭이 알을 낳시 않는다고 생각하고 있다가 계란을 품고 있는 닭을 보게 되었을 때, '닭이 알을 낳지 않는다.'는 자신의 도식을 변경하기보다 알을 품고 있는 동물이 닭이 아닐 것이라는 신념을 채택함으로써 도식을 유지할 가능성이 높다. 그러나 새로운 증거를 기각할 수 없다면 개인은 기존 도식을 수정하거나 새로운 도식을 형성해야 한다.

② **동화**(Assimilation)**와 조절**(Accommodation)

동화는 새로운 정보에 맞는 도식의 재사용이다. 예컨대, 익숙하지 않은 강아지를 볼 때, 사람은 아마도 자신이 갖고 있는 강아지에 대한 도식에 동화를 이룰 것이다. 그 강아지가 이상하게 움직이거나 기존의 강아지 도식과 다른 형태를 가졌을 때에는 도식을 조정하거나 그 특정 강아지에 대해 새로운 도식을 형성할 수 있다. 조정과 동화의 개념은 균형적이며, 균형을 도식이 보고 해석한 것에 대해 적절한 응답을 내리게 하는 인식의 상태다. 도식은 아동 및 성인기 발달에 따라 변화하지만, 연속적이지 않으며 발달이 비약적이다.

조절은 새로운 환경에 적합한 새로운 도식을 구성하거나 이전 도식을 조절하는 것을 뜻하는 것으로, '변화'를 의미하는 것으로 해석하는 것이 타당하다. 이것은 기존 도식에 제한을 가하는 것으로도 해석할 수 있으며, 흔히 동화가 실패했을 때 발생한다. 인간은 일상적으로 도식을 사용하며, 정보에 대한 동화와 조정이 자연스럽게 발생한다. 앞에서 든 예와 연계하여, 알을 낳은 그 닭이 붉은 깃을 가졌을 경우 그 관찰자는 '붉은 깃을 가진 닭은 알을 낳는다.'는 새 도식을 형성할 수 있다. 이렇게 도식은 변경하거나 제거할 수 있는 대상이다.

③ 평형화(Equilibrium)

사람은 자신의 심리적 구조를 일관성 있고 안정된 행동 양식으로 조직하려는 경향이 있다. 평형화는 바로 이러한 심리적 구조의 안정성과 일관성을 의미하는데, 여기에서 평형이란 개인의 정신적 활동과 환경의 균형 상태를 의미한다. 이러한 평형화는 앞서 설명한 동화와 조절의 과정이 반복되면서 이루어진다.

(2) 인지발달 단계

피아제는 아이에게는 선천적으로 정해진 사고력 발달의 시간표가 있다는 '유전인식론'을 주장하면서, 발달적이고 생물학적 근거를 기반으로 발달과정의 4단계를 제시하였다. 즉, 아동이 인지적 성숙에 도달하는 과정은 ① 감각운동기(Sensory-motor stage), ② 전조작기(Preoperational stage), ③ 구체적 조작기(Concrete operational stage), ④ 형식적 조작기(Formal operational stage)의 4단계다. 그는 자기중심적인 전(前)논리적 단계에서 점차 사회화에 따라 논리적 단계로 발전을 보인다는 발생론적 관점에서 인식론을 제시하였다.[22)]

① 감각운동기

감각운동단계에는 주로 자신이 타고난 신체적 반사능력을 터득하고, 그 능력을 확대해 유쾌하거나 재미있는 활동을 하는 데 관심을 갖는다. 생후 2년 동안이 이 시기에 해당하며, 아이는 자신을 별개의 육체적 존재로 처음 인식하고, 그 다음 주위의 물체도

22) 발달 단계에 대한 피아제의 개념은 아동과 학습 및 교육에 관한 이전의 견해를 재평가하도록 만들었다. 어떤 사고과정이 유전적으로 정해진 시간표에 따라 발달한다면, 단순한 강화만으로는 개념을 가르치는 데 충분하지 않았다. 왜냐하면, 아이의 정신 발달이 그 개념을 흡수하기에 적절한 단계에 도달해 있어야 하기 때문이다. 그래서 교사가 아이를 교육할 때는 지식의 전달자가 아니라, 아이 스스로 세계를 발견할 수 있도록 이끌어 주는 안내자가 되어야 한다. 피아제는 다른 아이만이 아니라 자기 자녀를 직접 관찰하고 그들과 대화를 나눔으로써 아동 발달에 대한 연구를 계속하였다. 그는 아이들에게 자신이 고안한 단순한 문제에 대해 교묘하고 창의적인 질문을 던진 다음, 아이들의 잘못된 반응을 분석해서 그들이 세계를 보는 방식을 생생하게 묘사하였다.

역시 별개의 영속적인 존재라는 사실을 깨닫는다. 감각운동단계는 여섯 개의 세부단계로 구분되는데, 세부단계 특성은 〈표 3-1〉과 같다.

〈표 3-1〉 감각운동기의 세부단계별 특성

세부단계		대략의 나이	인지발달
1	반사작용	출생~1개월	• 빨기, 파악반사, 웃음, 미소반사 등 타고난 반사행동을 통하여 환경과 접촉하고 적응적 방향으로 수정됨
2	1차 순환반응	1~4개월	• 우연히 어떤 행동을 하여 흥미있는 결과를 얻었을 때 이러한 행동을 반복함(예 : 손가락 빨기) • 점차 대상의 특성을 발견하고 그 물체의 요구에 따라 반응을 수정해 가는데, 이를 위해서는 감각체계 간의 협응이 이루어져야 함
3	2차 순환반응	4~8개월	• 활동 자체의 흥미에서 벗어나 환경변화에 흥미를 느끼고 활동을 반복함(예 : 딸랑이 흔들기) • 자신의 행동과 예상되는 결과를 예측하며, 자신의 욕구충족을 위하여 의도적으로 행동함 • 그러나 예상하지 못한 행동결과가 나타나면 놀라기도 함
4	2차 도식의 협응	8~12개월	• 친숙한 행동이나 수단을 통해 새로운 결과를 얻으려고 하므로, 이 단계의 행동은 의도적이고 목적적임 • 일차 도식(예 : 엄마의 옷을 잡아당기기)과 이차 도식(예 : 엄마를 다른 곳으로 데려가기)의 협응이 이루어짐
5	3차 순환반응	12~18개월	• 친숙한 행동으로 목표에 도달할 수 없을 때는 전략을 수정하여 사용함 • 도식 자체가 크게 변화하게 되고, 능동적으로 새로운 수단을 발견함 • 시행착오적 행동을 함(예 : 높은 곳의 물건을 내리는 것에 실패할 때는 의자를 가져다 놓고 높은 곳에 있는 물건을 내림)
6	사고의 시작	18~24개월	• 행동하기 전에 생각함으로써 돌연한 이해와 통찰을 얻을 수 있음 • 수단과 목적의 관계에 대한 정신적 조작이 가능해짐 • 몸으로 행동하는 대신 마음속으로 행동의 결과를 예측함

② 전조작기

대개 2세부터 6~7세까지 지속되는 두 번째 단계는 전(前)조작단계로서, 이 시기에 아이는 외부세계에 대한 내적 표상 또는 사고를 통하여 환경을 상징적으로 조작하는 방법을 배운다. 아이는 사물을 말로 표현하는 방법을 배우고, 이전 단계에서 물리적 대상 자체를 조작했듯이 이제는 말을 정신적으로 조작하는 방법을 배운다. 전(前)조작단계는 전(前)개념적 단계와 직관적 단계로 구분된다.

• 전개념적 단계

2~4세까지의 전(前)개념적 사고단계는 도식이 내적으로 표상되는 전환기로서, 상징적으로 사물을 조작할 수 있도록 해 주는 표상기술을 획득하게 된다. 즉, 이 단계에서는 마음속으로 사물의 이미지를 만들 수 있으므로 모방, 심상, 상징화, 상징놀이, 언어기술 등이 획득된다. 따라서 유아는 더는 만지거나 보지 않아도 되며, 표상기술을 사용하여 과거에 일어났거나 미래에 일어나기를 원하는 사건을 표현할 수 있다. 상징놀이를 통해 사회, 신체, 내적 세계를 실험하고 이해하며, 현실적으로 불가능한 것도 나를 수 있고 언어적 제한성을 보충할 수 있게 된다.

• 직관적 단계

5~7세까지의 직관적 사고단계는 여러 사물과 사건을 표상하기 위해 많은 개념을 형성하지만, 아직 불완전하며 부분적 논리를 통해 추론한다. 이러한 직관적 사고단계의 특징은 다음과 같다. 첫째, 유아는 상위개념과 하위개념을 완전히 구분하지 못하므로 분류능력이 불완전하다. 둘째, 사물이나 사건의 개별적 특성만을 고려해 추리하고, 특수한 것에서 특수한 것을 추리하는 전도추리 경향(예 : 낮잠을 자지 않았으니 오후가 아니다)이 나타난다. 셋째, 전체 상황 중에서 하나의 차원이나 측면에만 주의를 기울이고, 다른 중요한 차원은 무시하는 중심화 경향이 나타난다. 넷째, 일련의 논리나 사건을 원래 상태로 역전시킬 수 없는 불가역적 사고 특성이 나타난다. 다섯째, 다른 사람의 관점과 역할을 고려하지 않은 채 자신의 견해에서 세계를 지각하는 자기중심적 사고 특성이 나타난다.

③ 구체적 조작기

6~7세부터 11~12세까지 지속되는 세 번째 단계는 구체적 조작단계로서, 이 시기에는

아이의 사고과정에 논리가 나타나기 시작하고 사물을 유사점과 차이점에 따라 분류하고자 한다. 보존(conservation), 가역성(reversibility), 연속성(seriation), 분류(classification) 등과 같은 기본적 논리체계가 획득된다. 보존은 형태와 위치가 변하더라도 물질의 양은 같게 유지된다는 것을 의미한다. 가역성은 시작한 곳까지 합리적으로 거슬러 올라갈 수 있는 능력을 의미한다. 연속성은 크기가 증가하고 감소함에 따라 요소들을 정상적으로 배치할 수 있는 능력을 의미한다. 분류는 대상을 구분하고 동시에 두 개 이상의 계층을 고려할 수 있는 능력을 의미한다. 아동은 구체적 조작을 성취함으로써 논리적으로 사고할 수 있지만, 이러한 논리를 언어나 가설적 문제에 적용하지는 못한다(최덕경 외, 2013). 또한, 시간과 수의 개념을 파악하기 시작하는 단계다.

④ 형식적 조작기

네 번째 단계인 형식적 조작단계는 11~12세에 시작해서 어른이 될 때까지 계속된다. 사고방식에 질서가 잡히고 논리적 사고력을 터득하여 좀 더 유연한 정신적 실험을 할 수 있게 된다. 이 단계에서 아이는 추상개념을 조작하고, 가설을 세우며, 자신의 생각과 다른 사람의 생각에 함축된 의미를 이해하는 방법을 배운다. 이 단계에서 나타나는 인지 발달의 특성을 요약하면 다음과 같다(최덕경 외, 2013). 첫째, 구체적 상황을 초월해 상상적 추론을 할 수 있다. 둘째, 가설설정과 미래사건을 예측할 수 있다. 또한, 제시된 문제가 자신의 이전 경험이나 신념과 어긋난다 할지라도 처리할 수 있다. 셋째, 있을 수 있는 모든 개념적 조합을 체계적으로 고려하고 검증할 수 있다. 넷째, 관련된 모든 변인의 관련성을 파악해 적절한 문제해결방법을 찾아낼 수 있다.

이러한 형식적 사고는 이질적 구성원으로 구성된 동년배 집단에 참여할 때 더욱 촉진되는 것으로 나타났다. 또한, 교과과정을 통한 학습이 형식적 사고의 발달을 촉진하는 것으로 나타났다. 그리고 이 단계에서는 다양한 사회적 경험을 통해 자아중심성이 감소하고, 학교나 단체생활을 통해 다른 사람을 배려할 수 있는 사회적 인지가 발달한다. 따라서 자기성찰이나 자기개발을 할 수 있게 된다(Looft, 1971, 최덕경 외, 2013 재인용).

2) 비고츠키의 사회문화적 인지이론

레프 비고츠키
(1896~1934)

비고츠키(Vygotsky)는 벨라루스 보르샤(Belarus Borsa)의 유복한 유대인 가정에서 태어났으며, 구(舊)소련 심리학의 대표적 발달이론을 구축한 심리학자다. 차별을 받으며 성장했지만, 부모님이 유대인으로서 풍부한 문화, 지적인 가정환경을 조성해 주었다. 그의 성장배경은 나중에 그의 사회인지론에 반영되었다. 모스크바대학교에 입학해 법학을 전공하다가, 재학 중 러시아 혁명을 경험한 그는 대학 시절에 철학 · 사회과학 · 심리학 · 언어학 · 문학 · 미술 등 광대한 영역의 지식을 익혔다. 이는 훗날 그의 심리학 연구에 기초가 되었다. 1924년부터 1934년까지는 모스크바실험심리연구소에서 본격적으로 연구활동을 했다. 그는 10년 정도의 짧은 연구활동 기간에 발달심리학 분야를 시작으로 폭넓은 분야에서 수많은 실험적 · 이론적 연구를 하였다.

저서로는 『예술심리학(*The Psychology of Art*)』(1925), 『생각과 말(*Thinking and Speech*)』(1934), 『사고와 언어(*Thought and Language*)』(1934, 1962), 『심리학의 위기(*The Crisis in Psychology*)』(1934), 『예술의 심리(*The Psychology of Art*)』(1971), 『사회 속의 정신 : 고등심리과정의 발달(*Mind in society : the development of higher psychological processes*)』(1978), 『*Thought and Language*. Massachusetts』(1986) 등이 있다.

비고츠키의 저서는 1953년 스탈린이 사망하기까지 출판이 금지되었지만 러시아 심리학에 많은 영향을 주었고, 1960년대에 그의 『*Thought and Language*』가 영어로 번역되면서 서방 심리학자들이 비고츠키에 대하여 관심을 보이기 시작하였다. 그는 마르크스(Marx) 이론의 영향을 받아 정신활동의 사회문화적 측면에 주목했으며, 인지발달론을 중심으로 폭넓은 업적을 남겼다.

그에 의하면 정신활동은 특정한 사회에서 공유 · 축적된 도구를 매개로 이루어지는데, 그 중에서도 사고를 직접적으로 매개하는 언어를 중시하였다. 또한, 발달은 사회적 상호작용 과정에서 타인을 모방하고 이를 내면화하면서 고등정신능력을 향상시킴으로써 이루어진다고 보았다. 즉, 아이가 어른과 대화를 하는 가운데 어른이 사용하는 언어를 모방하면서 점차 독자적으로 자신의 사고를 매개할 수 있는 과정을 발달로 파악한 것이다. 이를 정신활동의 정신 간 기능으로부터 정신 내 기능으로의 이행이라고 불렀다.

비고츠키는 아동을 타인과의 관계에서 영향을 받으면서 성장하는 역사-사회적 존재(historico-societal being)로 보았다. 즉, 인지 발달은 사회학습의 결과로서 사회의 더 성숙한 구성원들과 상호작용하는 동안 자신의 문화에 적합한 인지과정이 아동에게 전이된다. 따라서 언어 발달은 인지 발달을 위한 상호작용에 가장 중요한 변인이다.

또 아동이 혼자서는 해결할 수 없지만 타인의 도움을 받으면 해결할 수 있는 근접발달영역(zone of proximal development)[23]이 있다. 이 영역에 교육적 지원이 이루어질 때 개입효과가 크다. 예컨대, 그는 교육이 발달을 촉진하고 선도하는 것으로 보아, 성인에 의한 교육을 중시하였다. 그리고 유기체는 애초부터 사회적 존재이며, 외적 커뮤니케이션(communication)을 통하여 형성된 언어활동이 내면화(사적 언어의 획득)됨으로써 개인의 독립적인 활동이 영위된다고 보았다. 이러한 그의 이론은 발달을 자생적인 것으로 간주하는 피아제의 교육론을 비판하는 입장에 있다고 할 수 있다.

비고츠키는 임상적 실험을 통해 어린이를 대상으로 한 교육심리학 연구에 집중하였으며, 생물학적 반응(또는 조건반사)이라는 개념을 심리학에 도입하여 사용하였다. 그는 생물학적인 토대에서 사회적 환경과 적절히 어울려 심리적 반응이 작용한다고 생각하였다. 따라서 어린이의 교육은 학습효과가 증대될 수 있는 환경을 갖추는 것이 중요하며, 교사의 지도에 따라 어린이는 능동적으로 교육에 참여한다고 역설했다. 또한, 인간은 사회적 · 역사적 경험을 축적하기 때문에 능동적 학습으로 지적인 발달을 이룰 수 있다고 보았다.

23) 아이가 어른과의 공동활동에서 사용하는 언어의 수준과 아이 혼자서 사용할 수 있는 언어의 수준 사이에는 간격이 있는데, 이것이 바로 근접발달영역이다. 이 개념은 아동의 인지 발달에 부모나 교사의 도움을 유용하게 활용할 수 있다는 교육 및 학습의 중요성을 역설하고 있다.

6. 동물행동학이론

동물행동학은 동물의 행동을 주로 자연 상황에서 객관적으로 관찰하고 기술하는 동물학의 분야이며, 이를 주로 다윈의 진화론적 접근을 통해 연구하는 분야이다. 생물학의 하위 분야인 동물행동학은 심리학, 특히 발달심리학과도 밀접한 관련이 있는데, 인간 역시 진화의 산물이라는 점, 그리고 인간의 발달에 생애 초기의 본능적 행동이 중요한 역할을 한다는 점에서 그러하다. 동물행동학은 로렌츠와 틴버겐(Tinbergen)의 연구를 통해 발전했으며, 이후 사회생물학, 진화심리학적 접근으로 발전하여 오늘에 이르렀다. 동물행동학과 진화적 접근은 발달심리학의 현상을 이해하는 매우 유용한 틀을 제시한다.

1) 로렌츠의 각인이론

콘라드 로렌츠
(1903~1989)

로렌츠는 오스트리아의 수도 빈에서 태어났으며, 과학 대중서의 작가요, 동물행동학자다. 알텐베르크에 비교행동학연구소를 창설했고, 독일 막스플랑크(Max Planck)연구소에 연구원으로 초빙되었고, 이후 슈타른베르크 근처의 제비젠에 있는 같은 연구소의 행동심리학부 주임을 지냈다. 로렌츠는 비교행동학의 창설자 가운데 한 사람으로서, 노벨 생리학·의학상을 수상했다. 1960년대 이후 고전적인 비교행동학 영역 이외에 정신의학, 사회학, 환경문제 등에 참여하는 국제적인 명사가 되며, 1972년 결성된 생태그룹의 일원으로 '생태 선언서'를 발표하기도 했다. 그러나 제3제국[24]의 국가사회주의

24) 제3제국은 히틀러가 권력을 장악한 시기의 독일제국(1934~1945)을 일컫는 용어로서, 1933년 정권을 장악한 나치스 독일이 1934년 대통령 힌덴부르크의 사망을 계기로 사용하기 시작했다. 전체주의적 이념을 실현화하는 지도적 용어로서, 나치스가 제3제국의 완성을 제창한 데서 비롯된 말이다.

를 지지했던 그의 젊은 시절 행적과 우생학적 인종주의에 대한 정치적 · 학문적 옹호는 그의 삶에 오점으로 남았다.

(1) 각인 행동

본능은 어떻게 행동을 이끄는가? 본능이 표현되는 행동적 양식은 선천적으로 갖추어져 있다. 하지만 그 양식이 모든 환경 맥락에서 일관되게 표현되는 것은 물론 아니다. 환경의 자극은 매우 다양하며, 특정 본능적 행동은 그 환경이 그 행동을 충분히 유발했을 경우에만 관찰된다. 이렇게 본능적 행동을 자극하는 환경적 자극을 특수유발자극(specific releasing stimulus)이라고 한다. 그리고 이 특수유발자극에 대한 지식은 생애 초기에 습득되는데, 대표적인 예가 바로 각인(imprinting) 행동이다(https://terms.naver.com).

어떤 본능적 행동에는 그것의 촉발인(觸發因)이 되는 것의 틀만이 결정되어 있고 실제로는 생후에 그 틀에 적합한 것이 새겨진다. 예컨대, 거위나 집오리 새끼가 어미의 뒤를 따라가는 것은 부화 후에 최초로 본 움직임의 형태가 각인된 것으로, 그것은 어떤 범위의 크기를 가진 것에 대하여 그러한 반응을 일으키게 하는 본능에 기초하고 있다. 촉발인으로서의 음성도 새겨진다. 각인은 생애의 아주 이른 시기에 이루어지며 일단 형성되면 지극히 안정적이다. 학습의 일종이라고 생각하는 경우가 많지만 아직 논란이 있다. 같은 종(種)의 동물(개나 원숭이 등) 사이나 가축과 사육자 사이의 애정 결합으로 관계를 맺는다는 생각도 있다.

각인 행동은 로렌츠에 의해서 연구되어 행동학의 중요한 개념이 되었다. 그런데 재미있는 것은 로렌츠의 연구는 매우 소박하게 출발한다. 그의 초기 학문적 작업으로는 1930년대에 이루어진 "조류의 고유한 본능적 행동 인식에 관한 고찰"이나 "자유롭게 날아다니도록 길들여진 해오라기에 관한 고찰" 등을 꼽을 수 있다. 이 과정에서 로렌츠는 거위(greylag goose)에 대한 각별한 애정 덕택에 커다란 성과를 올린다. 어느 날 그는 거위 새끼가 막 알을 깨고 세상에 나오는 광경을 목격한다. 알에서 나온 꼬마 거위가 느닷없이 관찰자에게 '인사(꼬마 거위는 머리를 들고 무언가를 종알거렸다)'를 하더니, 그때부터 한시도 그에게서 떨어지려고 하지 않았다. 이 꼬마 거위를 어미의 품속에 머물러 있게 하려던 시도는 모두 실패로 돌아갔다. 꼬마 거위는 로렌츠가 어디를 가든 그의 뒤만 졸졸 따라다녔다. 그는 하는 수 없이 이 꼬마 거위를 양녀로 받아들였고, '마티나'라는 이름도 지어주었다. 마티나 덕택에 로렌츠는 오늘날 '각인'이라고 불리는 동물행동의 기본적 현상을 처음으로 과학적으로 탐구할 수 있었다.

(2) 결정적 시기

앞에서도 서술했지만, 로렌츠는 생애 초기 움직이는 물체를 엄마라고 인식하는 거위의 특징을 이용하여, 그들이 자신을 '어미'로 여기게 만든 연구로 유명하다. 거위의 각인 행동은 대상의 종에 따라 다르게 나타나며, 이후의 다른 행동에도 영향을 미친다. 예를 들어 인간에게 각인된 갈까마귀(daurian jackdaw)는 성체가 된 후 인간에게 구애행동을 하기도 한다. 이러한 결과는 부모에게 '애착'되는 과정이 생애 초기에 이루어지며, 이러한 경험이 이후의 행동과도 깊은 관련을 보인다는 점을 함의한다. 그리고 인간의 애착 행동 역시 이러한 틀로 이해할 수 있다는 점 역시 시사한다. 로렌츠 이전에도 거위의 각인 행동을 연구한 학자들은 많았지만, 로렌츠에 와서 이 행동은 생애 초기 특정 시기에 발달하며, 이 시기를 놓치면 다시는 각인 행동을 유발할 수 없다는, 즉 소위 결정적 시기(critical period)로 인식된다.

2) 볼비의 애착이론

볼비(Bowlby)는 런던의 중산층 가정에서 태어나, 유모 손에서 자랐다. 그에게 유모는 어린 시절 내내 중요한 애착대상이 되었다. 그는 후에 유모가 떠났을 때 자신은 어머니가 떠난듯한 상실을 느꼈다고 회고하였다. 볼비는 케임브리지대학교를 졸업한 뒤, 부적응 아동 및 비행아동과 함께 일을 하다가 26세에 의사자격을 취득하였다. 그의 나이 30세에 정신분석학자가 되었고, 1950년부터는 세계보건기구(WHO)의 정신건강 자문으로 일하였다. 일찍부터 볼비는 부적응 아동 및 비행아동과 작업하면서 아동 발달에 관심을 갖고 있었고 런던의 아동 지도클리닉에서 본격적인 일을 시작하게 되었다.

존 볼비(1907~1990)

애착이론(Attachment theory)은 애착행위가 근본적으로 박해자로부터 유아를 보호하기 위한 진화생존전략이라는 생각을 전제로 하고 있다. 볼비는 프로이트의 정신분석이론의 영향을 받은 임상가로 진화이론, 대상관계이론, 체계이론 등을 종합하여 애착이론이라는 새로운 이론을 만들어 냈다. 초기 심리학자들이 애착을 충동 혹은 강화된 특성 정도의 부수적인 요소로 본 반면, 볼비는 애착을 선천적으로 갖고 태어나는 행동체계로서 일차적인 것으로 보았다. 볼비에 의한 애착은 양육자와 얼마나 가까운 상태에 있는가를 바탕으로 한 양육자와의 상호작용을 통해서 발달된다. 양육자와 정서적으로 연대하며 형성해 나가는 의미 있는 결합은 기본적 생존전략이며, 이는 선천적으로 중추신경계에 고정되어 있기 때문에 계속해서 양육자와 근접성을 유지하고자 하는 것이다. 유아에게 애착대상자, 즉 양육자는 유아의 안전기지로 이용된다. 이 같은 안전보장이 있어야만 아동의 건강한 심신의 발달을 보장받을 수 있다.

(1) 애착의 개념

애착(Attachment)은 볼비(1969)가 처음 제안한 개념으로서, 인생 초기에 가까운 사람에게 강한 감정적 유대를 형성하는 것이다. 애착 형성에서 '유아와 양육자 사이의 초기 관계의 질'이 가장 중요하며, 생후 1년 동안 양육자와 애착관계를 형성한 유아는 세상을 탐색하는 안전기지로 애착대상을 이용하며 애착이 형성된 특성 대상과 친밀하고 가까운 관계를 유지하고, 그 대상을 통해 안정감을 찾으려는 욕구를 갖게 된다. 볼비는 애착이 가장 가까운 사람과 연결된 강하고도 지속적인 정서적 유대이며 인간 사이의 지속적인 심리적 연계라면서, 다른 사람에게 근접을 추구하고 유지하려는 행동이자 그

근접이 손상되었을 때 그것을 회복하려는 강렬하고 지속적인 정서적인 결속이라고 했다(https://terms.naver.com/).

볼비(1973)는 이러한 애착행동이 생애 초기에 형성되지만, 내적 작동모델(internal working model)을 통해 일반적으로 한 개인의 인생에서 맺어지는 모든 대인관계에 영향을 주고, 그로 말미암아 성인이 되어서도 지속된다고 설명했다. 내적 작동모델은 자기와 타인 및 대인관계에 대한 심적 표상으로, 일종의 인지적 · 정서적 · 동기적 도식이다(Collins & Read, 1990). 내적 작동모델은 생후 1년 동안 어머니와 영아 사이에서 일어나는 분리와 재확립을 포함한 수많은 상호작용 경험을 통하여 형성되고, 일단 형성되면 애착 관련 정보나 사건을 지각하고 해석하고 미래를 예언하는 데 중요한 역할을 담당하며 쉽게 변하지 않는 경향이 있다. 또한, 아동이 더 인지적이고 추상적인 사고가 가능해지면서 실제 애착관계에서의 경험은 자기 및 타인에 대한 인지적 모델로 내면화되고 표상화된다. 애착관계에 기초하여 아동은 자기 및 타인과 관련된 일련의 신념, 태도 및 기대를 발달시키게 된다. 초기 애착관계에서 부모가 아동에게 신뢰를 주고 지지해 주었다면, 성인이 되어서도 타인과 신뢰 있고 친밀하고 긍정적인 관계를 형성할 수 있다(강경미 외, 2003; 남미경, 2007; 서유리, 2011).

(2) 애착의 발달 단계

볼비(1969)에 따르면, 애착은 출생 직후부터 형성되는 것은 아니다. 대상 영속성(對象永續性)[25]과 같은 개념을 획득할 수 있을 때까지 어느 정도 인지 발달이 이루어져야 하고, 애착대상과 많은 상호작용이 있어야 애착이 이루어진다. 에인스워스(Ainsworth)

---

25) 대상 영속성(Object permanenence)이란 존재하는 물체가 어떤 것에 가려져 보이지 않더라도 그것이 사라지지 않고 지속적으로 존재하고 있다는 사실을 아는 능력을 말한다. 즉, 대상이 눈으로 식별되지 않거나 탐지할 수 없을 때, 그 대상이 계속 존재하며 그 사물과 사물을 인지하는 아동이 독립적으로 공존한다고 믿는다. 대상 영속성이 없는 영아는 사물이 눈에 보이는 곳에서 가려지면 마치 사물이 처음부터 그 장소에 없었던 것처럼 행동한다. 그러나 대상 영속성의 개념을 획득한 영아는 방해물이 그것을 가리고 있다는 것을 알고 그것을 헤쳐 내어 사물을 발견한다. 감각운동기 초기에는 영아가 대상 영속성에 대하여 잘 모르나 대략 4~8개월 무렵에 이르러 대상 영속성의 개념을 획득하기 시작한다. 대상 영속성의 개념을 획득함으로써 영아는 사물이 자신과 독립적으로 존재한다는 것을 인식하며 자기 자신 역시 독립적인 개체로 존재한다는 것을 인식하게 된다. 이러한 관점에서 대상 영속성은 감각운동기에 획득하여야 할 결정적인 과업이라고 할 수 있다.

는 인간의 성장 발달과 함께 애착행동의 형태가 변화한다면서 영아의 애착행동의 발달 단계를 다음과 같이 분류했다.

① 1단계 : 전(前)애착 단계

출생에서 3개월까지 지속되는 초기 단계이다. 이 시기의 영아는 대상이 시야에 있는 동안에는 흥미를 갖고 대상을 바라보지만, 대상을 숨겨 시야로부터 사라지게 하면 곧 흥미를 잃고 그 대상을 찾을 생각을 하지 않는다. 따라서 이 시기의 영아는 대상 영속성 개념이 아직 획득되지 않은 것으로 보인다. 영아는 자신의 요구를 채워주는 사람이면 누구든지 상관없이 울기, 빨기, 미소 짓기, 움켜잡기 등의 무분별한 반응을 통해 상대방을 곁에 머무르게 하여 가까운 거리를 유지하려는 행동을 보인다. 이는 영아가 아직 사람을 구별해서 지각하는 능력이 없기 때문에 상대를 변별하지 못한다.

② 2단계 : 애착 형성 단계

생후 3개월에서 6~8개월까지 지속되며, 변별된 사회적 반응을 보이는 단계이다. 이 시기의 영아는 사라진 대상을 찾는 행동을 나타냄으로써 대상 영속성 개념이 형성되기 시작한다. 그러나 이 단계 영아의 대상 개념은 한계가 있다.[26] 영아는 자신을 돌봐주는 사람에게 명백한 신호를 보이면서 더욱 적극적으로 접근 추구를 보인다. 주(主)양육자를 다른 사람들과 구별할 수 있게 되지만, 친숙한 몇몇의 성인에게만 애착행동이 제한되며 단 한 명의 특정한 대상에게 완전한 애착이 형성된 것은 아니다. 또한, 아직은 애착대상을 자신과 분리된 존재로 인식하지 못한다.

③ 3단계 : 분명한 애착 단계

생후 6~8개월에서 18개월까지 지속되며, 분명한 애착 단계이다. 영아의 애착행동이

26) 예를 들어 젖병의 젖꼭지 부분만 보이도록 하고 나머지 부분을 천으로 덮어두면 젖병을 찾아내지만, 젖병을 완전히 천으로 덮어버리면 시야에서 사라진 그 젖병을 더 이상 찾으려고 하지 않는다. 그러나 천 대신 안이 보이는 투명한 보자기로 덮어두면 젖병을 찾는다. 이러한 특징은 영아의 대상 개념이 대상과의 시각적이거나 지각적인 접촉에 의존하고 있음을 의미한다.

한 사람을 향해 좀 더 능동적으로 이루어지는 단계이다.[27] 이 시기에 비로소 영아와 양육자 간에 애착이 형성되었다고 볼 수 있다. 그래서 영아는 엄마가 떠나려 할 때 능동적으로 접근하고 곤경에 빠졌을 때 그 누구보다도 엄마를 찾는다. 또 운동력과 이동력이 발달함에 따라 더 적극적으로 접근 추구 행동을 하며, 애착대상을 인지적으로 표상할 뿐만 아니라 애착대상을 탐색을 위한 안전기지로 사용할 수 있게 된다.

④ 4단계 : 애착 확장 단계

18개월에서 3세말까지로 다양한 주변사람에게 애착을 확장하는 단계이다. 이 시기의 영유아는 자기중심성이 줄어들고 조망능력 등 인지능력의 발달로 말미암아 애착대상자의 행동과 바람을 조금씩 예측할 수 있게 된다. 그래서 양육자와의 분리를 허용하며 분리되더라도 잠시 후 다시 돌아온다는 것을 알게 된다. 부모가 독립된 대상이라는 것을 점차 알게 되면서 애착대상에게 자신의 목표대로 행동하도록 영향을 주거나, 자신을 애착대상에게 맞추기 위해 행동을 계획 · 수정하는 융통성을 보이기도 한다.

7. 생태학이론

유기체와 환경의 관계를 연구하는 이론으로, 생물학 연구에서 비롯된 생태계의 개념을 인간과 환경과의 관계에 응용하는 이론적 관점이다. 발달이론으로 대표적인 생태학이론은 브론펜브레너(Bronfenbrenner)가 제안한 것으로 인간발달생태학(ecology of

27) 약 8~12개월에 대상 개념이 획기적으로 발달한다. 영아는 완전히 가려지거나 사라진 대상을 사라진 자리에서 찾아낼 수 있다. 그러나 영아는 'AB오류'라고 불리는 특이한 대상 개념의 한계를 드러낸다. 즉, 장소 A에서만 대상을 찾아낼 수 있을 뿐, 장소 B로 옮긴 대상을 찾을 수 없는 대상 개념의 한계가 있다. 피아제는 이 시기의 영아가 자신의 행위와 대상을 완전히 분화시키지 못한 채 대상이 있는 장소와 그것을 찾는 감각 운동적 행동을 결합하는 습관만을 형성하고 있기 때문에 이러한 오류가 나타난다고 설명한다.

human development)이라고 한다. 이 이론은 직계가족의 관계에서부터 더 넓은 사회적 환경에 이르기까지 환경의 다양한 측면이 어떠한 방식으로 인간의 발달에 영향을 미치는지를 설명한다. 또한, 환경의 개념을 기존의 심리학에서 사용되는 개념보다 더 광범위하고 분화된 개념으로 설명한다.

1) 브론펜브레너의 인간발달생태학

브론펜브레너는 모스크바에서 태어났으며, 러시아계 미국인 발달심리학자다. 6세에 펜실베이니아주 피츠버그로 이주했다. 그는 미시간대학교에서 발달심리학 박사학위를 취득했다. 박사학위 취득 후 군 입대하여 심리학자로서 복무했다. 교육기관에서 임상심리학자의 조교로 일했고, 미시간대학교에서 조교수로 일했으며, 코넬대학교 조교수를 지냈다. 코넬대학교에서 그는 아동 발달과 사회적 영향에 대해 중점적으로 연구했다. 평생 300편 이상의 연구 논문과 14편의 저서를 남겼다. 아동 발달의 생태학적 심리 이론으로 유명하다. 그의 연구와 이론은 아동 발달에 있어서 지대한 환경적 · 사회적 영향에 주목하게 함으로써, 발달심리학의 관점을 바꾸는 핵심이 되었다.

인간 발달에 생태학을 적용한 브론펜브레너는 인간 발달에 대한 사회생태학을 '인간발달생태학'이라는 용어를 사용하여 하나의 학문적 관점으로 체계화하였다. 초기에 인간발달생태학은 성장하는 유기체와 그가 살고 있고 변화하는 환경 사이에 평생을 걸쳐 일어나는 점진적인 상호적응을 과학적으로 연구하는 학문이었다. 이러한 상호적응과정은 순간적인 장면뿐만 아니라 그 장면들이 끼여 있는 형식적 또는 비형식적인 더 큰 사회적 맥락 안에서, 혹은 그것들 사이에서 생겨나는 관계에 의해 영향을 받는다.

초기 인간발달생태학의 정의는 유기체와 환경 모두를 매우 구체화하였으나, 몇 년 후 이 정의에 능동적으로 성장 · 발달해 가는 인간과 변화하는 환경의 속성을 포함시키는 방향으로 변화하였다. 이처럼 인간발달생태학은 개인체계인 인간과 환경, 그리고 양자 간의 상호작용을 중심 개념으로 하며, 더욱 통합적이고 포괄적인 관점을 제공하고, 나아가 개인체계와 환경의 특성을 모두 고려한 총체적 시각의 이론이라고 특징지을 수 있다. 즉, 인간발달생태학은 사람들이 '왜, 그리고 무엇을 위해 살고 있는가?'보다는 '어떤 상황에서 그러한 행동이 일어나고 있는지'에 더 관심을 갖는다. 인간을 잘 이해하기 위해서 개인 유기체뿐만 아니라 개인에게 영향을 미치는 다양한 주변 환경 변인과의 상호관계를 총체적인 맥락에서 탐색하고, 이렇게 함으로써 인간 발달의 과정 및 다양한 환경 간의 상호작용, 상호 연계성을 규명하는 것이 인간발달생태학의 목적이다.

브론펜브레너는 아동발달이론을 사회문화적 관점에서 체계화시킨 개념으로서, 아동이 사는 가장 직접적인 체계에서 넓게는 문화에 기초한 체계까지 다섯 체계가 있다고 보았다. 다섯 체계란 인간 발달에 영향을 주는 환경으로 가족 · 학교 · 또래친구 등의 미시체계(microsystem), 중간체계(mesosystem), 확대가족 · 가족의 친구들 · 대중매체 등의 외체계(exosystem), 거시체계(macrosystem), 그리고 연대체계(chronosystem, 혹은 시간체계)를 제시했다.

(1) 미시체계

인간 발달에 가장 직접적으로 영향을 미치는 환경 맥락을 말한다. 브론펜브레너는 가족 · 지역사회 · 문화 등 인간을 둘러싼 생태환경을 가장 가까운 것부터 가장 먼 것에 이르기까지 네 개의 층으로 구조화하고, 이들 환경체계와 발달의 관계를 연구하였는데, 이들 네 개의 층 중 가장 가까운 층을 미시체계라고 하였다. 미시체계는 가정 맥락의 영향을 많이 받는 유아기 및 아동기에는 커다란 비중을 차지하지만, 아동이 성장함에 따라 환경적 영향이 확대되면서 생태환경은 변하게 된다.

(2) 중간체계

미시체계들로 구성된 하나의 체제를 의미한다. 발달하는 개인이 적극적으로 참여하는 둘 이상의 환경 간의 상호 관계로 이루어진다. 예컨대, 아동은 가정, 학교와 이웃, 또래집단 사이의 관계이며, 성인은 가족, 직장, 사회생활 사이의 관계이다. 중간체계는 발달하는 개인이 새로운 환경으로 이동할 때마다 형성되거나 확대된다.

(3) 외체계

외체계는 지역사회 수준에서 기능하고 있는 사회의 주요기관으로 직업세계, 대중매체, 정부기관, 교통, 통신시설 등이 포함된다. 아동은 이 체계로부터 여러 가지 경험이 달라질 수 있다. 외체계는 개인, 미시체계, 중간체계에 영향력을 미칠 수 있으며, 중간체계에서 미시체계 간 상호작용의 질에도 영향을 미친다.

(4) 거시체계

거시체계는 주어진 문화 또는 하위문화 내에서 그것을 구성하는 미시체계, 중간체계, 그리고 외체계의 형태와 내용이 나타내는 일관성을 의미하며, 동시에 그런 일관성에 기초가 되는 신념체계 또는 이념을 나타낸다. 거시체계는 개인의 생활에 직접적으로 개입하지는 않지만, 간접적이면서도 전체적으로 강력한 영향력을 발휘한다.

(5) 연대체계(혹은 시간체계)

개인의 환경에서 발생하는 사건의 양식과 생애에 있어 전환점이 되는 중요한 역사적 · 사회적 사건으로 이루어지는 환경적 조건을 의미한다. 예를 들어 한 아동이 겪는 부모의 이혼은 환경적으로 발생한 특정한 사건으로서, 그 아동의 발달에 다양한 양상으로 영향을 미치게 된다. 연대체계에 관한 연구는 인간의 생애에서 단일 사건이 발달에 미치는 영향뿐 아니라, 시간의 경과와 더불어 연속으로 일어나는 사건이 누적되어 미치는 영향에 관해서도 연구한다.

2) 엘더의 생애이론

엘더(Elder)는 미국 오하이오(Ohio)주(州)의 클리블랜드에서 태어났으며, 노스캐롤라이나(North Carolina)대학교에서 박사학위를 받았다. 코넬(Cornell)대학교에서 교수로 재직하는 동안 브론펜브레너와 친밀한 유대관계를 형성하게 되었고, 그와의 만남을 통해 학제 간 연구가 가능해졌다.

브론펜브레너의 생태학이론은 환경적 맥락을 강조하고, 역사적 시간을 의미하는 연대체계(혹은 시간체계)를 포함하지만, 전(全)생애발달을 지향하지는 않는다. 전생애발달을 크게 강조하는 생태학이론은 엘더의 생애이론이다. 오늘날과 같이 급변하는 사회에서는 각기 다른 연령대의 사람들은 각기 다른 역사적 환경에 노출되며, 역사적 변화에 대해서도 각기 다른 영향을 받는다(정옥분, 2015 : 114-115).

엘더와 록웰(Rockwell)은 경제공황(거시체계)이 빈곤계층 아동들의 발달에 어떤 영향을 미치는지 연구 · 분석하였다. 이 연구는 두 연령층을 대상으로 두 개의 장기 종단연구로 이루어졌다. 두 연령층 중 하나는 경제공황 동안에 아동기에 있던 사람들이고, 다른 하나는 경제공황이 막 시작될 무렵에 출생한 아동들이다. 이 연구는 경제적 빈곤이 이 두 연령집단에 미친 영향에 대한 비교분석 결과를 제시하였다.

경제공황은 그 사건을 더 어렸을 때 겪었던 사람들의 삶에 더 불리하게 작용하였다. 경제공황으로 말미암아 극빈층이 되어야 했던 아동들은 집안일을 하거나 취업을 함으로써, 가족부양에 이바지하는 것 이외에는 달리 선택의 여지가 없었다. 그러나 이러한 경험은 이들에게 책임감과 독립심을 고취시켜 더 확고한 직업적 야망을 갖게 해 주었다. 그리하여 더 열심히 일하고 책임감 있는 성인이 되었다.

한편, 취학 전에 경제공황을 경험한 아동들은 그들의 발달이 방해받을 정도로 부정적인 결과가 나타났다. 이 아동들은 학교성적이 좋지 못했으며, 직업면에서도 덜 성공적이었고, 일부는 인생 후반기에 정서적 문제가 발생하기도 하였다. 그런데 이러한 부정적인 영향력은 여자보다 남자들에게서 더 뚜렷하게 나타났다.

전생애발달은 사회적 시간대의 영향을 받는다. 출산연령을 예로 들어보자. 오늘날에는 많은 여성이 직장생활을 위해 결혼이나 출산을 미루기 때문에 출산연령이 높아지는 경향이 뚜렷하다. 이는 결국 저출산으로 이어져 심각한 사회문제로 부각되었다.

상호의존은 생애이론의 주요 개념이다. 우리의 인생은 일생 가족관계, 친구관계, 그 이외 다른 사회적 관계로 이루어진다. 예를 들면, 결혼에 실패한 성인남녀가 다시 집에 들어오는 것은 부모의 생활에 중대한 영향을 미친다. 따라서 자녀에게 발생한 개인적인 문제가 이제 세대 간의 문제가 된다. 부모의 인생에서 일어나는 변화 또한 자녀의 발달에 영향을 미친다(정옥분, 2015 : 114-115).

PART

2

생의 시작

Chapter

04

태내 발달

학습목표

1. 임신의 과정을 이해할 수 있다.
2. 태내 발달 단계를 이해할 수 있다.
3. 태내 발달에 영향을 미치는 요인을 이해할 수 있다.

임신은 남성의 정자와 여성의 난자가 수정하면서 시작된다. 38주, 즉 266일 동안의 임신기간은 인간 발달에 있어 매우 중요한 시기이며, 특히 임신기간별 태내 발달 단계 중 1단계인 임신 초기(1주~12주)는 태아의 심장과 뇌 등 주요기관들이 완전히 발달하므로 태아의 발달에 매우 중요한 시기이다. 태내기의 다양한 환경요인이 태아에 영향을 미치므로 임신 중의 증상과 문제를 이해하고 태내 발달 과정을 정확히 이해하는 것이 중요하다. 또한 태내 발달에 부정적인 영향을 미치는 요인을 알아보고 예방하는 것이 필요하다.

1. 임신

여성은 출생 전부터 난소에 약 15만 개의 미성숙 난자를 가지고 있으며 생리를 시작하는 사춘기에 도달하면 여성 호르몬 농도가 상승하여 저장되어 있던 난소가 성숙하기 시작한다. 난자는 난포 속에서 약 14일간의 성숙기간을 거친 후, 한 달에 한 번 한 개씩 난소에서 배란되어 난관 속으로 들어가고 배란된 난자는 배란 후 24시간 정도 생존할 수 있는데 이 기간에만 정자와 수정할 수 있다.

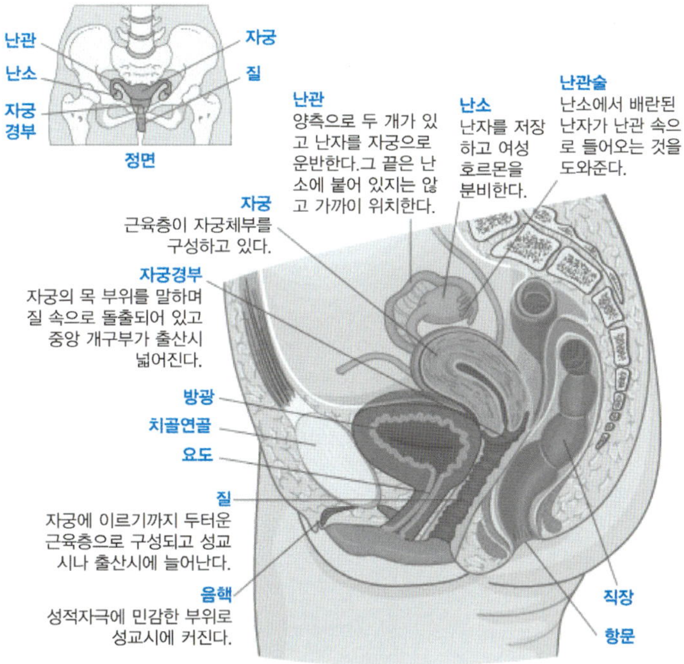

[그림 4-1] 여성생식기관의 구조

출처 : 서울대학교병원 의학백과사전(http://www.snuh.org)

임신은 남성의 정자와 여성의 난자가 수정하면서 시작되며 정자와 난자가 결합하여 만들어진 수정란은 23쌍, 즉 46개의 염색체를 지니게 되고 염색체는 태어날 아기의 성과 유전적 잠재성을 결정하게 된다. 임신기간은 개인에 따라 약간의 차이가 있으나 정상적인 임신기간은 평균 38주, 즉 266일이다. 이 기간 동안의 태내 발달은 수정란이 나팔관에서 자궁으로 이동하는 3~4일을 제외하고는 자궁 속에서 이루어진다. 수정 후 약 1주일이 지나면 수정란은 자궁 내막에 안전하게 착상하고 이 시기를 배아라고 하며 8주만 지나면 배아는 인간으로 간주된다. 이 시기 이후를 태아라고 하며 심장과 뇌 등 자신의 생명 유지에 필요한 기관들을 형성해간다. 자궁안에서 태아는 양수강에 둘러싸여 보호받으며 태반은 자궁벽에 붙어있으며 탯줄을 통해 태아와 연결되어 태반을 통해 영양분을 공급받는다. 임신 8~12주 동안에 빠른 속도로 성장하여 체중이 15배까지 증가하고 태어날 때는 몸무게가 평균 3kg에 달한다. 임신 말기에 이르면 대개 머리를 모체의 골반을 향해 아래로 하고 둥글게 감고 있는 자세를 취하게 된다.

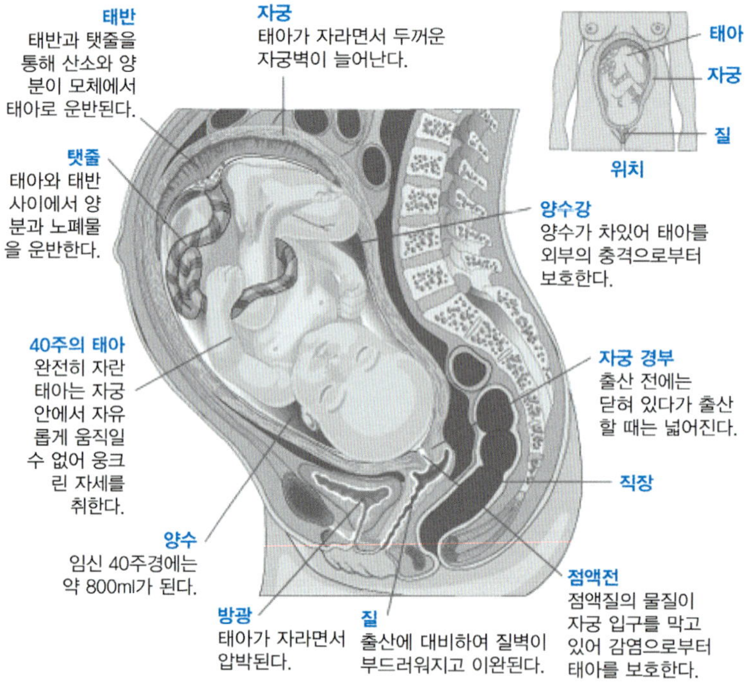

[그림 4-2] 임신 중 자궁의 구조와 기능

출처 : 서울대학교병원 의학백과사전(http://www.snuh.org)

1) 임신 중의 증상

임신 중에 보이는 일부 증상은 체내의 호르몬의 변화 때문에 초기부터 생기며 임신 후반에는 태아와 양수의 무게로 인해 압박이 더 가중되어 증상이 심해질 수 있다.

(1) 임신 초기

① 월경(Menstruation) **중지**

가임기 여성의 자궁내막은 주기적으로 분비된 호르몬에 의하여 증식하여 배아의 착상을 준비하는데 임신이 되지 않으면 자궁내막이 저절로 탈락되며 이 현상을 월경이라고 한다. 수정 후, 자궁벽에 배아 세포가 착상되면서 매월 정기적으로 있어 왔던 월경이 중단된다.

② 입덧과 구토

임신의 가장 대표적인 징후 중의 한 가지는 입덧과 구토이며 임신 초기의 입덧과 구토는 대개 간단한 방법으로 해소된다. 보통은 입덧이 있어도 임산부의 체중이 서서히 증가하는데, 심한 입덧(임신오조)의 경우엔 체중이 감소할 수 있다. 너무 심한 구토는 탈수를 초래하여 소변량이 감소하고 혈액의 전해질 균형이 깨진다. 치료하지 않으면 탈수증으로 임산부와 태아의 생명이 위험할 수 있으며 정서적으로 스트레스를 받는 등 심리적 요인도 상황을 악화시킬 수 있다.

③ 체중 증가 및 부종

임신중에는 태아가 커질 뿐만 아니라 모체의 혈액이나 간질액 등도 늘어나면서 보통 체중이 증가하고 혈액순환이 순조롭게 이루어지지 못하여 부종현상이 나타난다.

④ 유방발육 및 색소침착

난소 호르몬의 영향을 받아 유방이 발육되고 색소 침착이 일어난다.

⑤ 빈뇨 및 변비 현상

자궁이 커지면서 방광이 압박을 받아 빈뇨 현상이 나타나고 장의 완만해진 연동운동, 수분 결핍, 자궁의 복부팽창 등의 원인으로 변비현상이 생긴다.

(2) 임신 후반

① 임신선(Striae gravidarum)의 출현

임신선은 배꼽을 지나 복부 중앙에 수직으로 생기는 검은 선으로 임신이 진행될수록 짙어진다. 임신 개월 수가 더할수록 임부의 배와 유방이 팽창하여 과도하게 늘어나게 되는데, 피부 밑 조직이 이러한 급격한 변화를 미처 따라가지 못하고 작은 혈관이 터져서 생긴다. 또는 피부의 급격한 내부 변화에 자극을 받아 발생하는 색소 침착의 결과로 보는 견해도 있다.

② 빈뇨와 변비증세 심화

태아와 양수의 무게로 인해 압박이 더 가중되어 방광이 압박을 받아 빈뇨 현상이 심해지고 배뇨시 긴박감이 증가한다. 변비증세가 심해지면서 치질이 생기기도 한다.

③ 요통과 좌골신경통

임신 후반에는 태아와 양수의 무게로 인해 압박이 더 가중되어 요통과 좌골신경통이 생기고 불편한 느낌으로 수면장애가 생긴다.

④ 심한 부종과 정맥류

혈액순환이 순조롭게 이루어지지 못하여 부종현상이 더욱 심해지며 발목이 부어오른다. 또한 임신중에는 자궁이 커져 정맥을 압박하므로 임신 후반에 정맥류가 많이 발생한다.

2) 임신 중의 문제

수정에서 출산까지 임신 기간에 한 개의 수정된 세포가 완전히 성장한 신생아로 발육하게 된다. 태아는 자궁 속에서 보호받고 모체로부터 영양을 공급받으며 정상적인 성장의 과정을 거치지만 가끔 문제가 발생하기도 한다. 임신 중에 발생한 문제는 산모와 태아 모두에게 영향을 줄 수 있으며 대개는 짧은 시간 안에 해결되지만 증상이 심각한 임신 중의 문제는 산모나 태아의 생명을 위협할 수도 있다. 임신 중의 문제들은 출산 전에 철저하게 진찰을 받고 건강한 생활습관을 가지면 피할 수도 있다.

(1) 임신 중 질출혈

임신 중 질출혈은 임신 중의 모든 질출혈을 가리킨다. 임신 중에 질출혈이 있으면 즉시 의사에게 진찰을 받아야 하며 임신 후반기에 다량의 질출혈이 있는 경우엔 심한 출혈로 임산부와 태아의 생명 모두 위독할 수 있다. 임신 초기에 약간 출혈이 있다면 편안히 휴식을 취하면 대부분 정상적으로 임신이 지속된다. 그러나 유산이나 자궁 외 임신에 의한 출혈인 경우에는 수술이 필요하며 임신 후반기에 다량의 출혈을 보이는 경우에는 응급 제왕절개술로 신생아를 구할 수도 있다.

① 14주 이전의 출혈

대부분 임신은 정상적으로 유지되지만 임신 초기에는 유산으로 출혈이 일어나며 경련성으로 주기적인 통증을 동반하고 6~7주에 심한 통증과 함께 피가 나오는 경우엔 자궁 외 임신이 그 원인일 수 있다.

② 14~24주의 출혈

약한 자궁경관(자궁경관 무력증) 등의 원인으로 14주 이후에 발생하는 출혈은 유산이 된 경우일 수 있다.

③ 24주 이후의 출혈

태반의 일부가 자궁벽에서 분리되는 태반 조기박리일 경우 양에 상관없이 통증과 함께 질출혈이 있으며 통증 없이 질출혈만 있으면 태반이 자궁경부를 막고 있는 전치태반일 수 있다.

(2) 유산

자연유산은 20주 이전에 임신이 종결되는 것을 말하며 대부분의 유산은 14주 이전에 일어나고 질출혈과 복통을 동반한다. 조기 유산은 프로게스테론이 낮거나 다태 임신일 경우에 흔히 생기며 후기 유산(14~20주 사이)은 자궁경부가 약하거나 임산부가 심각하게 감염되었을 때 발생한다. 또한 자궁 모양이 비정상적이거나 자궁벽에 양성 종양(자궁근종)이 있거나 임신 중에 흡연이나 음주를 하거나 약물을 남용하고 임산부가 당뇨병에 걸린 경우에도 유산할 수 있다. 이런 요인들 때문에 반복적으로 유산할 수도 있다. 임산부의 나이가 16세 이하나 35세 이상 유산은 절박 유산, 불가피 유산, 계류 유산으로 분류할 수 있다.

① 절박 유산

절박 유산은 태아가 살아 있고 자궁경부가 닫혀 있는 상태를 말하며 약간의 질출혈만 있고 대부분 임신이 만삭까지 유지될 수 있으나 어떤 경우에는 태아가 죽고 자궁경부가 열린 경우인 유산되기도 한다.

② 불가피 유산

불가피 유산은 자궁이 수축하여 태아를 배출시키려고 하기 때문에 심한 통증이 나타나기도 하며 덩어리 모양으로 심하게 피를 흘리기도 한다. 불가피 유산은 완전 유산(자궁 내용물이 완전히 배출된 상태)과 불완전 유산(유산 후에도 일부의 내용물이 남아 있는 상태)으로 나눌 수 있다.

③ 계류 유산

계류 유산은 태아가 죽었지만 출혈이나 통증이 없는 경우를 말한다. 자궁이 수축하지도 않고 자궁경부도 닫혀 있어 정기적인 초음파 검사를 받기 전에는 모르는 경우도 있다.

(3) 자궁외 임신

자궁외 임신은 수정란이 자궁내막 대신 자궁 외부에 착상함으로써 발생한다. 수정란은 곧 배아로 성장하고 대부분 난관에 착상되고 자궁경부나 난소, 복강 내에 착상될 수도 있다. 태반이 난관에서 발달하고 배아가 성장하면서 난관은 결국 파열되고 복강 내에 치명적인 출혈을 일으키므로 자궁 외 임신은 산모에게 매우 위험하므로 발견 즉시 수술해야 한다.

(4) 임신성당뇨

임신성당뇨는 임신 중에 인슐린의 결핍으로 혈중 당분을 흡수하지 못하는 질병으로 임산부 50명당 1명꼴로 당뇨병이 발생한다. 췌장에서 생산되는 인슐린은 혈액 내의 당분을 체세포가 흡수할 수 있게 하는데 임신 중에는 항인슐린 작용을 하는 호르몬이 태반에서 생산되어 이 효과에 대항할 만한 충분한 양의 인슐린을 생산하지 못하면 혈당이 상승하고 임신성 당뇨가 된다. 주로 30세 이후의 고령 임산부에게서 발생하고 비만 여성, 당뇨의 가족력이 있는 여성도 걸릴 수 있다. 임신성 당뇨가 조절되지 않으면 태아가 과체중이 되기 쉽고 임신성 당뇨에 걸린 산모의 신생아는 출생시 저혈당일 가능성이 높다.

(5) 전치태반

전치태반은 자궁 내의 태반이 자궁경부의 입구를 일부 혹은 완전히 막고 있는 것을 말하며 임산부 200명당 1명꼴로 발생하며, 임산부 나이가 35세 이상이면 더 흔히 발생한다. 전치태반은 임신 24주 이후에 발생하는 질출혈의 20%를 차지한다. 여러 번 임신한 경험이 있는 여성이나 이전에 제왕절개술 같은 수술을 받아 자궁에 반흔이 있는 경우에 전치태반이 잘 발생하며 자궁에 양성 종양(자궁근종)이 있는 경우와 다태 임신의 경우에도 전치태반의 위험이 증가한다. 전치태반은 정기적인 초음파 검사로 임신 20주 이후에 발견되며 태반이 낮게 있으면 위치를 추적 관찰해야 한다. 대부분 32주까지는 태반이 위쪽으로 이동하므로 문제가 발생하지 않으나 태반이 계속 낮게 있거나 질출혈이 발생하면 입원해야 하며 출혈이 심한 경우에는 응급 제왕절개술이 필요하다.

(6) 양수과다증

정상적인 양수의 양은 1.5리터를 넘지 않으나 양수과다증은 2리터 이상의 양수가 있어 임산부에게 복부의 불쾌감이나 통증을 유발한다. 양수가 너무 많으면 태아가 자궁 안에서 움직이기 쉬우므로 임신 말기에 태아가 비정상적인 태위를 취할 수 있고 조기 진통이나 조기 양막파수 같은 위험이 따른다.

① 만성 양수과다증

몇 주에 걸쳐 서서히 양이 늘어나는 만성 과다증은 임신 32주경부터 발생하며 서서히 복부 불쾌감이 나타나기 시작하고 호흡곤란, 소화불량, 체액 정체 현상도 생긴다. 임신 전부터 당뇨병을 앓고 있거나 다태 임신을 한 경우에 더 많이 발생하며 태아가 척추 이분증(신경관 결손) 같은 병에 걸려 기형인 경우에는 더 많이 증가한다.

② 급성 양수과다증

급성 양수과다증은 22주경부터 발생하며 일란성 쌍태아를 임신했을 때 나타나며 만성 양수과다증보다 심한 복통과 오심, 구토 등을 동반한다.

(7) Rh부적합 임신

Rh부적합 임신은 임산부와 태아의 Rh 혈액형이 부적합한 임신을 말하며 유전적으로 혈액형이 맞지 않을 때 나타난다. 혈액을 분류하는 체계 중 하나가 Rh형이다. Rh 부적합성은 임산부가 Rh 음성이고 태아는 Rh 양성일 때 발생하는데 첫 번째 임신 때는 문제를 일으키지 않지만 태아의 혈액이 임산부의 혈액 안에 들어오면 항체가 만들어지고 이 항체가 다음 번 임신에서 Rh 양성인 태아의 적혈구를 공격하게 되어 태아는 적혈구의 파괴로 심한 빈혈에 걸리게 되고 그 상태에서 출생하면 눈과 피부가 노랗게 되고 빈혈 현상이 나타난다. Rh 음성인 임산부가 임신 28~34주 사이에 모두 로감 주사를 맞으면 예방할 수 있다.

(8) 다태 임신

2명 이상의 태아가 임신된 경우를 말하며, 임산부와 태아에게 문제가 생길 가능성이 증가하며 이란성 쌍태아는 두 개 이상의 난자가 동시에 수정된 경우이고 일란성 쌍태아는 한 개의 난자가 수정 후 갈라져 발생한다. 최근에는 불임 치료기술이 발달하여 다태 임신하는 사례가 급격히 증가하고 있으며 임산부 나이가 30세 이상이거나 다태 임신 가족력이 있는 경우엔 이란성 쌍태아가 태어날 가능성이 높아진다.

(9) 조기 양약파수

태아는 자궁 속에 있는 양수강이라는 물주머니 안에서 보호받고 있고 양수강을 구성하는 양막은 진통중이나 진통 바로 직전에 터지는 게 정상이지만 14명 중에 1명은 조기에 터진다. 양막이 파열되면 양수가 질 밖으로 흐르게 되며 이때 나온 양수의 양은 아주 적은 양부터 많은 양까지 다양하다. 양막이 파열되고 나서 몇 시간 안에 진통이 오지 않으면 자궁이나 태아가 균에 감염될 수 있고 제대가 자궁경부나 질로 빠지는 제대 탈출도 발생할 수 있다. 제대가 탈출되면 태아로의 혈액공급이 감소하여 산소가 부족하게 된다. 임신 기간이 37주가 안 된 경우에 양막이 파열되면 조기 진통이 올 수 있으며 이럴 땐 조기 출산에 따른 위험과 진통을 멈추게 했을 때의 감염 위험을 감안해야 한다.

3) 산전검사

(1) 산전검사의 중요성

부모의 유전적 이상, 임신 중 약물투여, 화학물질에 노출, 신체적 외상, 영양소 결핍증, 방사선 조사, 감염원에의 노출 등은 출생아의 기형률이나 사망률을 높이는 원인으로 작용한다. 산전 진단의 목적은 이러한 위험인자들을 조기에 발견하고 조기에 치료, 예방하여 신생아의 기형률이나 사망률을 최소로 하는데 있다.

(2) 임산부의 검사 횟수와 검사실시 시기

임신 28주까지는 월1회, 임신 36주까지는 2주에 1회, 임신 36주 이후부터는 1주에 1회 검사받는다. 검사실시 시기는 〈표 4-1〉과 같다.

〈표 4-1〉 산전 검사실시 시기

검사 내용	검사 시기
초음파검사	전 기간
산모 혈액 검사(혈색소, 혈액형, 혈액형 항체)	첫 방문 + 28주
풍진검사	첫 방문
자궁경부암 검사	첫 방문
선천성기형 및 염색체 이상검사	15~20주
혈압 & 몸무게	전 기간
임신성 당뇨검사	24~28주
소변검사	첫 방문

출처 : 임신육아종합포털 아이사랑(http://www.childcare.go.kr)

(3) 임신 중 필요한 기본 검사

① 혈액형검사

혈액형에는 A, B, O, AB형이 있으며, 이외 임산부에게 중요한 Rh인자가 있어 산모가 음성(−)이고 태아가 양성(+)일 경우 용혈반응으로 유산, 조산, 사산되는 경우가 있으므로, 의사의 지시를 받아 Rh면역글로불린(RhIG 또는 Rhogam) 주사를 맞아야 한다.

② 혈액검사

산모의 빈혈 유무를 조사하여 빈혈일 경우 철분제를 복용해야 하며, 분만 시 수혈 여부도 판정한다.

③ 간염검사

산모에게 간염 항원이 있을 시 출생 전 노출에 의해 신생아가 만성 B형 간염의 보균자가 될 가능성이 높아지기 때문에 분만 직후 신생아 간염 예방접종을 해야 한다. 항체가 없을 때는 임신 중에는 간염 예방접종을 못하며 산후 신생아와 함께 예방접종을 해야 한다.

④ 매독반응검사

임신 시 매독에 걸리면 유산, 사산 및 기형아 분만을 할 수 있으므로 항상 초기에 검사하여야 한다.

⑤ 풍진검사

풍진을 앓은 사람은 양성, 감염되지 않은 사람은 음성으로 나타나며 임신 초기의 여성이 풍진에 걸리면 선천성 심장질환, 백내장, 난청 등 기형아 출산확률이 30% 가까이 되므로 풍진검사에서 항체가 음성으로 나왔을 경우 중기와 후기에 반복 재검하여 풍진 감염 여부를 계속 확인해야 한다.

⑥ 초음파검사

태반의 위치, 태아의 크기, 쌍태아, 양수과다증, 유산의 유무, 태아위치, 포상기태 등 여러 가지 병을 알아보는 검사로 산모나 태아에 절대 해롭지 않다.

⑦ 소변검사

소변검사를 통해 임신 중 당뇨병, 방광염, 요도염, 신우신염 등의 유무와 임신중독증에 대한 진단을 할 수 있다.

⑧ 선천성 기형 및 염색체 이상 검사

임신 중기(15-20주)에 산모의 혈청을 이용하여 태아의 다운증후군 및 무뇌아, 척추이분증 등의 신경관 결손 등을 선별하는 검사로 이 검사에서 양성으로 판정되었을 경우 정밀검사(양수천자 등)를 통하여 실제 이상 유무를 판정하게 되며 이 검사 자체가 기형의 진단은 아니다. 또한 이 검사에서 음성으로 나왔다 하더라도 100% 태아에게 위 기형이 없다는 것을 보장해 주는 것은 아니다. 현실적으로 모든 산모에게 염색체 검사를 시행할 수도 없고 현대의학으로는 아직 다른 기형검사가 개발되지 않은 상황에서 간단한 혈액검사로 흔한 기형에 대한 고위험군을 선별해 낸다는 장점이 있다.

2. 태내 발달 단계

태내 발달 단계를 수정에서 2주까지의 발아기(접합체기), 3주에서 8주까지의 배아기, 9주부터 출생까지의 태아기로 살펴보면 다음과 같다.

1) 태내 발달

(1) 발아기(수정~2주)

난자와 정자가 수정을 통해 수정란을 이루고 난 후에 나팔관을 따라 이동하여 자궁벽에 착상할 때까지의 기간을 말하며 수정란으로 7~8일이 지나면 자궁에 도착하는데 배반포가 자궁벽을 깊이 파고들어 구멍을 내고 모체와 혈관에 연결부를 만드는 착상(implantation)이 이루어진다. 착상이 잘 이루어져야만 수정란이 본격적인 성장을 시작할 수 있다.

(2) 배아기(3~8주)

배아기는 기관 발생기로서 약 6주 동안 태아의 신체 조직과 내부 기관들이 활발하게 발달하는 시기로 인간 발달에 있어서 가장 빠른 속도의 성장을 보이는 시기이다. 배반포가 자궁벽에 완전히 정착하면 이를 배아(embryo)라고 한다. 배아기 초기에 머리카락, 피부 표피, 신경계가 되는 외층(외배엽), 근육, 뼈대, 순환계로 발달하는 중간층(중배엽), 소화계와 폐를 형성하는 내층(내배엽) 등 세 개의 층이 형성된다.

(3) 태아기(9주~출생)

태아기는 태내 발달의 마지막 단계로서 수정 후 약 9주부터 38~40주경 태아의 출생까지 이르는 가장 긴 기간을 말한다. 12주째에는 생식기가 발달하여 태아의 성별이 확실해진다. 16주경 뼈와 근육의 발달이 빠르게 일어나며 어머니가 태동을 느끼기 시작한다. 22~26주경, 태아의 신체 기관 및 신경계 등 생존을 위한 기본 시스템이 갖춰졌다고 보고 이 시기부터 '생존 가능 시기(age of viability)'라고 불리며 태아가 모체에서 분리되어 나와도 인큐베이터에서 생존시킬 수 있다.

2) 임신기간별 태내 발달 단계

약 280일간의 태내 발달 단계를 임신초기(1~12주), 임신중기(13~28주), 임신말기(29~40주)로 나누어 배아와 태아의 성장과정을 살펴보면 다음과 같다.

(1) 1단계: 임신 초기(1~12주)

1단계인 임신 초기에는 태아의 심장과 뇌 등 주요기관들이 완전히 발달하므로 태아의 발달에 중요한 시기이다. 수정된 후 첫 8주 동안은 배아라고 하고 8주 이후에는 태아라고 부른다. 수정 후 8주 후면 배아의 대부분의 기관들은 성인상태로 발달하고 태아시기가 되고 3개월로 들어가면 2배로 커진다.

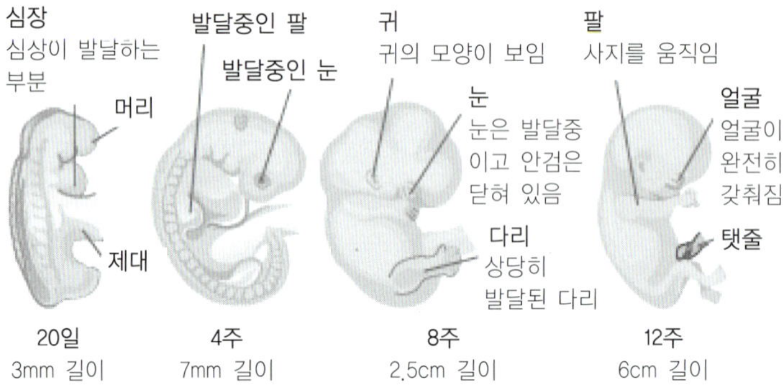

[그림 4-3] 1단계(1~12주)의 배아와 태아

출처 : 서울대학교병원 의학백과사전(http://www.snuh.org)

(2) 2단계: 임신 중기(13~28주)

2단계인 임신 중기에는 태아의 크기가 증가하고 지방층을 축적하며 내부 장기들이 더 복잡해지고 청각도 발달한다. 4개월이 되면 골격과 근육이 발달하여 팔과 다리가 움직이며 5개월에는 머리카락과 손톱이 보이고 6개월이 되면 눈의 형태가 나타난다.

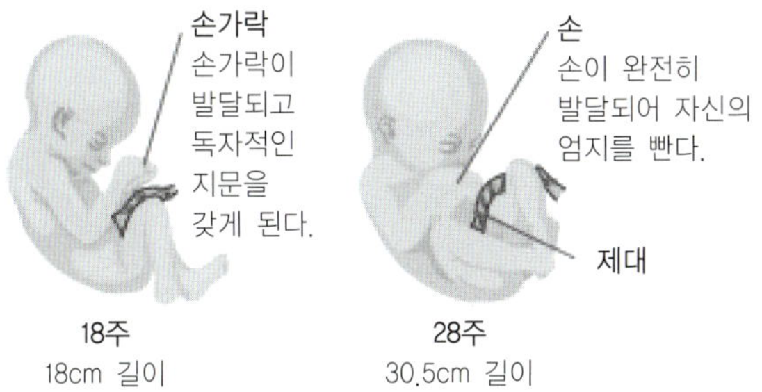

[그림 4-4] 2단계(13~28주)의 태아

출처 : 서울대학교병원 의학백과사전(http://www.snuh.org)

(3) 3단계: 임신 말기(29~40주)

3단계인 임신 말기에는 태아의 신장이 50cm 정도 되고 몸무게는 3~3.5kg 정도 되며 피부는 피하지방의 발육이 양호하여 탄력성을 띤다. 출산일이 가까워지면서 태아의 움직임은 차츰 줄어들고 병에 대한 저항력은 증가하고 태아가 완전히 발육한 상태로 신생아의 모습을 보인다. 40주의 태아는 자궁 안에서 자유롭게 움직일 수 없어 웅크린 자세를 취하고 머리를 모체의 골반을 향해 아래로 하고 있다.

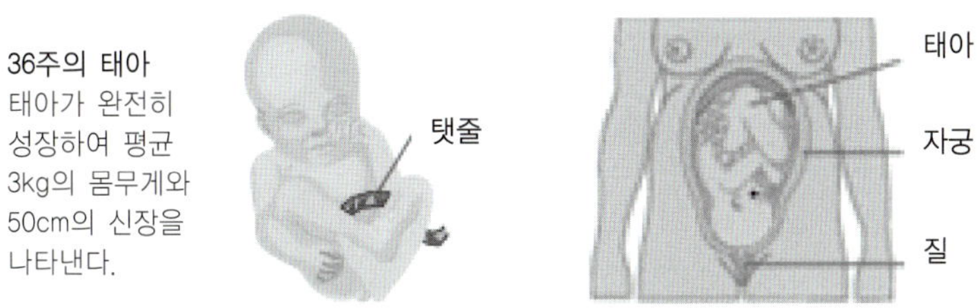

[그림 4-5] 3단계(29~40주)의 태아

출처 : 서울대학교병원 의학백과사전(http://www.snuh.org)

3. 태내 발달에 영향을 미치는 요인

1) 임산부의 연령

임산부의 연령이 너무 어리거나, 반대로 너무 많으면 그렇지 않은 산모의 건강 문제와 태아 및 영유아의 신체적 · 정신적 문제가 발생할 가능성이 크다. 15세 이하의 임산부는 만삭이 되기 전에 조기진통이 올 위험이 많고 혈압이 상승하는 자간전증과 자간증 등 임신 합병증의 위험도 커진다. 35세 이후의 임산부는 이미 자궁에 양성 종양(자궁 근종)이나 당뇨병 등의 질환을 갖고 있을 가능성도 있고 자간전증이나 임신성 당뇨병이 나타날 위험이 많으며 태아가 염색체 이상으로 다운증후군 등에 걸릴 가능성도 높다.

2) 임산부의 영양

임산부의 영양상태는 태아의 신체적 발달에 영향을 준다. 임신 전의 영양상태도 중요하지만 임신기간 중의 영양 섭취는 태아의 발달에 매우 중요하다. 만일 임산부가 적절한 영양 섭취를 못한다면 태아에게 부정적인 영향을 주어 출산 시 사산하기도 하고 출산하더라도 저체중, 인지적인 결함, 구루병, 뇌성마비, 허약증세, 질병 등에 걸릴 가능성이 높다.

〈표 4-2〉 임신중의 영양

영양소	비임신 시	임신 시	수유 시	음식 종류
칼로리(kcall)	2,200	2,500	2,600	탄수화물, 지방, 단백질
단백질(g)	50	60	65	고기, 생선, 유제품
지용성 비타민				
비타민 A(μg)	800	800	1,300	녹황색 과일채소, 간

비타민 D(μg)	5	10	12	비타민 D 강화 유제품
비타민 E(mg)	8	10	12	땅콩, 깨 등 식물성 기름
수용성 비타민				
비타민 C(mg)	60	70	95	신 과일, 토마토
엽산(μg)	180	400	280	잎사귀 채소, 간
니아신(mg)	15	17	20	쇠고기, 콩 종류
비타민 B_1(mg)	1.1	1.5	1.6	현미, 돼지고기
비타민 B_2(mg)	1.3	1.6	1.8	쇠고기, 간, 현미
비타민 B_6(mg)	1.6	2.2	2.1	쇠고기, 간, 현미
비타민 B_{12}(mg)	2.0	2.2	2.6	쇠고기
미네랄				
칼슘(mg)	800	1,200	1,200	우유 및 유제품
인(mg)	800	1,200	1,200	쇠고기
요오드(μg)	150	175	200	해산물(미역, 어류, 조개)
철(mg)	15	30	15	간, 쇠고기, 계란, 콩, 현미, 마른 과일
마그네슘(mg)	280	320	355	해산물, 콩 종류, 곡물
아연(mg)	12	15	19	쇠고기, 해산물, 계란

출처 : 강남차병원 임신출산대백과(https://gangnam.chamc.co.kr)

3) 임산부의 질병

임산부가 풍진, 매독, 갑상선 이상, 당뇨병 등의 질병 요인은 태반을 통해 태아에게 전달되거나 출산과정 시 감염으로 태아의 생존과 건강에 부정적 영향을 미친다.

4) 임산부의 약물

임산부가 복용하는 약물이 태아의 발달에 부정적인 영향을 주고 출생 후 여러 발달적 측면에서 장애와 지체를 일으킬 수 있다. 특히 태아가 장기를 형성하는 임신 4~10주에 복용하는 약물은 기형아의 발생률을 높게 한다. 따라서 임신기간 동안 약물을 복용할 경우 태아에게 미칠 위험성에 대해 깊이 고려하여 안정성이 입증된 약물일지라도 복용 전 의사와 진료·상담 후 복용하여야 한다.

〈표 4-3〉 태아 기형 유발 물질

약물명	용도	태아에게 미치는 대표적 영향
캡토프릴, 에날라프릴(안지오텐신전환효소억제제)	항고혈압제	태아/신생아 사망, 미숙아, 양수과소증, 신생아 무뇨증, 성장지연, 2차적 두개골 형성부전, 사지경축, 폐발육부전(신기능장애, 양수과소증, 성장장애, 두개골 형성 장애)
테트라사이클린	항생제	유치의 노랑, 회-갈색, 갈색 착색, 치아에나멜형성부전
스트렙토마이신	항생제	청력 감퇴
카바마제핀	항경련제	척추이분증, 심하게 눈꼬리가 올라감, 지능 저하
페니토인	항경련제	소뇌증, 정신지체, 구순/구개열, 단지증, 안면기형
발프로익애시드	항경련제	척추이분증, 중추신경계 손상, 소뇌증, 심장기형, 안면기형
와파린	항응고제	두개골 손상, 귀이상, 눈기형, 소뇌증, 수두증, 골격계 이상, 정신지체, 경련

약물명	용도	태아에게 미치는 영향
리튬	항조울증제	심장기형
미소프로스톨	위궤양치료제	사지기형
플루코나졸(고용량)	항진균제(무좀 등)	두개골 기형, 구개열, 사지기형
아이소트레티노인	여드름 치료제	중추신경계, 귀, 심장, 안면, 하지기형
에트레티네이트	중증 건선 치료제	머리, 안면, 귀기형
탈리도마이드		사지기형, 심장기형, 신장기형, 잠복고환, 귀기형
안드로젠	호르몬제	여아 외부생식기 남성화
싸이클로포스파마이드	항암제	손발 기형, 구개열, 항문 무형성증, 성장지연

약물명	태아에게 미치는 영향
메틸렌블루	소장폐쇄증
킬레이트	이완성 피부, 관절의 과유연성
유기용제(톨루엔)	성장장애, 태아알콜증후군과 유사한 증상

음주(에탄올)	산전/산후 성장장애, 정신지체, 미세운동장애, 과잉행동, 소뇌증, 안면이상, 관절 및 손발가락 기형, 자연유산, 조산, 사산율 증가, 신생아 금단증상
흡연	태반이상, 자궁내성장지연, 주산기 사망률 증가, 영아돌연사증후군 증가
코카인	자궁내성장지연, 소뇌증, 신경행동학적이상, 혈관손상현상
중금속	소뇌증, 정신지체, 눈, 치아기형
납	지능저하, 신경행동학적 기능이상
방사선 동위원소	갑상선형성부전
방사선	소뇌증, 지능저하, 눈기형, 성장장애, 내장기형

출처 : 강남차병원 임신출산대백과(https://gangnam.chamc.co.kr)

5) 임산부의 흡연 및 음주

임산부가 담배를 피우거나 술을 마시는 경우 그렇지 않은 임산부들에 비해 유산 및 조산의 가능성이 높아진다. 흡연은 태아의 심장박동을 느리게 하여 순환조직에 영향을 줄 수 있으며 태내 성장지체, 저체중아 출산, 미숙아, 수면 중 호흡곤란, 유산, 영아사망, 아동암 발생 등 가능성 높다. 음주의 경우 음주량이 많으면 태아에게 해로우며 출생 후 선천적 알코올 증후군, 안면의 기형과 태아사망률이 높다.

6) 방사선 및 환경오염

임신 초기인 3개월 이내의 X-ray 노출은 치명적이 될 수 있으며 수정 후 2주에서 6주 사이에 방사능에 노출되었을 경우 기형아를 낳을 가능성이 높다. 또한 환경오염으로 인한 태아의 체중미달, 신체기형, 뇌 신경계 발육 장애 등도 유발되고 있다.

Chapter 05

출산과 신생아

• 학습목표 •

1. 분만을 단계별로 설명할 수 있다.
2. 출산 시의 문제점을 설명할 수 있다.
3. 신생아 및 신생아의 특징을 설명할 수 있다.
4. 신생아 돌보기를 이해하고, 이를 설명할 수 있다.

출산은 알파와 오메가(alpha and omega)다. 아기가 이 세상에 첫 발을 내딛는다는 점에서는 시작이고, 수정에서 출발하여 38주 동안 임신이라는 대사건을 종결짓는다는 점에서 끝이라 하겠다(정옥분, 2015 : 217). 임신은 한 개의 난자세포와 한 개의 정자세포가 결합함으로써 새 생명이 창조되는 경이로운 사건이다. 백만 분의 1g인 수정란은 266일 동안 자궁 안에서 영양을 공급받으며 성장과 발육을 계속하여 무려 30억 배인 3kg이 넘는 아기가 되어 비로소 가족의 품에 안기는 것이다. 출산은 아기와 엄마 모두가 생명에 위협을 느낄 정도로 충격적인 경험이다. 출산과정은 인생에서 스트레스를 가장 많이 받는 사건 가운데 하나다.

출생 후 첫 1개월을 신생아기라고 하는데, 태아가 모체에서 떠난 순간부터 임신·분만의 영향이 사라지고 태외 생활로의 적응과정을 마칠 때까지의 기간을 말한다. 국제사인통계에서는 생후 28일 미만을 신생아기라고 하는데, 특히 생후 1주일간은 신생아기의 특징을 가장 강하게 나타내고 있다. 신생아기는 비록 짧은 기간이지만 태내 환경과는 다른 환경에 적응해야 한다는 점에서 중요한 의미를 갖는다. 신생아는 태내에서 바깥세계로 나와 심한 환경변화를 겪게 된다.

1. 출산과정

1) 출산 준비

출산예정일이 다가오면서 출산에 대한 정신적인 준비나 아기에게 필요한 물품을 미리 준비하여야 한다. 출산이 반드시 예정일에 일어나는 것은 아니므로 임신 말기에는 출산에 대한 준비를 하여야 한다. 출산이 가까워 오면 마음이 조금씩 불안해진다. 예쁘고 건강한 아이를 낳을 수 있다는 자신감을 가지고 마음의 준비를 하는 것이 무엇보다 중요하다. 출산에 대한 두려움은 사소한 고통이라도 크게 느끼게 만들어 순산을 가로

막을 수 있다.

순산을 하기 위해서는 첫째, 분만에 대한 막연한 두려움과 불안을 없애야 한다. 정신적 긴장은 근육을 긴장시켜 불필요한 아픔을 가져온다. 아픔이 오면 불안도 증가되어 한층 더 근육이 긴장되고 아픔이 심해지는 악순환에 빠지게 된다. 진통과 분만 과정에 대한 정확한 지식은 불안을 제거하고 슬기롭게 대처할 수 있도록 도와준다. 둘째, 사전에 분만의 보조 동작을 습득하여 자신감을 가지고 분만에 임하는 것이 좋다. 분만 전에 산모는 남편과 함께 분만 시 힘주는 방법 및 여러 가지 분만의 종류를 알아보고 본인에게 맞는 분만법을 찾아보는 것도 좋다. 그리고 산부인과 담당의와 어떤 분만을 할지 정했다면 분만 시 당황스러움을 줄일 수 있도록 미리 충분히 분만 시뮬레이션(simulation)을 한다. 또한, 제대혈[1)]을 보관할 것인지, 무통 분만을 원하는지 등을 미리 담당의와 상의해두는 것이 좋다.

더불어 영양을 충분히 섭취하고 적당한 운동으로 체력을 기르는 것이 순산에 효과적이며, 남편을 비롯한 주위 사람들의 이해와 격려 등도 임산부에게 큰 힘이 된다. 요즘은 출산 문화가 많이 바뀌어서 분만을 산모 혼자만 겪는 일이라고 생각하지 않고, 분만의 전 과정을 산모와 함께 남편이 같이 도와가며 이루어 내는 숭고한 과정이라고 여기는 경향이 크다.

일반적으로 임산부 대부분은 병원에서 출산을 하게 된다. 따라서 병원에 따라 지참할 물품에 다소 차이가 있으므로 미리 확인해 두어야 한다. 조산을 고려하여 임신 8개월까지는 장만하여 가방에 챙겨두는 것이 좋다. 예컨대, 태어난 후 아기의 첫 모습을 찍어둘 카메라를 준비하는 것도 좋다. 아기 용품을 출산 전에 마련해두지 않으면 몸조리하면서 아기 옷이나 침구를 사러 다니는 사태가 생길 수 있다. 산후 조리 기간을 잘 보내야 몸을 추스르고 육아에 전념할 수 있다.

---

1) 제대혈이란 분만 후 아기의 탯줄에서 나온 혈액인 탯줄혈액을 말한다. 제대혈에는 조혈모세포와 간엽줄기세포가 풍부하게 들어 있어 의료적인 가치가 있다. 조혈모세포는 혈액 성분인 백혈구, 적혈구 또는 혈소판 등을 만들어내는 것으로 백혈병이나 재생 불량성 빈혈 등과 같은 혈액 질환의 치료에 이용될 수 있다. 간엽줄기세포는 뼈나 연골 등의 재생에 사용되거나 신경세포와 표피세포 등의 조직 재생에 이용될 수 있어 각종 암과 유전 및 대사 질환을 치료하는 데 유용하게 쓰일 수 있다.

2) 분만의 단계

정상 분만은 자궁 내 태아의 하강과 함께 혈액이 섞인 분비물이 비치는 이슬, 자궁이 수축하면서 나타나는 진통, 양막의 파열로 양수가 나오는 과수의 신호과정을 거치고 나서 시작된다. 분만은 [그림 5−1]과 같이 3단계 과정으로 구분된다(Shaffer, 1999, 송길연 외 역, 2000).

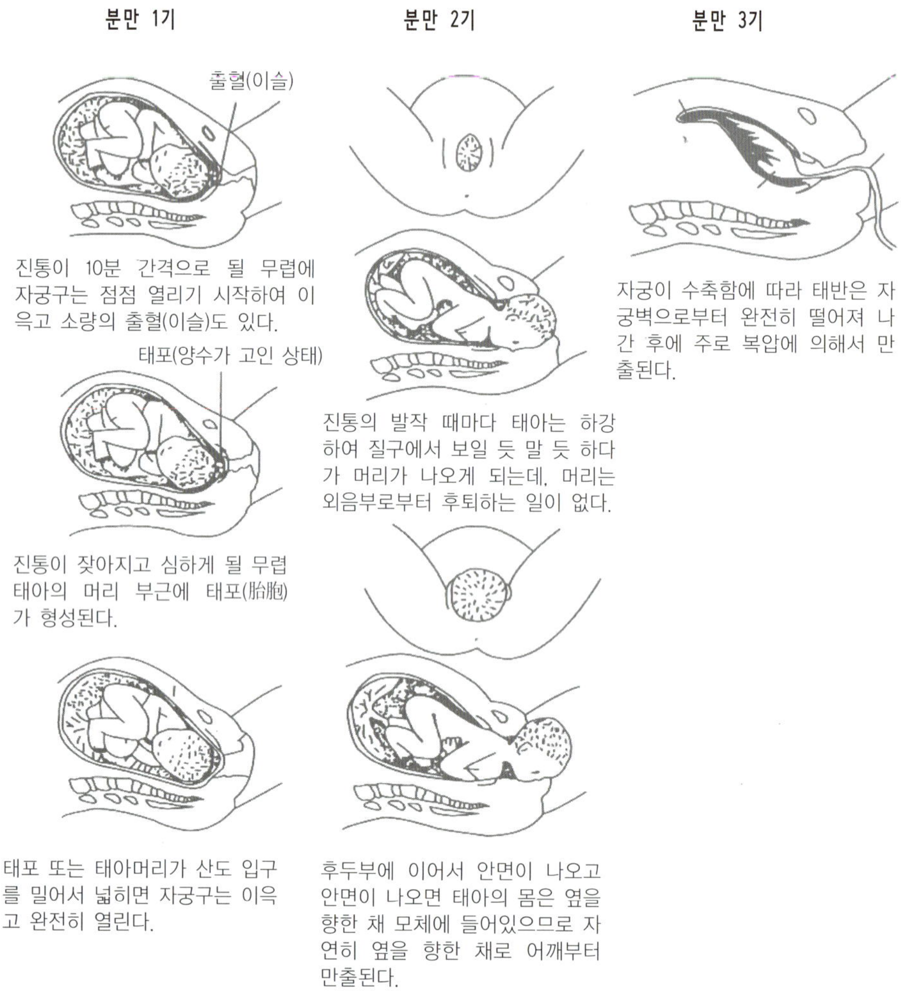

[그림 5−1] 분만의 3단계

출처 : Shaffer(1999), 송길연 외 역(2000).

(1) 분만 1기: 개구기(開口期)

첫 번째 분만단계에서 엄마는 10~15분 간격으로 오는 자궁수축을 경험한다. 그리고 엄마의 자궁경관이 태아의 머리가 통과할 수 있을 정도로 충분히 팽창되었을 때 끝난다. 이 과정은 첫 아이 때는 평균 8~14시간 지속하고, 이후 아이 때는 3~8시간이다. 진통은 태아의 머리가 산도에 고정되면서 양수를 막아 복압이 올라가면서 나타난다. 진통이 진행되면서 자궁은 더욱 빈번하고 강력하게 수축한다. 강한 진통과 함께 복압이 더욱 증가하면 양수가 터져 유출된다. 자궁구가 완전히 열린다는 것은 산모마다 약간의 차이는 있으나, 보통 10~12cm 정도 열린 상태를 말한다. 태아의 머리가 자궁경관 입구에 있게 되었을 때, 분만의 두 번째 단계가 시작될 준비가 된 것이다.

(2) 분만 2기: 출산기(出産期)

분만의 두 번째 단계인 출산은 태아의 머리가 자궁경관을 지나 질을 통과하면서 시작되고, 아기가 엄마의 몸으로부터 떨어져 나왔을 때 끝난다. 이때 엄마는 아기가 산도를 통과하도록 돕기 위해 수축하여 밀어내라는 말을 듣는다. 태아는 산모의 골반을 돌아서 얼굴을 아래로 향한 상태에서 머리부터 나온다. 그러나 태아의 3~4% 정도는 다리나 엉덩이가 먼저 나오는 경우도 있으며, 이때에는 난산의 위험 때문에 대부분 제왕절개(帝王切開, cesarean section)[2]로 인공분만을 한다. 신속한 출산은 30분 정도 걸린다. 그러나 오랜 출산은 한 시간 반 이상이 걸린다.

2) 제왕절개(帝王切開, Cesarean section)라는 명칭은 독일어인 카이저슈니트(kaiserschnitt)의 직역이며, 어원은 라틴어인 섹티오 카이사레아(sectio caesarea)에서 유래하는데, 이 독일어의 번역에는 율리우스 카이사르(Julius Caesar)가 복벽절개에 의해 태어났다는 데에서 유래한다는 설과, 벤다는 것(caesarea), 즉 임신자궁을 절개한다는 뜻에서 온 중복어(重複語)라는 두 가지 설이 있다. 역사적으로 제왕절개술은 오랜 역사를 가지고 있으나 수술을 받은 산모의 대부분이 사망하는 경우가 많았다. 19세기에 들어와 방부술이 발달되면서 산모의 생명을 안전하게 보장할 수 있게 되었다. 제왕절개는 경질분만(經膣分娩)이 불가능하거나 매우 곤란하고 위험할 때 한다. 적응증은 고도의 협골반(狹骨盤), 아두골반부적합 · 전치태반(前置胎盤) · 골반위(骨盤位: 특히, 고령자 초산인 경우), 자궁이나 질의 기형 또는 모아(母兒) 어느 쪽에 위험이 닥쳐 빨리 분만을 끝내야 할 필요가 있을 때 등이다.

(3) 분만 3기: 후산기(後産期)

분만의 세 번째 단계인 후산(afterbirth)은, 태아가 출산한 후에도 자궁은 수축을 계속 해서 태반이 자궁벽에서 떨어져 내막과 함께 질을 통해 자연스럽게 배출되면서 분만은 완료된다. 엄마의 몸에서 태반이 떨어져 나오는 시간은 보통 5~10분 정도 걸린다. 이때 20분이 지나도 태반이 배출되지 않으면 자궁벽에 붙을 가능성이 있으므로 신속한 처치를 해야 한다.

3) 출산 시의 문제점

대부분의 출산은 별 문제없이 정상적으로 진행되지만, 때로는 난산, 산소결핍증, 조산 등과 같은 문제가 발생하기도 한다.

(1) 난산

난산(難産, Dystocia)은 진통 시간이 길고 진행에 어려움이 있는 분만을 말하며, 이상분만(異常分娩)이라고도 한다. 옛 의학서들에 쓰인 좌산(坐産) · 횡산(橫産) · 역산(逆産) · 편산(偏産) · 애산(礙産) 등은 다 난산의 한 형태이다.

난산의 원인으로 모체 쪽의 이상과 태아 쪽의 이상을 들 수 있다. 모체 쪽으로는 만출력(娩出力)의 이상, 즉 진통미약 · 과강진통(過强陣痛) · 경련진통과 산도(産道)의 이상이다. 분만 때 아기머리는 일정한 방향으로 선회하면서 가장 나오기 쉽게 산도를 하강하는데, 자궁 내의 태아자세 또는 골반형 이상 등으로 정상적인 선회가 방해를 받으면 선회 이상을 일으킨다. 태아 쪽의 이상으로는 골반위 · 횡위 · 사위(斜位) 등의 위치이상 외에, 거대아 · 기형아 · 다태 임신(multifetal gestation)[3]의 경우와 난막 · 탯줄 · 태반 · 양수(羊水) 등 태아부속물의 이상인 경우가 있다.

3) 다태 임신(Multifetal gestation)이란 한 번에 둘 이상의 태아가 임신이 되는 것을 말하는 것으로, 자연적으로 생기는 쌍태 임신은 약 1%이며 세쌍태아는 만 명에 1명 정도로 알려져 있다. 최근에는 불임 치료의 목적으로 보조 생식술이 증가함에 따라 다태 임신의 빈도가 증가하고 있다.

모체·태아 또는 태반에 일어나는 합병증세로는 연산도파열·자궁내번증(子宮內飜症)·치골결합이개(恥骨結合離開) 또는 파열, 산아의 질식 및 생리적 기능이 약화되어 죽은 것처럼 보이는 상태, 즉 가사(假死)를 초래하기 쉬우므로 흡인분만·겸자(鉗子)분만·제왕절개술 등으로 급히 분만시켜야 할 경우가 많다. 난산은 임산부의 피로를 초래할 뿐만 아니라 산도의 손상·출혈·감염 등의 원인이 된다.

(2) 산소결핍증

여러 가지 원인으로 산소가 충분히 공급되지 않아 산소 부족이 발생한 상태, 즉 조직에서 산소가 결핍되는 것을 산소결핍증(anoxia)이라 한다. 주요 증상으로는 폐나 순환기의 질환, 빈혈, 빈맥, 호흡 촉박 등이 있고, 심각한 경우에는 정신장애, 더 나아가 영구적인 뇌의 신경학적 손상이나 사망을 일으킨다. 신생아 중 약 1%에서 발병한다. 치료는 산소요법을 하는 것이며, 산소를 흡입시키는 방법에는 여러 가지가 있다.

산소결핍증의 원인은 태아의 머리가 위에 있어 발이나 엉덩이부터 나오는 둔위자세(breech position)로 놓여 있거나 미성숙한 태반에서 성장한 경우, 엄마에게 투여된 진정제가 태반 장벽을 통과하여 호흡을 방해하거나 출산 시 신생아가 점액을 삼킨 경우, 태아는 Rh+이고 엄마는 Rh-여서 출산 시 엄마의 태반이 약하여 Rh- 혈액이 태아의 Rh+에 노출되어 Rh 항체가 산소공급을 방해하는 경우에 발생한다. 특히, 출산 시 탯줄이 엉키거나 분만시간이 긴 경우에 산소결핍증에 걸릴 확률이 높다.

또한, 출산한 후에도 이러한 증상이 발생할 수 있으며 호흡이 3, 4분 이상 지체되는 경우에도 발생할 수 있다. 이 경우 신경세포가 죽게 되므로 신체적·심리적 결함을 초래한다. 만약 신경세포가 너무 많이 죽게 되면 신생아는 심각한 뇌손상을 입게 되고(뇌성마비), 심하면 사망한다. 가벼운 산소결핍증을 경험한 신생아는 3세까지는 운동발달이나 지적 발달이 평균 이하이지만, 점점 적어져서 7세가 되면 평균치에 이른다.

(3) 조산

조산은 보통 임신기간을 기준으로 하여 20주 이후부터 36주 6일까지의 분만을 말한다. 조산은 전체 분만의 6~15% 정도이고, 우리나라에서는 매년 약 3~4만 명의 조산아가 발생한다. 신생아 사망의 80%가 조산에 기인하며, 신경학적 합병증의 반수 이상이 조산아에서 발생하는 것으로 보고되는 등 조산은 신생아 사망과 병에 걸리는 가장 중요한 원인이 되고 있다. 이렇듯 조산아는 영아사망의 절반을 차지할 뿐만 아니라 신경계발달장애, 호흡기 합병증 등의 이환율(罹患率)이 증가하여 추후 장애를 갖고 살게 되는 경우가 많으므로 한 가정과 의료의 체계를 넘어선 사회경제적인 문제로 대두되고 있다.

그러나 아직까지도 조산의 정확한 원인을 밝힐 수 없는 경우가 대부분이다. 이는 조산이 하나의 특정한 원인만으로 발생하는 것이 아니고, 다양한 원인과 기전이 작용하여 발생하는 경우가 많기 때문이다. 전 세계적으로 조산에 대한 연구가 지속적으로 시행되고, 다양한 원인에 대한 규명과 치료에 대한 명확한 기준을 마련하고 있다. 하지만 아직까지도 조산율은 뚜렷한 감소 소견을 보이지 않은 채로, 많은 산모 · 보호자 · 신생아가 조산과 관련해서 많은 걱정과 염려를 갖는 것이 현실이다.

조산의 원인은 조기진통, 조기양막파수, 임신부나 태아의 내과적 혹은 산과적 적응증, 임신 시 출혈, 산모의 생활습관, 유전적인 요인, 감염, 자궁기형 등을 들 수 있다. 조기진통으로 말미암은 조산에 이르게 되는 일련의 일은 수많은 기전으로 나타난다. 자궁 근층과 양막의 과도한 팽만, 탈락막 출혈, 태아의 조숙한 내분비계 활성화, 모체-태아 스트레스, 조기자궁경부 변화, 자궁내 감염이나 염증 등이 주요한 원인이다. 그 이외에 체질량지수가 아주 낮거나, 영양결핍, 흡연 등도 위험인자로 꼽힌다. 이전의 조산 기왕력은 현재 임신에서 조산의 가장 강력한 위험인자 중 하나이기도 하다.

2. 신생아의 특징

출생 후 첫 한 달 동안의 아기를 신생아라고 부른다. 신생아는 모체의 태 안에서 자동적으로 산소나 영양을 받고 있던 상태에서 자력으로 호흡이나 영양 섭취를 하게 되는 급격한 변화가 일어나고, 이에 따라서 초기의 체온 강하, 생리적 체중 감소, 피부의 낙설(落屑), 신생아 황달 등 여러 현상이 일어난다. 감각 면에서는 영양 섭취를 위한 흡인반사는 잘 발달되어 있으나, 미각은 대강의 맛의 판별, 후각은 강한 악취에 대한 반응, 시각은 명암을 판별하는 정도이며, 청각은 생후 1주일경까지는 거의 반응을 나타내지 않는다.

1) 신체적 특징

출생 시 아기의 머리는 몸 전체 길이의 1/4 정도다. 신생아의 평균 머리둘레는 33cm, 가슴둘레는 32cm 정도로 머리둘레가 가슴둘레보다 약간 크다. 신생아의 평균 키는 남아 50.8cm, 여아 50.1cm이고, 평균 체중은 남아 3.4kg, 여아 3.3kg으로 남아가 여아보다 약간 큰 편이다. 신생아 대부분은 생후 2~3일경부터 체중이 감소하기 시작하여 1주일이나 10일까지 출생 시 체중의 약 5~10% 감소하는 경향이 있다. 생후 3~5일경쯤 생리적 체중 감소에 따라 신생아는 38~39℃ 또는 그 이상으로 발열하기도 하는데, 이를 탈수열(脫水熱, dehydration fever) 혹은 일과성열이라고 한다.

신생아 겨드랑이에서 잰 정상체온은 36.4~37.0℃이다. 건강한 신생아가 불안해하고, 소변 양과 횟수가 줄어드는 증세가 나타난다. 이는 수분 섭취가 부족하기 쉬운 모유수유나 여러 이유로 우유를 잘 먹지 못하는 신생아에게 자주 나타난다. 특히, 보육기 안, 방열기 가까이에 있거나 난방이 잘되는 방에서 이불을 두껍게 덮어주는 등 주위 환경의 온도가 높을 때 이 증세가 자주 나타난다. 체온조절이 미숙해서 외부 온도에 직접적으로 영향을 받기 때문이다.

이 증세를 예방하기 위해서는 옷을 입히고 적당한 두께의 이불로 아기를 덮는 정도로 그쳐야 한다. 방안의 온도는 22~25℃, 습도는 50~60%가 좋다. 또 신생아가 필요한 수분의 섭취는 모유나 조제분유의 섭취로 충분하므로 보리차 · 생수 등은 따로 먹이지 않는 것이 좋다. 아주 더운 날씨나 탈수열이 있는 경우에는 수분의 추가적인 공급이 필요하다. 그러나 정상적인 경우 물의 추가 공급은 오히려 혈액 내 염분의 희석을 초래하고 의식장애 · 저체온 · 부종과 경련을 초래할 수 있다. 신생아는 신장의 수분투과율(GFR)이 아직 덜 발달되어 있기 때문이다.

이제 막 세상에 태어난 신생아의 모습은 온몸이 주름투성이고, 피부는 매우 얇아 붉은 빛이 많은 분홍빛을 띤다. 그러나 수일 내에 정상적인 피부색을 갖게 된다. 신생아 일부는 태내기 동안 몸을 덮고 있던 라누고(lanugo)라는 많은 솜털이 아직 빠지지 않고 있는데, 며칠이 지나면 자연적으로 빠진다. 모든 신생아는 황백색의 크림 같은 끈적끈적한 태지(胎脂, vernic caseosa)[4]로 싸여 있는데, 이는 세균감염을 막기 위한 유성의 보호막으로서 자연적으로 말라 버리거나 없어진다.

황달은 혈액 속의 빌리루빈 농도가 증가하면서 피부에 빌리루빈이 축적되고, 그로 말미암아 신생아의 피부와 눈 흰자위의 색이 노랗게 변하는 것을 말한다. 황달이 발생하는 원인은 매우 다양하지만 출생 직후의 신생아에서 나타나는 황달은 성인과는 다른 원인에 의해서 발생할 뿐 아니라, 치료 또한 성인의 경우와 크게 차이가 나기 때문에 별도로 '신생아 황달(neonatal jaundice)'이라고 한다. 신생아 황달은 생후 첫 주 내 만삭아의 약 60%, 미숙아의 약 80%에서 관찰된다. 대부분 큰 문제없이 좋아지지만, 심한 황달을 치료하지 않는 경우 신경계에 손상을 줄 수 있다. 신생아 황달은 혈중 빌리루빈의 증가에 의한 것으로, 빌리루빈은 수명을 다한 혈색소(적혈구의 헤모글로빈)로부터 생성되어 간에서 대사를 거쳐 장으로 배설되게 된다. 신생아는 적혈구의 수명이 짧아

---

4) 태지(胎脂, Vernic caseosa)란 태아 피부의 상피세포의 탈락과 피지선(皮脂腺)으로부터의 분비물 혼합물로 태아의 표면을 덮고 있는 것을 말한다. 양수의 침식을 방지하고 또한 분만 시, 태아가 산도를 통과할 시의 저항을 감소시키는 작용을 갖는다고 한다. 신생아 피부를 뒤덮는 크림치즈나 콜드크림과 비슷하다. 피지선과 상피세포의 분비물로 구성되어 있다. 피부가 겹치는 부위와 음순 사이에 많다. 임신 6월 말경부터 나타나고, 미숙아에서는 비교적 태지가 적고, 성숙아에서는 충분히 있으며, 태아 성숙도의 지표가 될 수 있다.

빌리루빈의 생성이 증가하고 간 대사가 미숙하므로 처리능력이 떨어져서 생후 2~3일부터 황달을 보이다가 5~7일경 좋아지는 경우가 흔한데 이를 신생아 생리적 황달이라고 한다. 여기에 적혈구 파괴가 늘어나는 용혈성 질환, 감염, 머리혈종 등 빌리루빈의 생성을 증가시키는 요인과 간 대사를 저해하는 요인이 더해지면 혈중 빌리루빈이 생리적인 기준을 넘어 증가하게 되고 치료를 필요로 할 수도 있다.

2) 반사 행동

신생아가 생애 초반부에 보이는 대부분의 운동 행동은 반사 행동으로 이루어져 있다. 신생아는 선천적으로 지닌 반사기능을 통하여 외부 환경에 적응하고 생존한다. 반사(反射, reflex)란 자극에 대해 기계적으로 일어나는 신체의 국소적인 반응을 말한다. 감각수용기로부터 구심성 신경에 의해 전달된 감각정보의 신호가 중추신경의 어딘가에서 의지와는 관계없이 전환하여, 원심성 신경에 전달되어 근(筋)과 선(腺) 등의 효과기에 그 효과가 나타나는 현상을 말한다. 즉, 감각수용기에서 받아들인 자극이 수용기를 거쳐 감각뉴런, 반사중추(反射中樞)의 중추뉴런에서 자극이 전환되고, 운동뉴런과 반응기로 순차적으로 전도됨으로써 일어나는 무의식적이고 기계적인 생리 현상을 의미한다.

이러한 반사 행동은 중추신경계의 고등 영역이 아닌 하위 구조(예컨대, 척수)에서 주로 관장된다('주로 관장된다.'라는 의미는 어떤 반사는 고등 영역의 의식적 노력을 통해 어느 정도는 통제가 가능함을 의미한다). 반사 행동 대부분은 생후 수주 또는 몇 달 이내에 영아의 신경조직이 발달하면서 점차 사라져서 생후 1년 가까이 되면 거의 모두 없어지거나 의도적인 행동으로 대치된다. 물론 신생아기에서 성인기까지 계속 유지되는 반사 행동도 존재한다(예컨대, 무릎 반사). 신생아는 40여 개의 다양한 반사 행동을 가지고 태어난다. 몇 가지 반사 행동에는 생존 가능성을 높여 주는 명백한 이유와 기능이 존재한다. 하지만 다른 반사의 기능은 아직도 명백하지 않으며, 관련 논란이 학계에서 계속되고 있다.

반사 행동은 크게 두 가지로 분류한다. 하나는 생존 반사(survival reflexes, 혹은 적응적 반사)로 신생아가 생존하기 위해 반드시 필요한 반사 행동이며, 다른 하나는 원시 반사(primitive reflexes, 혹은 비생존 반사, 보호 반사, 특수 반사)로 신생아의 생존과 직접 연결되지는 않지만, 선천적으로 신경계에 내재된 반사 행동이다(Seifert, 1995: 104). 생존 반사로는 근원 반사(rooting reflex, 혹은 젖 찾기 반사)[5], 빨기 반사(sucking reflex), 위축 반사(withdrawal reflex), 기침 반사, 하품 반사, 재치기 반사, 삼키기 반사, 눈 깜박거리기 반사, 동공 반사 등이 있다. 원시 반사로는 바빈스키 반사(babinski reflex)[6], 모로 반사(moro reflex)[7], 파악 반사(grasping reflex, 혹은 잡기 반사), 걷기 반사(stepping reflex), 수영 반사(swimming reflex), 긴장성 목 반사, 위치잡기 반사, 정향 반사, 무릎 반사, 밥킨 반사(babkin reflex), 토닉넥 반사(tonic neck reflex, 혹은 비대칭성 긴장성 경반사) 등이 있다.

3. 신생아 돌보기

신생아는 엄마 뱃속에서 나와서 아직 세상에 적응하지 못한 시기다. 정상적인 태내 환경은 온도와 영양 등이 거의 완벽하게 이루어져 있으나, 신생아는 무력한 존재이며, 성인에게 전적으로 의존함으로써 생존이 가능하다. 그러므로 신생아 돌보기는 다른 동물보다 의존 기간이 긴 인간의 생존과 성장에 필수적이다. 반드시 엄마와 아기는 24시간 모자동실을 하면서 배고파하면 먹이고 힘들어 하면 안아줘야 한다. 엄마와의

---

5) 근원 반사(Rooting reflex)란 입 주변에 자극을 갖다 대면 자극이 닿는 쪽으로 고개를 돌려 입을 벌리고 빨려는 반응을 말한다.

6) 바빈스키 반사(Babinski reflex)는 프랑스의 바빈스키(1896)가 발견한 것으로, 신생아의 발바닥을 발꿈치에서 발가락 쪽으로 간질이면 엄지발가락은 위로 치켜세우고 다른 네 발가락은 부채처럼 쫙 펴는 반응을 말한다. 이는 생후 8개월에서 1년 사이에 사라진다.

7) 모로 반사(Moro reflex)는 오스트리아의 모로(1951)가 발견한 것으로, 갑자기 큰 소리가 나거나 머리 위치가 바뀌면 등을 구부리고 손과 팔을 앞으로 뻗어 무엇인가를 잡으려는 것처럼 팔을 서로 감싸 안는 것이며 생후 4~6개월경 사라진다.

첫 한 달간 하루 24시간 같이 있는 것은 엄마와 아기의 애착 형성과 두뇌 발달, 정서적 안정에 무엇보다도 중요하다(중앙M&B 편집부, 2010; 한순옥 외, 1997).

1) 편안한 잠자리 만들기

잠자리가 쾌적하지 않으면 아이는 잠을 잘 이루지 못하고 보챈다. 쾌적한 공간을 위해 가장 중요한 것은 적당한 온도와 습도를 유지시켜주는 것이다.[8] 신생아의 잠자리는 엄마 옆에 마련한다. 수시로 수유를 해야 하므로 편리하기도 하고, 엄마가 옆에 있어야 아이도 정서적으로 안정된다. 단, 창문 옆이나 문 입구, 벽 가까운 곳은 피한다. 최근 전자파가 뇌세포를 파괴한다는 연구결과가 속속 나오고 있으므로 텔레비전이나 오디오, 휴대전화, 컴퓨터 등도 가까이 두지 않는다. 손쉽게 켤 수 있는 스탠드가 있으면 밤에 아이를 돌보기가 수월하다. 이때 아이가 직접 보지 않도록 발밑에서 켜거나 빛이 천장을 향하도록 한다.

2) 옷 입히기

신생아는 배냇저고리만 있으면 된다. 겨울에는 길이가 긴 배냇저고리인 배냇가운을 입히거나 우주복 내의를 입히면 좋다. 아이가 젖을 토하거나 땀을 많이 흘렸을 때마다 갈아입혀주어야 하므로 넉넉히 하루 세 벌은 필요하다.[9] 아이의 움직임이 많아지면 마음껏 몸을 움직이기 힘들기 때문에 너무 두꺼운 옷은 좋지 않다. 또 두꺼운 옷은 아이 몸을 과열 상태로 만들기 쉽다. 옷을 갈아입힐 때는 무엇보다 아이가 급격한 온도 변화를 겪지 않게 주의해야 한다. 실내온도가 적당한지 살펴본 다음 재빨리 옷을 벗기

8) 온도는 20~24℃, 습도는 50~60%가 되도록 하는데, 어른의 느낌과 아이의 느낌은 다를 수 있으므로 온도계와 습도계로 정확하게 확인하도록 한다. 또 한여름과 한겨울이라고 해도 바깥과 온도 차이가 5℃ 이상 나는 것은 좋지 않다.

9) 생후 1개월이 지나면 더 이상 배냇저고리가 어울리지 않으므로 앞트임 내의나 가랑이에 똑딱단추가 달린 보디 슈트(우주복처럼 생긴 내의)를 준비한다.

고 담요나 수건으로 감싼다. 아이에게는 옷을 입고 벗는 것이 상당히 귀찮은 일이므로 따뜻한 손으로 배를 마사지해주면서 안정을 시켜준다.

3) 기저귀 갈기

아이 피부를 위한 최고의 선택은 역시 천 기저귀다. 천 기저귀는 아이 피부를 상하게 하는 화학약품도 없고, 푹푹 삶은 후 햇볕에 말리면 안심하고 살균 소독을 할 수 있다. 그러나 문제는 세탁이 힘들다. 하루 열 차례 이상 기저귀가 나오고 엄마도 산후 조리 중인 신생아에게는 오히려 종이 기저귀가 좋은 선택일 수 있다. 기저귀를 가는 일도 쉽지는 않다. 잘못 채우면 변이 새어나오기도 하고, 다리를 지나치게 들어 올리거나 당길 경우 고관절 탈구의 위험도 있다. 하지만 아이는 기저귀 가는 시간을 더없이 좋아한다. 축축한 기저귀를 걷어내고 깨끗이 닦아주면 팔다리를 더 활발히 움직인다. 이때 아이에게 말을 걸어주거나 다리를 쭉 펴서 주물러주면 기저귀 가는 시간을 더 즐겁게 해줄 수 있다.

아이의 항문은 보통 시판되는 물휴지로 닦아주는데, 물휴지도 화학물질로 처리된 것이므로 피부가 연약한 아이는 가제 수건을 따뜻한 물에 적셔 사용하거나 증류수에 적신 솜을 사용하는 것이 좋다. 남자 아이는 항문에서부터 성기 쪽으로 닦은 다음 성기 뒤쪽과 주름 안쪽, 사타구니 부분을 닦는다. 여자 아이는 요도에 세균이 들어가지 않도록 반드시 앞쪽에서 뒤쪽으로 닦아준다. 엉덩이의 물기가 완전히 날아간 다음 새 기저귀를 채워야 보송보송한 느낌이 오래가고 발진도 예방할 수 있다.

4) 유두 짜주기

여자아이는 생후 3주일이 지나기 전에 유두를 짜주면 흰 유즙이 소량 나온다. 유두를 짜주는 것은 아기가 성인이 되고 나서 유두가 함몰되는 것을 막기 위해서다. 기능상으로 함몰된 유두는 장차 어머니가 되어 수유를 할 때 큰 불편을 겪게 된다. 위생상으로 함몰된 부위로 유선 등 기타 분비물이 잘 배출되지 않아서 찌꺼기가 남으므로 청결을 유지할 수가 없다.[10)]

5) 목욕시키기

목욕은 오전 10시~오후 2시 사이 따뜻한 시간을 골라서 시킨다. 아이가 밤에 푹 자지 못한다면 자기 전에 시키는 것도 좋다. 목욕물 온도는 팔꿈치를 물에 담갔을 때 따뜻한 38~40℃ 내외가 적당하다. 목욕물 온도만큼 중요한 것이 욕실 온도다. 물은 따뜻한데 찬바람이 들어온다면 감기에 걸리기 딱 좋다.

신생아는 피부가 연약하므로 베이비배스나 베이비샴푸는 크게 필요하지 않다. 가제수건을 따뜻한 물에 적셔 머리를 닦아주고 마른 수건으로 닦아주면 된다. 목욕 시간은 5분을 넘기지 않는다. 목욕을 굳이 매일 시킬 필요는 없다. 3~4일에 한 번씩 시키면 적당하다. 목욕을 좋아해 물에서 잘 노는 아이라면 놀이 삼아 매일 시켜도 좋다. 수유 직후에는 목욕을 시키지 않는다. 젖을 토하기 쉽고 장운동이 바로 진행되어 목욕물에 대소변을 보는 경우도 있다. 또한, 아이 피부는 연약하므로 때를 벗기지 않는다. 비누를 사용했으면 비눗기가 가시도록 헹구어주는 것도 중요하다.[11)]

목욕 후에는 베이비오일로 보습을 해 주면 좋다. 특히, 아토피 기미가 보이는 아이는 목욕 후 물기를 닦지 않고 보습제를 발라준다. 흔히 발진을 예방하기 위해 사용하는 베이비파우더는 소아과 의사들이 권장하지 않는다. 피부의 숨구멍을 막아 오히려 발진이 악화될 수 있다. 목욕 후에는 아이가 목이 마르고 배가 고플 수 있으므로 수유 준비를 한다.

10) 함몰유두(Inverted nipple)는 유두가 함몰되어 있어 유두의 위생이 나쁘며, 이로 말미암아 유두의 감염을 통해 유두염, 유방염 등이 발생할 수 있다. 모유 수유가 어렵고 성감대로서 역할을 할 수도 없다. 그리고 환자에게 미용상으로 불만족을 줄 수 있다.

11) 배꼽이 떨어지기 전에는 부분 목욕을 권장한다. 통 목욕을 하면 배꼽에 균이 들어갈 수도 있다. 부분 목욕은 증류수에 가제 수건을 적셔 몸을 닦아주는 것이다. 배꼽에 물이 닿지 않도록 배 부위를 수건으로 감싼 다음 따뜻한 물에 적신 가제 수건으로 얼굴, 가슴, 상체, 팔이 접히는 부분, 겨드랑이 등을 꼼꼼히 닦아준다.

6) 바깥 공기 쐬기와 일광욕

생후 3~4주가 되면 아이에게 잠깐씩 바깥 공기를 접하게 해준다. 햇볕이 실내로 잘 내리쬐는 시간을 택하되 오전 11시부터 오후 3시 사이에는 자외선이 강하므로 이 시간은 피한다. 우선 창문을 열고 신선한 바깥 공기를 쏘이는 것부터 시작한다. 아이 피부는 바깥 공기에 노출되면 자극을 받아 혈관이 수축되고 늘어나는 작용을 반복한다. 또한, 기관지와 폐의 점막이 단련되어 감기에 대한 저항력도 길러줄 수 있다.

아이 몸무게가 4.5kg 정도 되면 직접 햇빛에 피부를 노출시키는 일광욕을 시작해도 된다. 일광욕은 아이 성장에 필요한 비타민D를 만들 수 있는 기회다. 일광욕을 시킬 때 가장 주의할 것은 천천히 조금씩 시도해야 한다. 첫날은 다리만 햇볕을 쬔다. 그다음 날은 허리까지, 그다음 날은 뒤집어서 다리까지 하는 식으로 점차 햇볕을 쬐는 부위를 늘려나간다. 시간은 각 부위별로 5분 정도가 좋다. 전체 일광욕 시간은 20분을 넘기지 않는다. 겉으로는 괜찮아 보여도 아이 피부는 약하기 때문에 자칫하다가는 금방 홍조를 띠는데, 이미 그때는 살갗이 햇빛을 지나치게 받은 것이다. 건강하게 만들고 싶다는 욕심에 지나치게 일광욕을 하면 구토와 발열이 나타날 수도 있으므로 절대 무리하게 일광욕을 시키지 않는다.

7) 예방접종

출생한 날 B형 간염 1차 접종을 해야 한다. 엄마가 B형 간염 보유자인 경우 출생 시 헤파빅이라는 면역글로블린도 주사해야 한다. 집이나 조산원에서 낳은 아기는 반드시 소아청소년과에 가서 검진을 받고 접종을 해야 한다. 생후 4주 이내에 BCG접종도 해야 한다. 경피용과 피내용 접종 두 종류가 있다. 선천성 대사이상 검사를 해야 한다. 청력 스크리닝 검사를 해야 한다. 아기와 같이 사는 가족은 아기의 백일해 예방을 위해 예방접종을 해야 한다. 어른은 Tdap접종을 하는 것이 좋다. 전반적인 발육과 발달 상태, 선천성 이상과 수유, 수면 등 육아 문제의 확인을 위해 생후 1주 이내 · 2주 · 1달째

소아청소년과 의사의 건강검진을 받는 것이 좋다.

〈표 5-1〉 신생아 · 소아 예방접종표

나이	예방접종 종류	비고
0~4주	결핵(BCG 피내용)	생후 4주 이내 접종
0~6개월	B형 간염	3회 접종 (0, 1, 6개월)
2~15개월	뇌수막염(Hib)	3회 접종 (2, 4, 6개월), 추가접종 (12~15개월)
2개월~6세	소아마비(폴리오)	3회 접종 (2, 4, 6개월), 추가접종 (만 4~6세)
2~59개월	폐렴구균 (단백결합백신 10가, 13가)	3회 접종 (2, 4, 6개월), 추가접종 (12~15개월)
2개월~12세	디프테리아/파상풍/백일해 (DPT)	3회 접종 (2, 4, 6개월), 추가접종 (15~18개월, 4~6세, 11~12세)
2개월~6세	디프테리아/파상풍/백일해 +폴리오 (콤보 백신)	3회 접종 (2, 4, 6개월), 추가접종 (4~6세)
12~15개월	수두	1회 접종 (12~15개월), 추가접종 (4~6세)
12~15개월	홍역/유행성이하선염/풍진(MMR)	1회 접종 (12~15개월), 추가접종 (4~6세)
12~35개월	일본뇌염(생백신)	1회 접종 (12~24개월), 추가접종 (12개월 후)
12개월~12세	일본뇌염(사백신)	3회 접종 (12~36개월), 추가접종 (6세, 12세)
6개월~4세	인플루엔자	우선접종 권장 대상자
24개월~12세	장티푸스	고위험군에 한하여 접종

출처 : 질병관리본부(http://www.cdc.go.kr/CDC/main.jsp).

PART 3

영아기 발달

Chapter

06

신체 · 운동 발달

● 학습목표 ●

1. 영아기의 신체적 성장을 이해하고 발달을 설명할 수 있다.
2. 영아기의 기본적 운동기능을 이해할 수 있다.
3. 협응의 개념을 이해하고, 눈과 손의 협응 및 운동 협응 등을 설명할 수 있다.
4. 영아기의 뇌와 신경계의 발달을 설명할 수 있다.

인간의 일생에서 신체적 성장이 가장 빠른 속도로 이루어지는 시기가 바로 영아기다. 특히, 출생 후 12개월까지 신체와 뇌의 성장이 급속도로 이루어진다. 이처럼 성장이 급속도로 이루어지는 시기를 성장급등기라고 하는데, 사춘기에도 똑같은 현상이 한 번 더 일어난다. 그래서 영아기를 제1성장급등기, 사춘기를 제2성장급등기라고 한다. 영아기 발달은 부모로부터 물려받은 유전적 특성과 양육자와의 상호작용, 외부 환경 요인에 따라 전체적인 발달이 빠르게 진행된다. 영아기 전반기에는 감각기관이 발달하고, 후반기에는 지능과 운동능력이 발달해서 자신의 신체를 조정할 수 있다. 고개조차 가누지 못하던 신생아가 기동성 있는 인물로 변하는 시기도 영아기다. 기기 · 서기 · 걷기 · 달리기 등 새로운 운동기능의 발달은 영아의 자신감을 북돋운다. 이러한 운동능력은 뇌와 신경계, 근육의 발달과 병행한다. 영아의 두뇌 발달은 생후 어느 시기보다도 급격하게 이루어진다. 영아기는 두뇌 발달의 결정적 시기이며, 이 시기의 영양 결핍은 두뇌의 성장 발달을 저해하는 요인이 된다.

1. 신체 발달

인간의 성장이 급속도로 이루어지는 시기를 성장급등기라고 한다. 출생 후 1년 사이에 신체와 뇌의 성장이 급속도로 이루어지기 때문에 영아기를 흔히 제1성장급등기라고 부른다.

우리나라 신생아의 출생 시 표준 신장은 남아가 50.8cm, 여아가 50.1cm로 남아가 여아보다 약간 큰 편이며, 영아기의 신장 발육도 남아가 여아보다 약간 우세하다. 신장은 1년 후 출생 시의 약 1.5배가 되며, 1년이 지난 후 성장 속도가 다소 둔화하여 생후 2년이 되면 성인 신장의 1/2인 대략 84~85cm 정도가 된다. 영아의 신장이 급등하는 현상은 주로 몸통과 다리 부분에서 일어난다. 이로 말미암아 출생 시의 신체 비율은

머리가 신장의 1/4을 차지하는 4등신이었으나, 18개월경에 머리가 신장의 1/5이 된다.[1)]

출생 시 체중은 남아가 3.4kg, 여아가 3.3kg으로, 체중도 남아가 여아보다 약간 우세하다. 체중은 1년 후 출생 시의 약 3배가 되어 남아는 9.8kg, 여아는 9.3kg 정도로 증가한다. 이처럼 영아기 초기에 체중이 급격하게 증가하는 것은 식욕 증가로 말미암아 지방이 축적되기 때문이다. 1년이 지나면서부터 젖살이 빠지기 시작하여 살이 단단해지고 체중의 증가속도는 점차 감소한다. 그리하여 생후 2년경에는 체중은 13kg 정도로 출생 시의 약 4배가 되며, 성인 체중의 대략 1/4이 된다. 특히, 걸음마 시기가 되면 활동량의 증가와 더불어 지방이 축적되는 대신 근육과 골격형성에 열량이 소모되면서 체중이 증가하게 된다.

연골이 많고 두개골은 아직 완전히 형성되지 않았던 뼈는 시간의 흐름에 따라 단단해져 경골화된다. 뼈의 경골화는 태내기에서 시작되어 청년기까지 계속된다. 신생아의 뼈는 성인의 뼈와 비교할 때 물과 흰자질 같은 성분을 더 많이 함유하고 있으며, 광물질이 적다. 그러므로 신생아의 뼈는 부드러워 몸을 유연하게 구부릴 수 있다. 다른 뼈와 마찬가지로 두골도 연하기 때문에 신생아가 한쪽으로만 누워 있으면 그 쪽 머리가 평평해지지 않을까 염려하는데, 두골의 모양은 나이가 들면서 점차 정상적인 모양으로 돌아온다. 신생아의 두골 중 경골화돼 있지 않은 부분인 천문(숫구멍)은 영아기에 두개골이 성장하면서 점차 닫히게 되어 생후 18개월경에는 천문이 모두 닫혀 머리 전체가 단단한 뼈로 덮이게 된다. 손뼈는 1세경에 경화되지만 다리뼈의 발달은 비교적 느리다. 성장하면서 손, 손목, 무릎, 다리뼈의 수가 증가하는데, 손목과 손뼈의 수는 1세경에 3개가 된다.[2)]

태아기에 이미 형태가 형성된 치아는 출생 시에는 잇몸 속에 20개의 유치와 여러 개의 영구치가 자리잡고 있다. 유치는 4~12개월경에 처음 나오기 시작한다. 그러나 심한 개인차로 말미암아 출생 시 이미 이가 나 있는 아기도 있고, 17개월이 되어서야

1) 머리가 신장에 차지하는 비율은 12세경에는 1/7, 성인이 되면 1/8이 된다.

2) 손목과 손뼈의 수는 청소년기 말에는 25개, 성인기에는 28개로 늘어난다.

비로소 이가 나오는 아기도 있다. 일반적으로는 6~8개월경이면 가운데 아랫니 두 개가 먼저 나오고, 약 2개월 간격으로 가운데 윗니 두 개와 양쪽 간니, 첫 번째 어금니, 송곳니, 두 번째 어금니가 각각 위와 아래로 두 개씩 나오게 된다. 유치가 나오는 순서가 불규칙하거나 아랫니보다 윗니가 먼저 나오는 경우에는 턱의 위치를 바꾸어 놓기 쉬워 얼굴 아랫부분의 형태에 영향을 주고 영구치를 치선 밖으로 나오게 한다. 유치는 크기가 작고 조직이 연할 뿐만 아니라, 뿌리도 얕게 박혀 있어서 영구치로 대치되기 전에 충치가 되기 쉽다. 암튼 2세경에는 20개의 유치가 모두 나와 성인이 먹는 음식을 먹을 수 있다(강문희 외, 2006 : 163-167).

■ '영아수영 신체발달' 맹신은 금물, 스트레스 줄 수도

"아기 수영 몇 개월부터 가능한가요?", "리조트 수영장에 들어가려면 아기가 몇 개월 정도 되어야 할까요?" 등 초보엄마들의 질문 내용도 다양하다.

수영은 전신운동으로 어려서부터 쉽게 접할 수 있는 스포츠 중 하나이다. 보통 영아수영은 아기가 목을 가눌 수 있고 체온 조절 능력이 생기는 3개월 이상부터 하도록 권장된다. 다만 이때부터 완벽하게 수영을 할 수 있다고 생각하기보다는 목욕의 연장선 정도로 여기는 것이 좋다. 또 많은 사람이 찾는 대중 수영장은 면역력이 약한 아기들이 각종 세균에 노출돼 감염될 가능성이 있으므로 12개월 이후에 가는 것이 좋다.

수영이 아이의 신체적 · 정서적 발달에 좋다는 것 때문에 모든 면에서 좋을 것이라는 맹신은 삼가야 한다. 지나침은 모자람만 못한 법, 아기의 발달 정도와 해당 시점의 몸 상태가 수영을 하기에 적합한지 충분히 고려해야 한다. 또 놀이로서의 수영은 아기들의 단조로운 활동에서 벗어나 온몸을 움직여보고, 재밌게 즐기도록 하는데 그 목적이 있다. 따라서 부모들이 아이의 신체적 · 정서적 발달을 목표 삼아 강제로 시키는 것은 오히려 스트레스를 가중시키는 격이 되므로 주의해야 한다.

출처 : 충남일보(2018. 4. 5), 김승연 을지대학교병원 소아청소년과 교수.

2. 운동 발달

영아는 신체의 성장과 함께 환경을 조작하는 능력도 급속하게 성장한다. 신체 조직의 성숙과 감각기능의 발달로 신생아기에 나타났던 단순한 반사작용이 사라지고 머리와 몸통의 통제, 손의 조절 능력, 보행 운동 능력이 발달한다.

영아기의 운동 발달은 영아가 자신의 움직임을 자발적으로 통제하는 것부터 시작한다. 원칙적으로 영아 초기의 앉고, 서고, 기는 등의 운동 발달은 주로 중추신경, 골격 및 근육의 성숙과정에 의존한다. 하지만 영아와 환경과의 상호작용 요인도 운동 발달에 영향을 미친다. 영아가 특정 행동을 수행하기 위해서는 먼저 생리학적으로 그 행동을 해낼 수 있는 능력을 갖추어야 하며, 또 그 행동을 표현할 수 있는 환경이 구비되어야 한다.

이처럼 운동 발달은 주위 환경 속에 있는 여러 가지 사물에 접하고 탐색하며, 경험하는 세계를 더욱 넓혀 갈 수 있다. 그리고 다른 사람과 관계를 맺으며 사회생활을 전개시켜 가는 데 중요한 역할을 한다(김나영 외, 2005 : 126-130).

〈표 6-1〉 영아기의 운동 발달 순서

운동 기술	평균 성취 연령	90%의 영아가 성취할 수 있는 연령 범위
손으로 받쳐 주면 머리를 똑바로 세운다.	6주	3주~4개월
엎드린 상태를 팔로 지탱하여 가슴을 일으킨다.	2개월	3주~4개월
옆으로 누웠던 상태에서 바르게 뒤집는다.	2개월	3주~5개월
주사위를 쥔다.	3개월 3주	2~7개월
바로 누웠던 상태에서 옆으로 뒤집는다.	4개월 반	2~7개월
스스로 앉는다.	7개월	5~9개월
긴다.	7개월	5~11개월
붙잡을 것에 기대어 선다.	8개월	5~12개월

다른 사람과 '까꿍'하는 놀이를 한다.	9개월 3주	7~15개월
혼자서 선다.	11개월	9~16개월
걷는다.	11개월 3주	9~17개월
주사위 두 개를 쌓는다.	11개월 3주	10~19개월
무엇인가를 힘 있게 쓴다.	14개월	10~21개월
도움을 주면 계단을 오른다.	16개월	12~23개월
그 자리에서 뛰어오른다.	23개월 2주	17~30개월
발가락을 이용해 걷는다.	25개월	16~30개월

출처 : 베일리(1969, 1993).

1) 눈과 손의 협응

눈과 손의 협응(協應, coordination)[3)]이란 손을 사용하여 조작하는 활동을 수행하는 데 있어서 눈과 손의 협동 감각 운동 능력을 뜻한다. 시각과 운동 기술을 전체적으로 통합하여 사용하는 것을 말하며, 생후 6개월에서 12개월 사이에 길러주는 것이 바람직하다. 학자에 따라서는 지각-운동 결합(perception-motor match) 혹은 시운동 통합(visual-motor integration)이라고도 하는데, 최근에는 눈-손-발 협응(eye-hand-foot coordination)으로 확대되고 있다.

영아는 손을 사용할 수 있게 되면서 외부 세계와 접촉이 시작된다. 영아가 자기 손을 움직이는 것과 눈으로 보는 것이 서로 협응이 가능해지면 사물을 다루는 조작 행동도 더 세련된다. 생후 3개월경에는 손을 폈다가 주먹을 쥐고, 자기 손을 오랜 시간 바라보기도 한다. 영아는 눈앞에 있는 사물을 잡으려고 적극적으로 손을 내지만, 그것을 잡을

3) 협응(協應, Coordination)이란 근육 · 신경기관 · 운동기관 등의 움직임을 상호조정하는 능력을 뜻한다. 즉, 머리 · 어깨 · 입 · 팔 · 손가락 등을 시각적 탐사와 연결하여 움직이는 신체적 조절능력을 말한다. 아이는 어떤 조작적 일을 완수하기 위하여 시각과 움직임을 조정하는 훈련과 신체적 성숙을 통하여 움직임을 어떤 형태로 조절하는 것을 학습하며 그 결과 조절능력이 형성된다. 영유아기는 눈과 손의 협응, 두 손의 협응, 수족의 협응 등과 같은 협응력의 획득 시기라 할 수 있다. 예컨대, 운동(motor) 협응은 효율적인 동작 패턴을 위해 개별 운동 시스템을 통합하는 능력이다. 운동 협응 능력은 신체와 사지 중추신경과 말초신경체계 간의 지속적인 상호작용을 통해 나타난다.

수 있기 위해서는 눈과 손의 협응이 이루어져야 한다. 영아는 점차 근육의 조정 능력과 함께 눈을 이용하여 자신의 행동을 안내하는 것을 학습한다. 다시 말하면, 눈으로 보는 것과 잡는 것의 두 가지 다른 도식이 서로 협조하여 눈과 손의 협응을 이룬다. 눈과 손의 협응력이 발달하면서 사물을 잡고, 입으로 가져가고, 흔드는 것이 가능하게 된다.

생후 4~5개월경에는 사물을 보고 손을 뻗기도 한다. 그러나 사물을 잡았다가 떨어뜨리고 다시 잡으려고 한다. 딸랑이와 같은 물체를 어설프게 잡고, 잡고 나서는 계속해서 쳐다본다. 생후 10개월경에는 이러한 행동이 더욱 정교해지고, 확장되어 많은 기술을 습득한다.

뇌성마비나 두뇌손상의 경우 눈과 손의 협응이 잘 이루어지지 않는다. 학습장애 아동의 경우에도 좌우 구별이나 눈과 손의 협응이 잘 이루어지지 않는 경우가 많다. 이처럼 눈과 손의 협응에 장애가 있는 아이는 다음과 같은 증상을 나타낸다.

① 물건을 조작하고 사용하는 데 어려움을 겪는다.
② 주어진 선을 따라 끝까지 그리지 못한다.
③ 그림을 그릴 때 선 밖으로 색칠하는 경우가 많다.
④ 수평선 · 수직선 · 대각선 · 곡선을 바르게 그리지 못한다.
⑤ 그림 · 글자 · 숫자를 쓰지 못한다.
⑥ 줄을 맞추어 글자를 쓰지 못한다.
⑦ 읽을 때 글자를 따라 눈이 움직이지 못한다.

2) 조작 능력

영아가 보였던 파악 반사(把握 反射, grasp reflex)[4]는 생후 3~4개월이면 사라지고, 6개

4) 파악 반사(把握 反射, Grasp reflex)란 영아의 손바닥에 무언가를 올려놓으면 빼내기 힘들 정도로 꽉 잡는 반응으로 원시 반사의 일종이다. 발바닥에서도 마찬가지로 나타나는데 손가락으로 자극하면 발가락을 앞으로 오므린다. 손바닥의 파악 반사는 생후 3~4개월 무렵 소실되고, 발바닥의 파악 반사는 8~9개월 무렵 소실되는 것이 정상이다.

월 정도가 되면 물건을 잡으려는 운동 반응이 다시 나타난다. 이때 영아는 손 전체를 사용하여 물건을 움켜 쥘 수 있으며, 7~8개월경이 되면 손으로 잡는다. 그러나 손가락의 협응이 이루어지는 7~11개월은 손가락과 엄지를 이용하여 작은 물건을 집게 되며, 12~14개월에는 두세 손가락을 사용하여 손가락 끝으로 정확하게 물건을 잡을 수 있으며, 양말이나 모자를 벗기도 한다. 18개월경이면 컵을 들고 물을 마시며, 2~3개의 작은 블록을 쌓는다. 23개월이 되면 숟가락을 사용할 수 있으며, 혼자서 옷도 벗을 수 있다.

3) 이동 운동

몸을 이동시키는 것은 영아의 호기심을 만족시키며, 신체 발달과 더불어 탐색활동을 촉진시켜 인지적 · 사회적 관심을 높여 준다. 영아는 생후 2개월경이 되면 목을 가눌 수 있게 된다. 그리고 4개월경이 되면 엎어져 있을 때 몸을 뒤집을 수 있다. 또 5개월경에는 스스로 엎을 수 있다. 엎치거나 뒤집기를 통해 목과 어깨의 근육이 발달하여 상체를 잘 통제할 수 있게 되면 혼자 앉을 수 있게 된다. 대략 4개월경부터 등을 받쳐 주면 잠깐 동안 앉는 자세를 취하며, 6개월경이 되면 도움 없이 혼자 앉을 수 있다.

발달 속도에 따라 개인차가 있으나 생후 7~9개월경이 되면 팔과 팔꿈치, 발의 힘을 이용하여 기기 시작한다. 손과 무릎으로 기는 것은 10개월경이다. 마지막 단계인 손과 발로 기는 것은 대략 12개월경이다. 대개 8개월이 지나면서 붙잡아 주면 서 있을 수 있으며, 10개월경이 되면 혼자 설 수 있다, 그리고 처음에는 발을 떼면서 균형을 잡지 못하고 쉽게 넘어지지만, 12~14개월 사이에 도움 없이 혼자 걸을 수 있다. 또 24개월경이 되면 층계의 난간을 붙잡거나 다른 사람의 손을 잡고 서서 층계를 올라갈 수 있다. 처음 올라가는 모습은 한 발을 올려놓은 뒤 다른 발을 같은 층계에 올려놓는 방식이다.

3. 뇌 발달

뇌는 모든 척추동물과 대부분의 무척추동물에 있어서 신경계의 중추가 되는 기관으로, 척수와 더불어 중추신경계를 이루는 머리뼈 내부의 기관으로 신경계의 최고위 중추이다. 주로 신경세포와 신경섬유로 구성되어 있으며, 풍부한 혈관조직들과 경막, 지주막, 연막의 3겹의 뇌막으로 둘러싸여 있다. 뇌는 형태와 기능에 따라 대뇌, 소뇌, 뇌줄기로 나누어지며, 뇌줄기를 더 세분하면 중간뇌, 다리뇌(교뇌), 숨뇌(연수)로 나누어진다. 아래로는 척수와 연결되어 있으며, 뇌척수액(cerebrospinal fluid)이 뇌와 척수의 안팎으로 순환한다. 풍부한 혈관조직을 갖고 있으며, 뇌혈관은 혈액뇌장벽(blood brain barrier)이라고 하는 구조를 갖고 있어 독성물질로부터 뇌를 보호한다. 운동, 감각, 언어, 기억 및 고위 정신기능을 수행하며, 각성, 항상성의 유지, 신체대사의 조절 등 생존에 필요한 환경을 유지한다.

두뇌의 성장과 발달은 그 속도가 일정하지 않으며, 뇌의 각 부분은 발달이 활성화되고 촉진되는 시기가 다르다. 뒤통수엽(후두엽)과 관자엽(측두엽)은 생후 3~4개월부터 발달하며, 마루엽(두정엽)은 영아기 후기에서 학령전기까지, 뇌 앞쪽에 위치한 이마엽(전두엽)은 유아기부터 매우 빠르고 집중적으로 발달이 이루어진다(이영 외, 2017 : 169-171).

■ 사람의 뇌가 크면 지능이 더 좋을까?

뇌의 크기는 보통 무게로 나타내는데 일반적인 성인의 뇌는 약 1.50kg이다. 지금까지 알려진 사람의 뇌 가운데 가장 작은 것은 0.45kg, 가장 큰 뇌는 2.30kg인데 둘 다 지능은 보통이었다. 동물 중에서는 고래의 뇌가 5~8kg 정도로 가장 크지만, 잘 알려져 있다시피 인간보다는 지능이 훨씬 낮다.

그렇다면 뇌의 무엇이 지능과 관련이 있을까? 고래의 몸에서 뇌가 차지하는 비율은 약 2,000분의 1로 매우 작다. 하지만 사람은 약 50분의 1로 지구상의 어떤 동물보다 그 비율이 높다. 사람과 가깝다는 침팬지나 오랑우탄 같은 유인원도 몸 전체에서 뇌가 차지하는 비율은 100분의 1에 불과한 정도다. 이처럼 사람의 몸 전체에서 차지하는 뇌 비율이 다른 동물보다 큰 것은 대뇌가 뇌의 대부분을 차지할 정도로 크게 발달했기 때문이다.

뇌와 신경계 발달은 생후 첫 1년 동안 매우 빠르게 이루어진다. 신생아의 뇌 무게는 성인 뇌의 대략 25%인 350~400g 정도이나 6개월경에 성인 뇌의 50%가 되며, 만 2세경에는 성인의 75%에 이르게 된다. 머리둘레의 크기는 출생 시 34cm 정도이나 6개월경에는 42cm, 만 2세경에는 48cm로 커진다. 뇌의 무게 증가 및 크기의 성장과 함께 뇌 구조 역시 첫 1년 동안 급속하게 발달하는데, 그 이후 아동기까지 정교한 뇌 회로의 발달이 지속된다.

뇌 발달에 가장 기본이 되는 과정은 신경계의 가장 기본단위인 ① 뉴런의 증식, ② 뉴런의 이동 및 분화, ③ 시냅스의 발달, ④ 시냅스와 뉴런의 선택적 소멸의 네 단계로 이루어진다. 신경계는 수정 후 2주가 지나면서부터 형성되기 시작하여 신경관이 만들어지고, 전뇌, 중뇌, 후뇌로 분화되며, 그 나머지는 척수가 되는데, 신경계 발달은 뇌의 구조 및 신경세포의 기능 발달과 밀접한 관련이 있다(이영 외, 2015 : 160).

뉴런(Neuron)은 핵과 세포질로 구성되어 있으며 돌기는 짧은 수상돌기와 긴 축색(축삭)돌기 2종이다. 신경돌기를 가로질러 신경섬유가 이어지는데, 둘레는 여러 겹의 수초로 덮여 있으며, 겉은 슈반초라는 얇은 막으로 쌓여 있다. 축색돌기에는 랑비에의 결절(node of Ranvier)이라고 하는, 수초로 덮여 있지 않은 부분이 있다. 수초는 절연체 역할

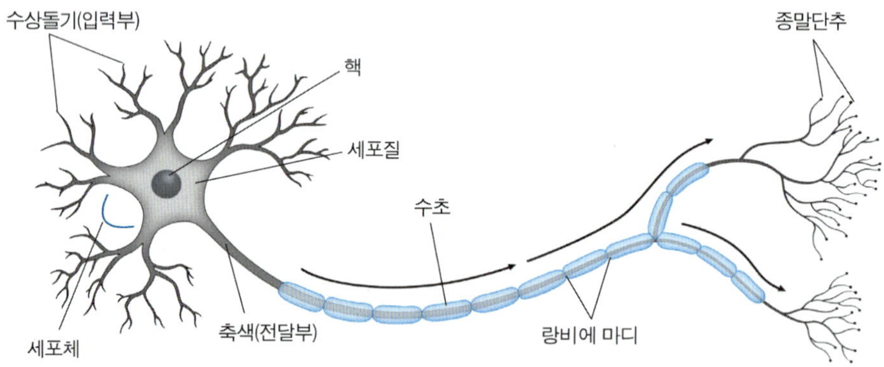

[그림 6-1] 뉴런의 구조[5)]

출처 : https://terms.naver.com

5) 뉴런의 구조는 이 책 제9장 유아기의 뇌발달에서도 [그림 9-8]로 제시하고 있으니 참조하기 바란다.

을 하여 흥분전도 속도를 증가시킨다. 수초가 있는 신경을 유수신경이라고 하는데, 이 신경이 원구류 이외의 척추동물의 신경을 구성하고 있다. 척추동물의 교감신경 섬유나 무척추동물의 신경에는 수초가 없는 것도 있으며, 이 신경은 무수신경이라고 한다.

뉴런의 목적은 다른 뉴런이나 세포에 정보를 전달하는 것이다. 수상돌기와 세포체는 정보를 받고, 축색돌기와 말초신경섬유는 정보를 보내는 기능을 담당한다. 인간이 평생 갖게 될 1~2천 억 개의 뉴런은 뇌의 성장급등기가 시작되기 전인 임신 6개월경에 이미 다 형성된다. 2개의 뉴런이 연결되는 지점, 즉 뉴런의 말초신경섬유와 또 다른 뉴런의 수상돌기가 연결되는 부분을 시냅스라고 하는데, 대부분의 시냅스는 출생 후에 형성되며 그 수는 대단히 많다. 시냅스 형성과 수초화는 영아기 동안 급속하게 이루어진다. 시냅스는 신경전달의 효율성을 최대한 키우기 위해 끊임없이 소멸·생성되고 커지거나 작아지는 등의 변화를 겪는데, 이는 영아의 내외적 환경과의 상호작용에 의해 영향을 받게 된다.

뇌의 구조는 [그림 6-2]에서와 같이 ① 대뇌, ② 사이뇌(간뇌), ③ 소뇌, ④ 중간뇌, ⑤ 다리뇌(교뇌), ⑥ 숨뇌(연수)로 구성되어 있다.

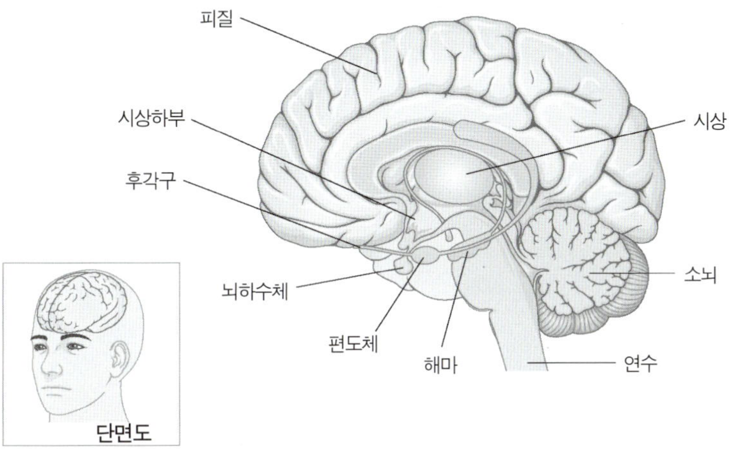

[그림 6-2] 뇌의 구조[6)]

출처 : https://terms.naver.com

6) 뇌의 구조는 이 책 제9장 유아기의 뇌발달에서도 [그림 9-7]로 제시하고 있으니 참조하기 바란다.

인간의 뇌에서 3/4을 차지하는 가장 큰 부분인 대뇌는 좌우 두 개의 반구로 이루어져 있으며, 넓게는 사이뇌까지 포함시켜 말하기도 한다. 사고와 언어, 감정과 기억 등 고등한 정신활동을 담당하며, 고등 동물일수록 크게 발달되어 있다. 특히, 인간의 뇌는 다른 어떤 동물보다도 크고 표면에 주름이 많다. 머리 뒤쪽에 있는 소뇌는 150g 정도로 작으며, 표면에 있는 자잘한 주름이 특징이다. 평형기관에서 전달된 정보를 바탕으로 몸의 균형을 유지하며, 대뇌겉질이 내린 운동 지시가 제대로 이루어지도록 우리 몸의 근육을 선택하여 어느 정도 움직이게 할지를 판단한다. 운동선수들이 보통 사람들보다 훨씬 빠르고 정교하게 움직일 수 있는 것은 체력 단련을 하는 동안 소뇌가 함께 발달한 덕분이다.

뇌줄기(뇌간)는 뇌에서 대뇌와 사이뇌, 소뇌를 제외한 나머지 부분을 이르는 말로, 대뇌와 척수 사이를 연결한다. 대뇌나 소뇌가 의식적인 활동을 조절하는 반면, 뇌줄기는 호흡과 소화, 혈액 순환 등 무의식적인 생명 유지 기능을 담당하기 때문에 '생명의 뇌'라고 불리기도 한다. 뇌줄기는 중간뇌와 다리뇌(교뇌), 숨뇌(연수)로 구성되어 있다. 뇌의 정중앙에 위치한 중간뇌는 눈의 운동과 눈동자의 크기를 조절하고, 그 아래쪽의 다리뇌는 중간뇌와 숨뇌를 소뇌와 연결해 준다. 숨뇌는 호흡과 순환을 조절하며 침 분비, 하품, 재채기와 같은 무의식적인 활동을 일으켜 몸의 상태를 일정하게 유지하는 기능을 한다.

■ 영아기의 즐거운 경험이 지능 발달로 이어진다!

엄마들이 가장 관심 많고 발달시키고 싶은 곳인 3층뇌는 어떻게 발달할까? 진정한 지능 발달을 이루어 학습을 가능케 하고, 인지적인 성취를 이루게 해주는 부위가 바로 3층뇌이다. 3층뇌로 하여금 인간은 만물의 영장이 될 수 있었고, 21세기 문명의 세계가 열리게 되었다.

3층뇌는 사고와 학습을 관장하는 대뇌피질로, 이른바 '이성뇌'라고 일컫는다. 3층뇌는 뇌 전체 중 80%를 차지하는 가장 큰 부위이고, 가장 오랜 기간 성장하면서 환경의 영향을 가장 많이 받는 부위이기도 하다. 그런 이유로 부모의 양육태도가 가장 중요한 영향을 미치는 부위라고 할 수 있다. 3층뇌를 '이성뇌'라고 부르는 이유는 영아기 말경부터 30세에 이르기까지 장기간 비로소 인간다운 사고기능과 학습, 이성적 판단, 책임감 등을 발달시키기 때문이다.

뇌전문가들은 '조기교육'이 아니라 '적기교육'을 주장한다. 무조건 일찍부터가 아니라, 뇌가 성장하는 속도에 맞춰 자극이 제시돼야 한다는 뜻이다. 1층뇌와 2층뇌가 발달된 후에, 학습자극이 제시돼야 3층뇌가 적절히 그 자극을 수용하고 이해하는데, 그렇지 못한 상태에서 학습자극만 제시되는 것은 3층뇌 발달을 저해한다. 즉, 엄마와의 친밀한 접촉이나 감정적인 지지 없이 학습을 강요당할 때, 3층뇌는 부실해진다. 그 결과 아이는 사고와 학업에 집중하지 못하고 식욕과 공격성이 가중될 수 있다.

그러므로 영아기는 강요가 아니라 다양한 경험을 즐겁게 하는 기회를 제공하는 것이 중요하다. 30대에 세계적인 업적을 이룬 대가(大家)들의 영유아기를 연구한 보고서에 의하면, 음악가의 경우 영아기에 집에는 늘 음악소리가 흐르고, 세계적인 테니스 선수의 경우 부모님이 테니스 치는 장면을 유모차에서 늘 바라본 경험이 잦았다.

출처 : http://www.ibabynews.com, 칼럼니스트 이기선.

Chapter 07

인지 · 언어 발달

● 학습목표 ●

1. 영아의 시 지각과 소리 지각 발달을 이해할 수 있다.
2. 대상 개념을 이해하고, 대상 영속성 개념을 설명할 수 있다.
3. 영아의 학습과 모방을 이해하고, 설명할 수 있다.
4. 영아의 언어 발달을 이해하고, 설명할 수 있다.

19세기까지만 해도 신생아나 영아는 아무것도 지각할 수 없고, 자신들이 접하는 환경에 대해 아무런 의미를 형성할 수 없어서 완전히 혼란스러운 지각적 세계를 경험한다고 알고 있었다. 그러나 실제 영아는 훨씬 많은 것을 지각할 수 있다. 이는 현대 영아가 19세기 영아보다 보고 듣는 능력이 더 발달한 것이 아니라, 그동안 영아의 지각적 능력을 측정하는 방법이 개발되면서 알게 된 사실이다. 그러나 아직도 영아의 지각 능력을 연구하는 것은 어렵다. 영아의 인지 발달에는 시각적 · 청각적 · 후각적 · 촉각적 자극이 필요하다. 특히, 언어적 상호작용이 매우 중요한 역할을 한다. 오직 인간만이 언어를 사용하므로 사고의 도구, 행동(자신은 물론 다른 사람의 행동) 조정의 도구, 의사소통(감정 표현, 상황이나 사상의 표현 · 전달 등)의 도구기능을 가지고 있다. 언어는 지적 활동의 중요한 매개체이며, 다른 사람과의 관계형성에 기본이 된다. 언어는 자신의 생각을 표현하거나 주위 환경을 이해하는 데 필수적이므로, 영아의 인지 발달과 사회성 발달에 밀접하게 연결돼 있다.

1. 지각과 인지 발달

1) 시(視) 지각 발달

인간은 환경을 탐색하는 데 다른 어떤 감각기관보다 시각(視覺)에 더 의존한다. 즉, 감각 정보의 80% 정도가 시각을 통해서 들어온다. 그럼에도 시각은 인간의 감각능력 중 가장 늦게 성숙한다. 그 이유는 출생 시 시각 조절에 필요한 뇌 회로가 충분히 성숙해 있지 않아서다. 신생아의 시각은 비교적 발달되지 않은 상태이다. 눈의 크기가 작고, 망막 구조가 불완전하며, 시신경도 덜 발달돼 있다. 그래서 우리는 영아의 지각에 대해 의문을 가질 수밖에 없다. 이들이 과연 볼 수 있는가? 이는 전적으로 시력 측정의 문제 때문이다. 성인들은 시력표를 보여 주고 측정하면 된다. 그러나 영아에게는 그렇게 할 수가 없기 때문이다. 따라서 영아에게는 눈앞에 주어진 두 자극을 구별할 수 있는지를 측정한다(최현석, 2009).

먼저, 영아의 눈앞에 그림을 두 개 보여 주고 관찰자는 영아의 눈을 관찰한다. 만약 영아가 어느 하나를 오랫동안 쳐다보면 두 자극을 구분할 수 있다고 해석한다. 그리고 두 자극의 차이를 점차 줄여 가다가 두 자극을 구별할 수 없어지면, 이 시점이 영아의 시력이 된다. 시력을 측정하는 또 다른 방법은 뇌 활동으로 나타나는 전기적 신호를 측정하는 것이다. 영아가 눈앞에 주어진 자극을 뇌에서 지각하면 뒤통수의 시각피질에 전기적 변화가 나타날 것이다. 그러므로 반응이 없다면 눈앞에 주어진 자극을 지각하지 못했다고 해석할 수 있다.

이러한 방법으로 영아의 시력을 측정한 결과에 따르면, 생후 1개월째에는 50cm 떨어진 엄마의 얼굴을 단지 뭔가 있다는 정도로밖에 지각하지 못한다. 갓 태어난 아이의 시력을 굳이 수치로 말해 본다면 0.05 정도의 심한 원시라고 할 수 있다. 그러나 엄마를 다른 사람과 구별할 수는 있다. 엄마에게서 풍기는 냄새나 목소리를 통한 구별 가능성을 배제하기 위해 엄마의 얼굴을 비디오 화면으로 보여 준 경우에도 엄마의 얼굴에 반응하는 것으로 이를 확인할 수 있다. 그러나 엄마가 머리에 스카프를 쓴다든지 하는 식으로 겉모양을 바꾸면 엄마의 얼굴을 구별하지 못한다.

생후 3~4개월이 지나면 사람 얼굴의 윤곽을 알아보고, 행복한 얼굴과 놀라거나 화난 또는 무표정한 얼굴을 구분할 수 있다. 사물이 움직이면, 그것을 따라 시선을 옮길 수도 있다. 색채에 대한 지각도 이때 발달하여 빨강, 파랑, 노랑을 구별한다. 그러다가 시력은 생후 6~9개월에 걸쳐서 빠르게 좋아지고, 1년이 지나면 사물을 대략 구별할 수 있을 정도가 된다.

시력이 발달하는 과정에는 성장 환경이 반영된다. 6개월 된 영아는 인간과 원숭이 얼굴 모두를 구분할 수 있지만, 9개월 된 영아는 인간의 얼굴만을 구분할 수 있다. 왜 이런 현상이 일어날까? 만약 6~9개월 사이에 사람보다 원숭이와 더 많은 시간을 보냈다면, 원숭이 얼굴을 더 잘 구별했을 것이다. 이 사실은 영아에게 사람 얼굴 사진 두

장을 같이 보여 주고, 다음에 원숭이 얼굴 사진 두 장을 보여 주면서 영아가 각 자극을 바라보는 시간을 측정한 실험결과로 밝혀졌다.

먼저, 영아에게 한 사람의 얼굴 사진에 친숙해지게 한다. 그 다음 이 친숙한 얼굴과 새로운 얼굴 사진을 동시에 보여 준다. 이때 영아가 두 얼굴 중 어떤 것을 오래 바라보는지를 측정한다. 영아는 새로운 자극을 더 오래 보는 경향이 있기 때문에 만일 새로운 얼굴을 더 오래 바라본다면 이는 영아가 두 얼굴을 구분할 수 있다는 것을 의미한다. 원숭이 얼굴 사진을 가지고도 같은 방법으로 진행한다.

이러한 실험에 따르면, 6개월 된 영아는 사람 얼굴이나 원숭이 얼굴이나 똑같이 구별하지만, 9개월째가 되면 원숭이 얼굴을 구별하는 능력을 상실한다. 즉, 영아는 자주 접하는 자극을 좀 더 잘 구별할 수 있도록 선택적으로 지각능력을 발달시켜 간다. 그래서 성인이 되면 자기가 속한 사회의 사람들 얼굴은 쉽게 구별하지만, 외국인의 얼굴은 구별하기가 어려워진다. 동물의 얼굴은 더욱 구별하기 어려워진다(최현석, 2009).

2) 소리 지각 발달

소리에 대한 민감성은 영아와 성인 모두 소리의 높낮이(pitch)에 따라 달라진다. 중간 정도의 소리와 비교할 때, 성인은 높은 소리와 낮은 소리에 대해서는 덜 민감하지만, 영아는 높은 소리와 낮은 소리에 더 민감하다. 높낮이가 다른 소리를 구별할 수 있는 능력은 생후 2년에 걸쳐 빠른 속도로 향상된다.

영아는 여러 가지 소리 가운데서 사람 목소리에 가장 먼저 반응을 보이며, 사람 목소리에 대한 변별능력뿐만 아니라, 여러 종류의 소리 간의 구별능력도 높다. 생후 2개월 된 영아는 바이올린 활을 이용하여 내는 소리와 줄을 튀기며 내는 음악적 소리를 구별할 수 있으며, 12개월경에는 두 개의 멜로디가 조금만 다르게 연주되더라도 두 멜로디가 다르다는 것을 구별할 수 있다(Jusczyk et al., 1977; Morrongiello, 1986).

영아는 말을 하기 오래 전부터 주변 사람들의 말소리에 적극적으로 귀를 기울인다. 2~3개월 된 영아는 모국어든 외국어든 관계없이 성인이 내는 거의 모든 음소의 차이를 구분할 수 있으며, 자신의 언어 환경에서 사용하지 않는 소리를 지각할 수 있는 능력은 성인보다 더 정확하다. 이처럼 영아가 자신의 언어 환경에서 사용하지 않는 소리를 선별하기 시작한다는 것은 영아가 언어를 획득할 준비를 갖추고 있다는 뜻이다.

생후 6개월 이후에는 말의 의미를 파악하는데, 중요한 언어 단위에도 관심을 갖는다. 허시 파섹 등(Hirsh-Pasek et al., 1987)의 연구에서, 어머니로 하여금 두 가지 방법으로 이야기책을 읽게 한 뒤 그것을 녹음하여 영아에게 들려주면서 영아의 반응을 살펴보았다. 7개월 된 영아는 어머니가 책을 읽으면서 부적절하게 띄어 읽기를 할 때보다 적절하게 띄어 읽기를 할 때 더 좋아하였다.

이상의 연구에서, 영아는 훌륭한 소리 지각 능력을 일찍부터 갖추고 있음을 알 수 있다. 영아의 이러한 소리 지각 능력은 언어 발달뿐만 아니라 사회성 발달에도 중요한 기능을 한다(최보가 외, 2001 : 160-161).

3) 지각의 통합능력

일반적으로 우리는 외부로부터 정보를 받아들일 때 한 번에 한 개의 감각기관을 통하는 것이 아니다. 적어도 한 개 이상의 감각기관으로부터 동시에 자극을 받아들여 이를 통합한 정보를 얻는다. 영아도 성인처럼 여러 감각을 통해서 들어온 정보를 관련 짓고 통합시켜 세상을 지각한다(Meitzoff, 1990).

영아는 물체를 보지 않고도 촉각 자극과 시각 자극을 연결시킬 수 있다. 멜조프와 버튼(Meltzoff & Borton, 1979)의 연구에서, 생후 1개월 된 영아에게 고무젖꼭지를 보여주지 않고, 표면이 매끄러운 고무젖꼭지와 표면이 울퉁불퉁한 거친 고무젖꼭지 중 하나를 빨게 하였다. 그리고 두 개의 고무젖꼭지를 영아에게 보여주자 영아는 자신이 혀로 빨았던 고무젖꼭지를 더 오래 쳐다보았다.

영아는 시각 자극과 청각 자극 또한 잘 연결시킬 수 있다. 3~4개월 된 영아는 성인의 움직이는 입 모양과 그에 해당하는 말소리를 서로 연결시킬 수 있으며, 7월 된 영아는 행복한 목소리와 화난 목소리를 그에 대응하는 얼굴 모습과 연결시킬 수 있다.

이러한 일련의 연구에서, 영아는 우리가 지금까지 생각해 온 것보다 세상에 대해 훨씬 더 많은 것을 알고 있다고 말할 수 있다. 영아가 새로운 자극에 접하는 것은 대개 한 번인 경우가 보편적인데, 이처럼 빨리 지각의 통합을 획득한다는 것은 매우 놀라운 일이다. 따라서 영아의 지각 통합능력은 선천적이며, 영아가 발달함에 따라 분화돼 나간다고 말할 수 있다(최보가 외, 2001 : 161).

4) 대상 영속성

성인은 물체가 단순히 세상에서 갑자기 사라지지 않는다는 것을 이해한다. 예를 들어 만약 공이 굴러 다른 물체 뒤로 간다면 우리는 그 물체 뒤에서 공을 찾거나 장애물을 제거하고 공을 꺼낸다. 피아제는 8개월 이하의 영아가 이와 같은 상황에서 물건이 사라질 경우 물건을 찾으려고 하지 않는다는 것을 발견했다. 영아는 물체가 보이지 않으면 다른 물체로 주의를 옮긴다. 피아제는 이러한 관찰에 대한 설명으로, 이는 영아가 물체를 꺼낼 수 있는 신체적 능력이 부족하거나 흥미를 잃어서가 아니라고 주장했다. 그는 보이지 않는 물체가 계속 존재한다는 사실을 영아가 모르기 때문이라고 말했다.

대상 개념은 영아가 우리 자신을 포함하는 모든 대상이 독립적인 실체로서 존재하며, 대상에서 자신이 이동하여 보이지 않게 되거나, 대상이 숨겨지거나 하여 대상이 눈앞에서 사라져도 그 대상이 여전히 존재한다는 것을 아는 대상 영속성과 눈앞에서 사라진 대상이 한 장소에서 다른 장소로 이동할 수 있다(대상 이동 개념)는 것을 이해하는 것이다.

피아제는 대상 영속성 개념을 대상이 보이지 않아도 그것이 존재하고 있는 것으로 알고 있는지 없는지에 따라 설명하려고 했다. 그러나 바우어(Bower, 1979)는 대상 영속성 개념을 여러 장소에서 나타나는 대상의 동일성 인식이라고 하였다. 즉, 영아는 첫째, 동일 대상이 다른 장소에 출현할 수 있고, 둘째, 다른 대상이 동일 장소에 존재할 수 있으며, 셋째, 어느 장소에서 다른 장소로 가기 위해서는 이동이 필요하다는 것을 발달과정에 따라서 이해한다고 보았다.

피아제는 대상 연속성 개념의 발달을 감각운동기의 발달 단계와 병행하여 설명하였다. 먼저, 감각운동기의 초기단계에서 영아는 눈앞에 있던 흥미로운 대상이 사라져버리면 곧 그것에 대한 흥미를 잃고 찾을 생각을 하지 않는다. 이 시기는 영아가 아직 시야에서 사라진 대상이 존재한다는 사실을 이해하지 못하고 있는 것으로 보인다.

감각운동기 3단계(생후 4~8개월)에 이르면, 영아는 보자기에 숨겨진 친숙한 대상의 일부가 보이면 그것을 찾아낼 수 있으나, 완전히 가려져 전혀 보이지 않으면 찾아보려는 시도를 하지 않는다. 이 시기는 영아의 대상 영속성 개념이 나타나기 시작하지만, 아직 완전히 확립되지는 않았다는 것을 뜻한다.

그러다가 감각운동기 4단계(생후 8~12개월)에 이르면, 영아는 눈앞에서 완전히 사라진 대상을 스스로 찾아냄으로써 대상 영속성 개념을 완전히 획득한 것을 보인다. 그러나 대상을 감춘 장소를 영아가 보는 앞에서 이곳저곳으로 옮겼을 때, 영아는 처음에 감추었던 곳에서 대상을 찾으려 한다. 이 단계에서는 숨긴 장소의 위치 이동, 즉 대상 이동 개념을 아직 이해할 수 없기 때문이다.

감각운동기 5단계(생후 12~18개월)가 되면, 영아가 보는 앞에서 대상을 이곳저곳으로 옮기면 영아는 정확하게 마지막에 감춘 장소에서 대상을 찾아낸다. 이것은 대상 이동 개념이 획득되었다는 것을 보이는 것이다. 그러나 영아가 보지 못하도록 하고 장소를 옮기면 옮긴 장소에서 대상을 찾지 못한다. 그 이유는 영아는 보이는 이동은 이해하지만, 보이지 않는 이동은 아직 이해하지 못하기 때문이다.

감각운동기 6단계(생후 18~24개월)가 되면, 영아가 보지 않은 데에서 대상을 이곳저곳 여러 곳으로 옮겨 이동시켜 놓아도, 영아는 이 모든 장소를 탐색하여 대상을 찾아낸다. 그 이유는 대상이 보이지 않는 위치에 이동해도 그 대상은 사라지는 것이 아니라, 어딘가에 계속 존재하고 있다는 것을 확신하는 완전한 대상 이동 개념을 획득하였기 때문이다. 이처럼 대상 연속성 개념은 대상 이동 개념과 밀접한 관계가 있다(김나영 외, 2005 : 146-150).

한편, 대상 영속성은 애착 형성 능력과도 관련이 있다. 영아는 대상 영속성 개념을 획득해야 애착 대상이 시야에서 사라지더라도 그 애착 대상과의 안정된 관계를 유지할 수 있다. 따라서 7~9개월 된 영아가 대상 영속성 개념을 획득하기 시작하는 이 시기에 첫 애착이 형성되는 것은 자연스러운 현상이다. 대상 영속성 개념 획득이 빠른 영아는 어머니로부터 분리되었을 때 격리 불안을 나타내지만, 대상 영속성 개념 획득이 느린 영아는 격리 불안을 거의 나타내지 않는다.

■ 까꿍놀이

생후 7개월이 지나면 눈앞에 있던 물건이 없어져도 영원히 사라지는 것이 아니라 존재한다는 대상 영속성의 개념이 생기는 시기로 까꿍놀이를 하기에 좋다. 얼굴을 손바닥이나 수건 등으로 가렸다가 '까꿍' 하며 나타나는 놀이도 좋고, 이불이나 수건 속에 장난감을 숨겼다가 '까꿍' 하며 보여주는 것도 좋다. 처음에는 한 부분을 살짝 보이도록 숨겼다가, 나중에는 완전히 숨긴 뒤 보여준다. 반대로 수건을 아기 얼굴 위에 씌웠다가 '까꿍' 하면서 수건을 들어 올린다거나 아기의 손으로 눈을 가리게 했다가 손을 떼게 하는 등 다양한 방법으로 까꿍놀이를 한다. 기억력과 집중력 발달에 도움이 된다.

출처 : https://terms.naver.com/

5) 초기의 기억

영아의 기억능력에 대한 연구는 가끔 습관화(habituation) 현상으로 설명하고 있다. 습관화란 같은 자극을 반복하여 제시할 때 신기성이 없어져 그것에 주의를 하지 않고 점차 무심하게 되는 현상을 말한다. 그러나 새로운 자극이 제시되면 다시 반응이 회복하여 적극적인 반응이 나타나는데, 이것을 탈습관화(dishabituation)라고 한다.

생후 8주까지의 영아는 같은 시각적 자극을 16회 반복하여 제시하여도 처음에 제시했을 때와 나중에 제시했을 때의 반응 차이가 없었다. 그러나 8주 이후가 되면 같은 자극을 16회 정도 반복하여 제시하면 싫증을 내어 눈을 돌린다는 것이 밝혀졌다. 그 이유는 습관화 현상이 나타났기 때문이다. 뮤센(Mussen, 1974)의 연구에서, 생후 10~16

주 된 영아에게 상하로 움직이는 공을 수 분간 보이고, 다음날 같은 공이 상하로 움직이는 것을 보여주었을 때 이것을 처음 보는 영아보다 쉽게 싫증을 내었다. 또 같은 얼굴의 그림을 10초씩 제시한 후에 11회째에는 바둑판 모양의 그림을 제시하면 놀랄만한 주의를 나타내는 탈습관화 현상이 나타났다. 이처럼 새로운 자극과 전에 제시된 자극과 차이를 인지할 수 있는 것은 과거의 것에 대한 기억이나 그와 비슷한 무엇을 갖고 있지 않으면 가능하지 않다. 따라서 생후 2~3개월 된 영아는 이미 기억능력이 존재한다고 보아야 한다.

피아제도 기억을 회상(回想) 기억과 재인(再認) 기억으로 나누었으며[1], 재인 기억은 아주 이른 시기인 신생아의 감각운동적 도식 때부터 나타난다고 하였다. 예를 들면, 아기가 젖을 빨다가 유두를 놓쳐도 그것을 재인할 수 있으며, 눈으로 쫓고 있던 대상을 순간적으로 놓쳐도 다시 재인할 수 있다. 또 피아제는 생후 12개월이 채 안 된 영아는 일정한 시간 동안 사물을 감추었다가 다시 보여주었을 때 그것을 이전의 사물과 동일시가 가능한 재인 기억은 대상 영속성 개념이 발달하는 생후 8~9개월경부터 기능하며, 눈앞에 없는 대상을 기억 속에서 이끌어 내는 회상 기억은 지연모방(遲延模倣)[2]이 시작되는 18개월 이후에야 가능하다고 하였다.

고트프리트와 로즈(Gottfried & Rose, 1980)의 연구에서, 생후 12개월 된 영아에게 여러 형태의 사물을 제시하고 그것을 만지도록 하였다. 그리고서 밝은 조명(형태를 직접 알아볼 수 있을 정도)과 어두운 조명(형태만을 느낄 수 있을 정도)의 두 조건에서, 만져본 형태

1) 회상 기억(Recall memory)이란 받아들인 정보를 자극과 반응의 관계로 기억과정에서 인출하는 정신기능을 의미한다. 회상의 세 가지 유형은 자유 회상, 연속 회상, 단서 회상이 있다. 회상 기억 과정에서 아동은 이전 학습된 내용의 자극 항목들에 대한 표상을 만들고, 이 표상을 기억 속에 있는 표상과 연결시켜 확인하는 과정을 거치게 된다. 재인 기억(recognition memory)이란 특정 항목이 정해진 맥락에서 제시되었었는지를 결정하는 일을 말한다.

2) 지연모방(Delayed imitation)이란 피아제의 인지발달단계 중 감각운동기에 나타나는 특징으로서, 어떤 행동을 목격한 다음 일정한 시간이 지난 후에 그 행동을 자발적으로 재연하는 것을 말한다. 피아제는 친구 집에서 친구의 딸이 방바닥에서 뒹굴며 트집을 부리는 모습을 놀라워하며 지켜본 자신의 18개월 된 딸이 3일 뒤에 그 행동을 그대로 모방하는 것을 관찰하고, 이 무렵에 지연모방이 획득된다는 사실을 확인하였다. 이 단계는 영아의 지적 능력이 놀랄 정도로 많이 성장하는 시기로, 눈앞에 없는 사물이나 사건을 생각으로 그려 내기 시작하고, 실행하기 전에 머릿속에서 먼저 생각한 다음 행동한다. 전 단계처럼 시행착오 과정을 거치며 문제를 해결하는 것이 아니라, 행동하기 전에 상황에 관한 사고를 하기 때문에 문제를 더 빨리 해결할 수 있다. 즉, 지연모방이 가능하다는 것은 아동이 관찰한 사태를 표상의 형태로 저장하고 있음을 입증하는 하나의 예가 된다.

의 친숙한 사물과 몇 개의 새로운 형태의 사물을 같이 제공하였다. 영아는 두 조건 모두 만져본 형태의 친숙한 사물보다 새로운 형태의 사물을 더 많이 만지고, 더 많이 입에 넣었다. 이러한 결과는 12개월 된 영아도 촉각적 재인 기억, 즉 만져서 사물을 기억하고 재인하는 능력을 가지고 있다는 것을 말해 준다(김나영 외, 2005 : 150-151).

2. 학습과 모방

다른 사람의 행동을 관찰함으로써 새로운 행동을 학습하는 것을 모델링(modelling, 모방 학습)이라고 한다. 이는 반두라가 정립한 사회학습이론의 핵심적 용어이다. 반두라는 조건반사나 시행착오 학습만으로는 일상 속에서 나타나는 모든 학습을 설명할 수 없다고 보고, 모방 학습(모델링)이라는 새로운 원리를 통해 인간의 학습과정을 설명하고자 했다. 모방의 고전적인 정의는 '행동이 이루어지는 것을 관찰함으로써 해당 행동을 하는 것을 배우는 것(Thorndike, 1898, Byrne, 2002, 재인용)'이다. 모방 반응은 신생아부터 성인까지 사람 간 상호작용에서 빈번하게 관찰되는 현상으로 신속하게 사회적 학습을 가능하도록 하는 기제로 여겨진다[3](https://terms.naver.com/).

우리는 타고난 흉내쟁이이다(Myers, 2007, 신형정 · 김비아 역, 2008). 아기를 가까이에서 관찰하면 어렵지 않게 모방 행동을 관찰할 수 있다. 생후 1년이 지난 영아는 부모의 전화 받는 행동을 따라 하거나 물티슈로 바닥을 닦는 흉내를 낸다. 영아는 처음 보는 새로운 행동도 곧잘 따라 할 뿐만 아니라, 시간이 다소 흐른 뒤에도 관찰했던 대상이 한 행동을 기억하고 모방하는 반응을 나타낸다. 멜조프(Meltzoff, 1988)는 14개월 영아 앞에서 머리로 등을 켜는 새로운 행동을 보여 주었다(머리-등 과제). 일주일 후 영아가

3) 그뿐만 아니라, 어린 아동기의 모방 반응은 아동이 다른 사람의 행동을 어떻게 해석하는지에 대한 단서를 제시함으로써 아동의 '행동 이해 발달'을 규명하는 데 중요한 실마리를 제공한다.

다시 실험실에 방문했을 때 이 중 과반수 이상이 일주일 전에 봤던 머리로 등을 켜는 행동을 모방했다. 이처럼 "아이 앞에서 냉수도 함부로 못 마신다."라는 옛말의 근거는 생후 초기의 아기를 대상으로 한 실험결과에서도 찾아볼 수 있다.

그렇다면 영아는 무분별한 흉내쟁이일까? 먼저 대답은 '아니다'이다. 영아는 타인의 행동을 모방할 때 겉으로 나타나는 움직임을 따라 하는 것이 아니라, 타인이 어떤 마음을 갖고 행동하는지, 즉 '의도'를 이해하여 모방한다. 실험자가 아령의 한쪽 끝을 분리하려고 잡아당기다 손이 미끄러져 실패하는 동작을 본 18개월 영아는 아령을 받았을 때 아령을 성공적으로 분리했다(Meltzoff, 1995). 만약 영아가 타인의 행동의 움직임 요소를 복사기처럼 따라 한다면, 아령을 당기다가 미끄러지는 동작을 나타내야 할 것이다. 하지만 영아는 실험자가 의도했던 아령의 한쪽 끝을 분리하는 행동을 보였고, 이는 행동 모방이 타인의 심리상태에 기초한다는 것을 가리킨다. 또한, 행동을 하는 사람에게 의도가 있는지 없는지에 따라 모방하는 정도가 달라진다. 행동을 하는 사람이 실수로 벌어진 일이라는 것을 언어 표현으로 나타냈을 때(예를 들어 "이크, 이런(Oops)!"이라고 말했을 때)보다 의도적인 행동임을 나타냈을 때(예를 들어 "자, 자(There)!"라고 말했을 때) 14~18개월 영아는 시연된 행동을 더 자주 모방했다(Carpenter et al., 1998).

영아가 어떻게 타인을 모방하는지 관찰함으로써 영아가 타인 행동에서 무엇을 의도로 해석했는지를 알아볼 수 있다. 앞에서 소개한 멜조프(1988)의 머리-등 과제에서 영아는 머리를 사용하여 등을 켜는 행동을 모방한 결과는 영아가 그 행동을 하는 사람이 의도했다고 추론했음을 시사한다.

영아는 표적이 있는지 없는지에 따라 타인의 행동을 다르게 모방한다(Carpenter et al., 2005). 생후 12~18개월 영아는 실험자가 인형을 잡고 깡충깡충 뛰뛰는(jumping) 혹은 미끄러지는(sliding) 행동을 하는 것을 보았다. 어떤 영아는 인형이 도착하는 지점에 집이 놓여 있는 상황에서 실험자가 그러한 행동을 하는 것을 관찰했고, 다른 영아는 인형이 도착하는 지점에 아무것도 놓여 있지 않은 상황에서 실험자의 행동을 관찰했다. 집이 있는 상황에서 행동을 관찰한 영아보다 집이 없는 상황에서 행동을 관찰한 영아가 실험자의 행동 양식을 그대로 모방하는 확률이 더 높았다.[4)]

3. 언어 발달

세상에 태어나서 울음으로 자신의 의사를 표현하기 시작한 아이는 영아기 동안 눈부시게 구어(口語, 입말)가 발달한다. 어린이의 구어 발달은 첫발이 시작되는 시기를 기준으로 하여 전언어기(前言語期, prelinguistic phase), 일어문기(一語文期, one word phase), 이어문기(二語文期, two words phase)로 나눈다(정혜욱 · 이옥형, 2011 : 179-183).

1) 전언어기

전언어기란 생후 12개월경까지로, 아직 첫말이 나오지 않았지만 소리를 내어 자신의 의사를 전달하는 시기를 말한다. 언어를 습득하여 사용하기 전의 영아도 의사소통을 가능하게 하는 소리를 내며, 이러한 영아의 소리 형태는 시간이 흐를수록 다양한 변화를 나타낸다. 이 기간 영아는 대체로 세 단계, 즉 울음, 초기 옹알이, 옹알이를 거치면서 소리를 내는 능력을 발달시킨다.

(1) 울음

신생아는 태어나면서 울음으로 최초의 발성을 한다. 언어가 생기기 전 영아의 울음은 자신의 욕구와 정서를 표현하는 음성언어이다. 출생 때의 울음은 미분화 상태로서 울음소리만으로 신생아의 욕구를 정확히 파악할 수 없다. 그러나 생후 1개월이 지나면 영아의 울음은 상황에 따라 다른 강도나 고저(高低)를 띠면서 분화되어 배고파서 우는 울음, 졸려서 우는 울음, 기저귀가 젖어서 우는 울음, 고통스러워 우는 울음 등을 다르게 나타낸다. 다른 사람에게는 영아의 울음소리가 비슷하게 들릴지 모르겠지만, 부모

---

4) 이 결과는 좀 더 나이가 든 취학 전 아동을 대상으로 한 베커링 등(Bekkering et al., 2000)의 연구결과와 일관된다. 두 결과 모두 현저한 표적 지점이 없을 때 특정한 행동 양식을 타인의 행동 의도로 생각하는 경향성이 커지는 것을 보여 주며, 이는 물리적 상황이 아동이 무엇을 타인의 행동 의도로 해석할지에 영향을 준다는 것을 보여 준다.

에게는 배고파서 우는 것과 아파서 우는 것이 다르게 들린다. 그러므로 울음은 영아의 의사전달 수단이 되며, 부모는 영아의 울음소리를 파악하여 영아를 돌볼 수 있다.

■ **아기가 심하게 울어요!**

생후 12개월 이전의 영아는 정상적으로 하루에 1~3시간은 운다. 아이가 배가 고프거나, 목이 마르거나, 불편하거나, 피곤하거나, 자기를 봐달라거나 하는 등의 요구사항을 전달하기 위해서 우는 것은 지극히 정상적이다. 또한, 오후에 잠깐 칭얼대는 것도 정상이다. 그러나 영아가 너무 자주 울면 어떤 질병으로 말미암은 것이 아닌지 생각해 볼 필요가 있다. 아기는 지루하거나 심심해서, 영아 산통, 기저귀가 젖거나 변을 봤을 때, 배에 가스가 차서, 추워서 등 무언가 불편한 점이 있을 때, 배가 고프거나 목이 마를 때, 몸이 병이 나서 어딘가 아플 때 울게 된다. 또한, 어떤 약물의 작용으로 심하게 우는 경우도 있으며, 이가 나기 시작할 때 많이 우는 영아도 있다.

(2) 초기 옹알이

초기 옹알이(Cooing)는 영아가 2~3개월 정도가 되었을 때 표현하는 말소리 형태로써 말소리의 가장 초보적인 형태이다. 초기 옹알이도 발달 단계에 따라 여러 형태를 띠는데 가장 초기의 형태는 /u/와 같은 후설모음과 비슷한 소리이다. 이러한 소리는 점점 다양해져서 차츰 자음과 유사한 소리로 발전한다. 이 시기에는 흔히 뒷소리 (예 : /ku/, /gu/)들이 나타나기 때문에 초기 옹알이 소리를 비둘기 소리와 비슷하다고 하여 'cooing' 또는 'gooing'이라고 한다.

이 시기에 나타나는 소리는 특정 언어권의 음소로 변별되는 소리가 아니기 때문에 성인이 따라 하기가 쉽지 않다. 이처럼 영아는 초기 옹알이를 통하여 자신의 정서상태를 표출하며, 돌보는 이가 이에 대해 반응함으로써, 이 시기에 이미 언어적 상호작용이 시작된다고 하겠다.

(3) 옹알이

옹알이(Babbling)란 영아가 구체적인 단어를 말하기 이전에 내는 소리로, 되풀이하여 내는 혼잣소리이다. 옹알이는 영아의 신경근육이 발달하면서 나타나기 시작한다. 옹알이는 생후 4~6개월의 영아가 구체적인 단어 및 문장을 말하기 이전에 되풀이하여 내는 동일한 또는 다양한 소리를 말한다.

옹알이는 단순한 울음소리가 아닌 일종의 음성놀이로서, 영아는 자신이 내는 옹알이 소리에 재미를 느끼며, 이것이 강화 자극이 되어 계속해서 옹알이를 하게 된다. 즉, 옹알이는 영아에게 재미와 기쁨을 주는 놀이의 기능을 갖는다. 그러나 점차 옹알이는 상대방의 반응에 따라 달라진다. 상대방이 민감하게 반응을 보이면서 음성화하면, 영아는 옹알이를 적극적이고 빠른 음색으로 끊이지 않는다. 그런데 상대방의 반응이 없으면 점차 옹알이를 하지 않는다.[5] 옹알이는 6~8개월에 절정에 이르며, 이 시기 영아는 상대방의 반응에 따라 자신의 소리를 수정하여 모방한다. 10개월이 되면 옹알이가 줄어들면서 첫 언어의 기본음을 발음하기 시작한다.

영아의 옹알이 속에는 전 세계 모든 언어의 음소가 포함돼 있다. 그러므로 영아는 어떤 언어라도 배울 수 있는 준비를 갖추고 있다고 볼 수 있다. 이렇게 모든 언어의 음소를 낼 수 있는 것을 음소 확장이라고 하며, 생후 6개월에서 12개월 동안 나타난다. 그러나 영아가 성장하면서 모국어에 있는 음소만 강화를 받게 되므로, 점차 모국어에 없는 소리를 내지 않고 모국어만 발음하게 된다. 이처럼 생후 12개월 정도가 되면서부터 그 문화권에서 사용하는 모국어의 음소만 발음하는데, 이것을 음소 축소라고 한다.

지금까지 영아의 언어 발달에 옹알이가 큰 영향을 미친다는 사실을 알았다. 이를 간략하게 정리해보면 다음과 같다(이숙재 외, 2009; 정혜욱 외, 2011 : 182).

5) 영아의 소리, 즉 울음 · 초기 옹알이 · 옹알이에 대해 어른의 반응이 없으면 점차 의사소통의 기회를 잃게 되어 그 빈도가 줄어든다. 보육원에서 자란 어린이는 잘 울지 않을 뿐만 아니라, 언제 초기 옹알이나 옹알이가 시작되고 언제 끝나는지 잘 모를 정도로 울음 · 초기 옹알이 · 옹알이가 매우 적게 나타난다. 그러므로 영아와 부모 간의 음성적 상호작용은 영아의 언어 발달에 큰 영향을 미친다.

첫째, 옹알이는 발성 연습 효과가 있다. 옹알이를 함으로써 복잡한 언어기술을 습득하는 데 필요한 음성 기제의 조절능력을 증진시킬 수 있다.

둘째, 옹알이는 다른 사람과의 의사소통 욕구를 촉진한다. 영아의 옹알이에 다른 사람이 반응을 해주면 더 활발히 옹알이를 하지만, 반응이 없으면 옹알이가 약해지거나 중단된다. 이런 경험을 통해 다른 사람과 더 적극적으로 의사소통을 하려는 욕구가 생긴다.

셋째, 옹알이를 통하여 자신이 사회 집단의 일원임을 느낄 수 있다. 영아가 옹알이를 할 때 주변 사람들이 반응을 해줌으로써, 집단의 일원임을 느낀 영아는 다양한 의사소통 방법을 사용하여 적극적인 교류를 시도하게 된다.

2) 일어문기

생후 10개월에서 13개월 사이에 영아 대부분은 한 낱말로 의사소통을 시작한다. 이때 영아가 말할 수 있는 낱말은 "엄마, 아빠, 맘마, 까까, 멍멍" 등 가족의 명칭이나 음식물, 동물의 이름 정도다. 말의 형태는 자음 하나와 모음 하나가 합쳐진 단모음절의 반복이거나, 동물이나 사람의 소리 혹은 모양을 나타내는 의성어나 의태어가 대부분이다.

일어문기는 한 낱말이 한 문장의 구실을 한다. 즉, "엄마"라는 한 마디 말은 엄마와 자신이 떨어져 있을 때는 "엄마 같이 가", 배가 고프면 "엄마 맘마 줘", 가시에 찔렸을 때는 "엄마 아파" 등 다양한 의미를 갖게 된다. 이처럼 여러 가지 뜻을 내포한 영아의 언어를 부모 대부분은 상황에 따라 이해한다.

이 시기 영아의 말은 과잉 확대하거나, 과잉 축소시켜 사용한다. '멍멍이'라는 낱말은 개는 물론 고양이, 송아지, 여우, 늑대 등 비슷하게 생긴 모양의 동물에게 적용해서 사용한다. 그런데 자기 그림책 속의 개는 멍멍이라고 하지만, 이웃집 개나 다른 어린이의 그림책 속의 개는 멍멍이라고 하지 않는 경우도 있다.

3) 이어문기

생후 18개월에서 24개월 즈음의 영아는 두 단어를 결합시켜 자기의 의사를 표현하기 시작한다. 이러한 두 단어시기를 언어학적으로 이어문(duos) 또는 어결합기라고 한다. 보편적으로 영아가 50개 정도의 단어를 말할 수 있을 때 두 단어를 결합시킨다.

영아가 사용하는 이어문은 명사와 명사(엄마 맘마), 명사와 동사(아기 자), 형용사와 명사(예쁜 옷)의 형태로 구성된다. 즉, 이어문에 사용되는 단어는 명사와 동사가 대부분이며, 적은 수이기는 하지만 형용사도 사용된다. 그러나 전치사, 접속사, 관사, 조동사, 복수형 등이 생략돼 있어 마치 우체국에서 전보(電報, telegraph)[6]를 칠 때와 같이 핵심적인 중요한 낱말만 나열하기 때문에 전보어(電報語)라고도 한다.

앞서 살펴본 일어문기 영아의 낱말 획득 속도는 느린 편이었으나, 이어문기가 시작되면서 영아가 사용하는 어휘 수는 기하급수적으로 늘어난다. 일어문 시기인 생후 15개월경의 영아는 평균 10개 정도의 낱말을 사용하나, 이어문 시기인 20개월 전후가 되면 영아는 50개의 낱말을 표현한다.[7]

---

6) 전보(電報)란 전류, 전파를 사용해 약속된 기호를 통해 정보를 보내는 통신체계를 말한다. 전보는 전신의 한 형태로, 전신은 전보뿐만 아니라 전용 전신 · 가입 전신 · 사진 전송 전신 · 인쇄 전신 등을 포함한다. 전기기기를 사용한다는 점에서 우편과 다르며, 음성이 아닌 기록된 문자 등을 전달한다는 점에서 전화와 다르다. 전보와 유사한 특징을 가지는 통신수단으로 전용전신 · 가입전신(telex) · 데이터통신 등이 있으나, 이것들은 이용자가 독자적으로 설치한 기계를 활용하며, 전보는 특정 장소에서 전신기를 전문으로 다루는 사람에게 정보 전달을 의뢰해 이용한다는 점이 다르다. 전신이 정보전달의 중심이 된 것은 글자를 점(·)과 선(―) 2종류의 기호 조합으로 바꾸어 보내는 모스(S. F. B. Morse)의 통신 방식의 유효성을 인정받은 1840년대 이후부터이다. 현재 우리나라에서는 국내전보, 국제전보 모두 한국통신(KT)에서 취급하고 있다.

7) 대략 24개월 된 영아는 250~300개의 낱말을 구사한다고 한다. 이처럼 언어 획득 속도가 급격히 일어나는 24개월 전후를 언어의 폭발적 팽창기(age of explosion)라고 한다(Markman, 1991). 참고로, 대략 3세 유아는 약 1,000개, 4세에는 약 1,500개, 5세에는 약 2,000~2,500개의 어휘를 사용한다.

Chapter 08

사회 · 정서 발달

학습목표

1. 영아의 정서 발달을 이해할 수 있다.
2. 영아의 정서표현의 발달을 이해하고, 설명할 수 있다.
3. 애착개념을 이해하고, 애착유형을 설명할 수 있다.
4. 영아의 자아 발달을 이해하고, 설명할 수 있다.

영아는 태어나는 순간 기본 정서를 갖고 태어나며 이를 통해 흥미, 고통, 만족 등을 표현한다. 이러한 표현은 연령이 증가하면서 다양한 정서로 나타나기 시작하며, 점차 타인의 정서를 이해하고, 자신의 정서를 통제할 수 있게 된다.

영아기에는 주양육자와의 관계를 통해 적절한 정서 표현과 안정적인 관계를 맺을 수 있으며, 유아기에는 교사나 또래와의 관계에서 적절한 정서 표현이 이루어진다.

영아는 태어날 때부터 타고난 기질이 있으며 이는 주양육자의 양육태도에 의해 영향을 받는다. 같은 기질의 영아라 하더라도 주양육자의 특성이나 양육방식에 따라 달라지기도 한다. 이는 성인기 성격에 크게 영향을 미치기 때문에 타고난 기질에 적절한 주양육자의 양육태도가 중요하다.

애착은 영아와 어머니(주양육자) 간의 유대관계 특성을 설명하면서 최초로 사용한 개념이며, 가까운 사람과 연결되게 하는 강력하고 지속적인 정서적 결속력을 의미한다. 이러한 애착은 영아가 태어났을 때부터 하는 행동들(울기, 빨기, 미소 짓기, 매달리기, 따르기 등)을 통해 생물학적으로 부모에게 애착되도록 동기화되어 있다.

1. 정서와 기질 발달

1) 정서

정서는 인간이 태어나면서부터 인간의 행동에 작용하며 일생동안 행동의 기저를 이루는 중요한 요소이다. 특히 영아기의 정서는 청년이나 성인에 비해 변환적이고 일시적이며, 강렬하고 폭발적이다. 대체로 2세가 끝날 무렵까지는 성인에게서 볼 수 있는 거의 모든 정서가 나타나며, 나이가 들수록 정서적인 감수성이 예민해지고 표현방식이 세련되어 가지만 기본이 되는 정서의 발현은 영아기에 완성되는 셈이다. 이와 같이 정서의 분화, 발달이 일찍 이루어지므로 성격 발달의 기저로서 정서 발달을 중시하며 영유아기의 정서를 중요시 하는 이유도 여기에 있다.

(1) 정서 표현의 발달

① 일차 정서

영아가 태어난 순간부터 나타내는 기본 정서는 매우 강렬하며 미분화된 흥분상태이다. 이후 쾌 감정보다는 불쾌 감정이 보다 일찍 분화된다. 이러한 미분화된 정서인 감정이 쾌와 불쾌로 나뉘어지면서부터 생후 3~4개월이 되면 더 분화되어 쾌 감정에서 득의, 기쁨, 애정 등등으로 세분화되어 발달하고 불쾌 감정에서는 분노, 증오, 공포, 질투 등등으로 세분화되어 발달해나가는 것이다.

- 기쁨

영아는 출생 후 배냇짓이라 하여 외부자극과 관계없이 미소를 짓는다. 배냇짓은 영아가 졸린 상태에 있을 때 나타나는 신경 생리학적 반응으로 기쁨을 의미하는 것은 아니다(정옥분, 2006).

6~10주가 지나야 사람의 얼굴에 반응하여 사회적 미소(social smile)를 짓는다(Emde et al., 1976). 사회적 미소는 외부 자극에 대한 반응으로 나타나는 미소이다. 진정한 의미의 기쁨은 생후 2~3개월경 표현되기 시작되는 것이다. 이 시기의 영아는 친숙한 사람의 모습이나 놀잇감을 보거나 신체적으로 안락감을 느낄 때 기쁨의 표현으로 미소를 짓는다. 생후 4개월에는 기분이 좋으면 큰 소리를 내면서 웃고, 6개월~7개월이 되면 손발을 버둥대면서 웃는다. 9~12개월경에는 친숙한 사람이 사라졌다가 갑자기 나타나는 까꿍 놀이에서 미소와 웃음을 보인다. 2세경에는 기쁜 감정을 표현해서 깡충깡충 뛰거나 박수를 치면서 즐거워하고, 다른 사람과 의도적인 미소를 짓고 의사소통하며 함께 즐거움을 나누려 한다.

• 분노

영아기의 분노는 영아 자신의 욕구를 어느 정도 충족시켜 준다는 사실을 알고 있기 때문에 두려움보다 더욱 빈번히 나타난다.

분노가 싹트고 생후 약 3개월쯤 되면 성난소리로 울기 시작하며, 약 4개월~5개월경이 되면 사람이 곁에 없거나 장난감을 빼앗기거나 할 때 곧 사회적 기대에 불만을 나타내게 된다. 그리고 약 6개월경이 되면 자기 요구가 저지당할 때 분노를 정확하게 나타내고, 약 7개월~8개월경이 되면 큰소리로 싫은 말을 하거나, 꾸짖으면 분노를 나타낸다.

만 2세경에는 분노를 언어로 표현하며, 그 원인에 대해서도 말을 시작한다. 예를 들어, "엄마! 인형을 잃어버려서 슬퍼!", "화가나!" 등의 감정 단어들을 사용한다.

• 공포

모든 사람들은 자기보존을 위한 기본적인 두려움의 대상들(불, 깊은 바다, 빨리 달리는 차량)이 있다. 이 시기 나타나는 공포 낯가림과 엄마와 떨어지는 것에 대한 불안으로 인한 불리불안이 있다. 이는 8~9개월경에 나타나고 15개월에 절정을 이른 후, 만 2세경이 되면 대부분 사라진다. 만1세 미만의 영아들은 큰 소리 혹은 그것과 관련된 사람들, 혹은 물체들 뿐만 아니라 떨어지는 감각, 갑작스러운 움직임, 강한 불빛, 고통과 연관된 사람 내지는 사물, 그리고 낯선 사람과 물건, 낯선 상황을 두려워한다. 그러나 시간이 지날수록 이러한 것들에 대한 공포는 사라지고 새로운 공포의 대상이 생겨난다. 만2세가 되어서야 비로소 영아들은 어둠과 혼자 있는 것을 두려워한다(이은혜, 1995).

② 이차 정서

일차 정서는 영아의 인지 발달을 기반으로 18~24개월경 더욱 세분화되며, 이를 이차 정서라고 한다.

이차 정서는 일차 정서보다 늦게 나타나고, 자아개념과 같은 더 높은 수준의 인지능력이 요구된다. 학자들에 의하면 자아의 인식이 이차 정서에 있어 필수적이라고 한다.

즉, 이차 정서(당황, 죄책감, 수치, 질투, 자긍심 등)는 영아가 거울이나 사진으로 자신을 알아보기 전에는 출현하지 않는 것으로 보인다(Lewis et al., 1992; 정옥분, 2015 재인용).

이차 정서는 자신을 인식하고 자신의 행동을 평가하는 능력까지 필요로 한다. 즉, 해서는 안 된다고 생각하는 짓을 했을 때는 죄책감을 느낄 것이고, 어려운 일을 해냈을 때는 매우 자랑스러워할 것이다. 예를 들어, 주스를 마룻바닥에 엎지른 2세의 영아는 당황해하면서 고개를 숙일 것이고, 어려운 퍼즐 맞추기 문제를 해결한 또 다른 2세의 영아는 자랑스러움에 함박웃음을 지을 것이다. 이차 정서는 대부분 얼굴표정 외에도 손톱을 깨물거나 고개를 숙이는 등의 신체동작을 수반한다.

2) 기질

기질이란 한 사람에게 분명하게 구분되는 특징적으로 나타나는 정서적 반응의 개인차를 의미한다. 기질은 선천적이고 생물학적인 특성을 가진다. 관찰 가능한 행동방식으로 주위환경과 상호작용을 통해 변화한다.

(1) 기질의 구성요소와 유형

기질의 구성요소에 관한 견해는 학자마다 다양하며 기질의 구성요소는 기질을 평가하는 평가척도의 하위구성 차원에 기초한 조작적 정의에 의존한다. 따라서 여러 학자의 기질연구에서 사용된 평가척도 혹은 면접에서 다루어진 기질의 구성 차원들을 살펴보면 다음과 같다.

① 뉴욕 종단연구 모형(NYLS)

토마스와 체스(Thomas & Chess, 1956)는 2~3개월 된 영아 141명을 대상으로 아동기까지 관찰한 관찰법, 면접법, 다양한 심리검사 등이 사용되었다. 이때 토마스와 체스는 9가지 기질의 구성 차원을 구분하였다.

- **활동수준** : 영아의 기능 중 운동요소로 영아가 깨어 있을 동안의 활동 시간대 비활동 시간의 비율
- **리듬성 또는 규칙성** : 수면, 공복, 식사, 배변시간과 관련된 기능의 예측 가능 정도
- **접근/회피성** : 새로운 자극에 대해 처음 나타나는 반응형태. 접근성은 활동이 긍정적으로 표현되는 반응으로 철회성은 기분이나 활동이 부정적으로 표현되는 반응으로 간주됨
- **적응성** : 최초의 반응과 상관없이 새롭거나 변화된 상황에 대한 반응
- **반응역** : 외부자극에 대한 반응을 일으키는데 필요한 자극의 양
- **반응강도** : 긍정적 혹은 부정적 반응의 강도
- **기분상태** : 부정적 · 긍정적 정서의 강도
- **주의 산만성** : 외부 환경 자극에 의해 진행 중인 행동을 방해하거나 방향을 변하게 하는 정도
- **주의집중 및 지속성** : 특정 활동을 계속 하는 시간의 길이는 집중성, 활동 진행의 방해가 있어도 활동을 계속하는 것은 지속성에 관련됨

이들은 이러한 기질의 구성 차원을 토대로 순한 아동, 까다로운 아동, 느린 아동으로 3가지 기질유형을 식별했다.

- **순한 기질** : 행동이 일관성이 있으며 새로운 자극에 긍정적인 반응을 나타내며 변화에 잘 적응하고 긍정적이고 온화한 감정을 나타낸다. 전체 표본의 약 40%의 영아가 순한 기질에 속한다.
- **까다로운 기질** : 생물학적 기능이 불규칙적이고 변화에 적응이 느린 편이고 부정적인 정서를 강하게 표현한다. 전체 표본의 약 10%의 영아가 까다로운 기질에 속한다.
- **느린 기질** : 새로운 자극에 회피하는 반응을 보이며 접촉이 반복되면 수줍어한다. 전체 표본의 약 15%의 영아가 순한 기질에 속한다.

그러나 모든 영아가 3가지 기질 유형에 명확히 구분되는 것은 아니다.

② 정서 · 활동 · 사회성 모형(EAS모형)

버스(Buss, 1984)와 폴민(Polmin, 1986)은 행동유전학적 입장에서 기질을 유전에 의한 개인적 특성으로 보았다. 이들은 부모의 질문지 반응을 토대로 기질에 대해 연구했다. 버스와 폴민은 기질 유형을 정서 · 활동 · 사회성 3가지 차원으로 구분했다.

- **정서성** : 영아가 환경 자극에 대해 얼마나 빠르게 부정적 반응을 나타내는가의 정도를 알아보는 차원이다. 정서성의 반응 경향이 높은 영아는 갑작스러운 소리에 쉽게 놀라고, 작은 소리에도 쉽게 깨며 큰 소리로 우는 반응을 보인다.
- **활동성** : 일상생활의 활동의 정도를 말한다. 계속 움직이거나 끊임없이 새로운 것을 탐색하며 격렬한 활동을 보이는 영아는 활동성이 높은 영아이다.
- **사회성** : 영아가 다른 사람과 함께 있는 것을 좋아하는 정도를 말한다. 혼자 있기를 싫어하거나 낯선 사람에게 쉽게 다가가는 영아는 사회성이 높은 영아이다.

(2) 영아의 기질과 부모의 양육태도

토마스와 체스(1977)는 영아의 발달을 바람직한 방향으로 이끌기 위해서는 영아의 기질과 부모의 양육태도가 조화를 이룰 때 가능하다는 '조화의 적합성' 모델을 제시하였다. 따라서 같은 기질의 영아라도 부모의 양육태도에 따라 발달의 결과가 달라질 수 있다. 까다로운 기질의 영아라도 부모가 영아를 잘 파악하여 민감하고 적절하게 반응한다면 영아는 문제없이 성장할 수 있다. 이와 같이 기질에 따라 적절한 환경과 반응을 제공한다면 기질은 조화롭게 발휘될 수 있다. 부모의 양육행동이 영아의 기질에 영향을 끼치는 만큼 영아의 기질도 부모의 양육행동에 영향을 미친다. 예를 들어, 까다로운 기질의 영아는 생물학적 기능이 불규칙하고 부정적인 정서를 빈번히 표현하기 때문에 부모는 스스로 좌절하거나 영아에게 기대를 덜 걸게 하는 등 부모의 태도에 영향을 미친다. 따라서 부모가 영아의 기질을 빨리 파악하고 기질에 알맞은 적절한 양육태도를 보인다면 부모와 영아 모두에게 긍정적일 것이다.

2. 애착 발달

아이의 울음 소리는 주양육자에게 보호본능을 일으켜, 아기를 보호하도록 반응하게 한다. 아기 또한 신속하게 자신의 요구에 반응하는 주양육자를 신뢰하게 된다. 즉, 애착은 생후 첫1년 동안 가장 가까운 사람과 연결되게 하는 강력하고도 지속적인 정서적 유대를 의미한다. 이러한 애착은 영아의 이후 삶에 지속적인 영향을 준다.

1) 애착이론

애착의 질은 또래관계뿐 아니라 학습능력 등 이후 영아의 삶에 중요한 의미를 지니게 된다. 이에 대한 애착이론은 다양하다.

정신분석이론에서는 애착이라는 용어를 언급하지 않았지만 영아의 기본적 욕구 충족을 엄마가 만족시켜주며 이러한 유대관계가 영아의 사회적인 관계에 영향을 미친다고 주장한다. 프로이트의 정신분석이론(psychoanalytic theory)에서 애착은 영아의 구순욕구를 충족시켜주는 대상과의 밀접한 관계를 이루는 것이며 영아에게 편안한 상태에서 젖을 주며 만족감을 주는, 부모의 양육행동을 좋은 애착형성의 중요한 요소로 본다. 프로이트는 영유아들이 수유를 통해 입주변 리비도의 만족을 얻게 되며, 이러한 만족을 주는 사람인 어머니에게 애착을 느낀다고 보았다. 따라서 영유아가 어머니에게 안정감을 얻고 애정을 느끼는 것은 자연스러운 일이라고 설명한다.

학습이론도 정신분석학과 마찬가지로 수유를 애착형성의 중요한 기재로 보고 있다.

하지만 정신분석학과는 달리 학습이론에는 수유로 인해 배고픔이 해결되기 때문에 그에 조건화되어 학습되는 애착이라고 보았다. 이 과정에서 따뜻한 엄마의 품과 목소리, 부드러운 감촉들이 중립자극이 되어 나중에는 조건자극으로 학습된다고 보았다. 즉, 엄마만 보여도 욕구가 충족되도록 엄마에게 애착을 형성한다는 것이다.

애착이론은 인지발달이론과도 밀접한 관련이 있다. 인지발달이론에서는 영아의 애착행동도 지적 발달이 선행되어야 한다고 보았다. 애착대상이 눈 앞에서 사라져도 여전히 존재한다는 것을 아는 대상 영속성이 획득되어야만 애착관계가 형성될 수 있다고 보았다. 즉, 애착을 형성하기 전에 영아는 친근한 사람인지 낯선 사람인지 구별할 줄 알아야 하며, 친근한 사람이 눈 앞에 없어도 계속 존재한다는 것을 알아야 한다는 것이다.

동물학적 이론은 애착이 생존유지와 종족 보존을 위한 진화의 결과로 설명한다. 보울비의 애착이론은 로렌츠의 각인현상에서 과학적 근거를 마련했다. 로렌츠의 각인연구에서는 새로 부화한 새끼 거위들이 처음 본 대상에게 각인되어 직접 먹이를 제공하지 않아도 떨어질 때 불안과 유사한 행동을 보인다. 이를 통해 먹이와 관계없이 새끼는 생애 초기에 각인된 대상에게 강한 유대관계를 형성한다고 보았다. 이러한 결과는 할로우와 짐머맨의 실험에서도 나타났다. 갓 태어난 새끼 원숭이를 어미와 격리시킨 후 하나는 먹이를 주는 '철사로 된 원숭이'와 다른 하나는 먹이를 주지 않지만 포근함과 편안함을 주는 '천으로 된 원숭이' 두 대리모와 생활하게 하였다. 실험결과 새끼원숭이는 철사 엄마에게서 우유를 먹는 시간을 제외한 대부분은 천으로 된 엄마에게 가 있는 시간이 많았다. 이는 수유가 애착의 결정적인 요인이 아니라, 엄마와 아기의 스킨십과 안정감이 더 중요한 요인이 될 수 있음을 시사한 유명한 연구이다.

2) 애착 발달 단계

볼비는 영아와 어머니의 애착형성 단계를 4단계로 분류한다.

(1) 1단계 : 애착형성 이전 단계(비변별적 반응, 출생~6주)

출생 후 영아는 울고, 응시하고, 잡고, 미소지으며 다른 사람들로 하여금 가까이 오게 하거나 가까운 관계를 맺을 수 있게 한다. 이때 영아는 특정한 사람을 구분하지 않고 모든 사람에게 애착행동을 보인다.

(2) 2단계 : 특정대상에 대한 애착형성 단계(낯익은 사람에게 초점 맞추기, 6주~6, 8개월)

이 단계에서는 친숙한 사람과 낯선 사람의 구분이 생기면서 양육자에게 보다 사회적인 미소를 지으며, 친숙한 사람에게 선별적으로 애착을 형성한다. 이때 영아는 냄새, 음성, 얼굴모양 등 여러 감각기관을 통해 엄마를 알아보게 된다. 하지만 아직 특정 한 사람에게 완전히 애착되지 않아 부모가 떨어지더라도 분리불안을 보이지 않는다.

(3) 3단계 : 분명한 애착 단계(능동적 접근 추구, 6, 8~18개월)

이 시기에는 신체 발달로 인해 자유롭게 다닐 수 있게 되면서 영아는 주양육자를 안전기지 삼아 주변 환경을 활발하게 탐색한다. 또한 주양육자와 분명한 애착을 형성하기 때문에 애착대상과 떨어지는 것에 대한 분리불안이 나타나며 낯선 사람을 경계한다. 이러한 분명한 애착이 가능하다는 것은 대상 영속성이 발달했다는 증거이다.

(4) 4단계 : 상호관계의 형성 단계(상호 협조적 관계, 18개월~2세 이후)

이 시기 영아는 인지 발달로 인해 친숙한 사람의 사고나 감정을 이해할 수 있게 되고 행동을 예측할 수 있게 된다. 주양육자와 지금 떨어져도 다시 돌아온다는 것을 이해하기 때문에 분리불안이 감소한다. 따라서 이 시기에는 애착을 위해 부모와 서로 조절이 가능하다.

3) 애착 유형

에인스워스(Ainsworth, 1982)는 엄마-아이 간의 애착의 질을 측정하기 위해 낯선 상황 실험을 고안하였다. 낯선 상황 실험은 영아들을 점점 증가하는 약한 스트레스에 노출시켜 점차 괴로워질 때 부모와의 애착 행동을 어떻게 보이는지 관찰하는 절차이다.

낯선 상황 실험의 과정은 다음과 같다.

〈표 8-1〉 애착의 유형

	내용	관찰되는 행동
1	실험자가 양육자(엄마)와 영유아를 실험실로 안내하고 떠난다.	
2	영유아가 장난감을 가지고 노는 동안 양육자(엄마)는 그 곁에 앉아 있다.	안전 기저로서의 양육자(엄마)
3	낯선 사람이 들어와 앉아서 양육자(엄마)와 이야기를 나눈다.	낯선이에 대한 반응
4	어머니가 방을 나간다. 낯선 사람이 영유아와 상호작용하고, 영유아가 불안반응을 보이면 진정시킨다.	분리불안
5	엄마(양육자)가 돌아와 영유아를 반기고 필요하다면 영유아를 진정시킨다. 낯선 사람이 방을 나간다.	재결합 반응
6	엄마(양육자)가 방을 나간다.	분리불안
7	낯선 사람이 들어와서 영유아를 진정시킨다.	낯선이에 의해 진정되는 정도
8	어머니가 돌아와 영유아를 반기고 필요하다면 영유아를 진정시킨다. 영유아의 관심을 장난감으로 유도한다.	재결합 반응

이 과정을 통해 나타나는 영아의 반응을 관찰하여 애착 유형을 4가지로 분류하였다.

(1) 안정 애착

안정 애착(Secure attachment) 유형의 영아는 방에 들어와 주위를 탐색하기 위해 엄마를 안전기지 삼아 쉽게 분리된다. 하지만 엄마가 방을 떠날 때 당황하고 분명한 슬픔을 표현한다. 엄마가 돌아 왔을 때는 엄마가 주는 위로에 안정감을 되찾고 다시 놀이를 시작한다. 에인스워스의 실험대상 중 약 66% 정도의 영아가 안정 애착에 해당되었다.

(2) 회피 애착

회피 애착(Avoidant attachment) 유형의 영아는 엄마와 스킨십을 회피하고 별다른 반응이 없다. 또한 놀이할 때 사람보다는 장난감이나 무생물에 관심을 보였다. 엄마가 방을 나가도 눈이 따라가는 것으로 보아 엄마가 나간다는 것을 인지하는 것으로 보이지만 괴로워하거나 울지 않고, 적응을 잘 하는 아이처럼 보이기도 한다. 엄마가 돌아와도 안아달라거나 엄마에게 안정감을 찾지 않고 무시하거나 회피하며, 친밀감을 추구하지 않는다. 에인스워스의 실험대상 중 약 20% 정도의 영아가 회피 애착에 해당되었다.

(3) 저항 애착

저항 애착(Ressistent attachment) 유형의 영아는 엄마가 떠나기 전부터 불안해하고, 엄마의 곁에 붙어 있으려 하며, 탐색을 별로 하지 않는다. 엄마가 방에서 떠나면 가장 큰 슬픔과 울음을 표현한다. 재회를 했을 때도 엄마에게 달려갔지만 화를 내고 소리를 지르거나 쉽게 달래지지 않는 양면성을 보인다. 에인스워스의 실험대상 중 약 10~15% 정도의 영아가 회피 애착에 해당되었다.

(4) 혼란된 애착

혼란된 애착(Disorganized attachment) 유형은 에인스워스의 연구 20년 후 제자 메인

(Main)이 그 전에 발견되지 않았던 유형을 발견한 것이다. 메인은 애착대상이 안전기지이자 위험의 근원임을 경험했을 때, 위험상황에서 부모에게 의지하려는 것과 회피하려는 것의 결합된 형태를 혼란 애착이라고 했다. 이는 불안정 애착의 가장 심한 형태로 보았다. 혼란된 애착 유형의 영아는 엄마와 다시 만났을 때, 엄마가 안고 있을 때 얼어붙은 무표정이나 시선이 먼 곳을 보며 공허함을 나타낸다. 에인스워스의 실험대상 중 약 10~15% 정도의 영아는 낯선 상황 실험의 전통적 범주에 속하지 않았고, 그 중 90%의 영아가 혼란에 해당된다.

낯선 상황 실험은 문화적 차이에 따라 유형의 비율이 다르게 나타날 수 있다. 안정애착 비율은 전 세계적으로 비슷하지만 특히 불안정 애착의 비율은 각 문화의 양육특성에 따라 차이가 나타날 수 있다. 예를 들어, 잘 때 함께 자고 공동체 의식이 강한 우리나라와 같은 경우 영아기에 엄마와 분리되는 경험이 개별성을 존중하는 서구권에 비해 적기 때문에 낯선 상황 실험에서 저항 애착의 행동을 보이기 쉽다. 따라서 낯선 상황 실험은 애착 유형을 측정하는 지표로 사용하되 해석에 있어서 신중을 기할 필요가 있다.

4) 애착 발달에 영향을 미치는 요인

영아의 애착 발달에 영향을 미치는 요소는 영아를 둘러싼 주위 환경에서 다양하게 나타날 수 있다. 그 중 부모의 양육태도, 영아의 기질, 부모의 특성이 애착 발달에 영향을 미치는 대표적인 요인이다. 안정 애착을 형성한 어머니는 영아의 요구에 민감하고 적절하게 대처하고 지속적이고 규칙적인 양육태도를 보인다. 반면 불안정 애착을 형성한 영아의 어머니는 영아와 신체적 접촉이 적고, 자신의 감정을 적절하게 표현하지 못하고 화를 내는 경향이 있다. 어머니 자신이 어린시절 학대를 받거나 부모님이 돌아가시는 등의 충격적인 일을 겪은 경우 혼동 애착 유형을 나타냈다. 어머니의 나이가 19세 미만인 경우 영아를 양육하기에 성숙하지 않아 영아에게 안정감을 줄 수 있는 신체접촉이 적었다. 또한 어머니를 둘러싼 주변환경(회사, 가정, 건강 등)으로 인해 받는 스트레스 역시 양육의 질에 영향을 미치고 이는 불안정 애착을 형성하게 한다.

행동이 일관성 있고 긍정적이고 온화한 영아의 기질은 어머니로 하여금 더 다정할 수 있도록 하기 때문에 안정적 애착을 맺는데 도움이 된다. 즉, 영아의 기질이 어머니의 양육태도에 영향을 미쳐 이는 다시 애착에 영향을 주는 결과라고 할 수 있다. 이 외에 영아가 건강상 문제가 있는 경우도 양육 스트레스와 경제 부담에 영향을 미쳐 불안정 애착을 맺는데 영향을 미칠 수 있다. 하지만 이는 부모가 인내심을 갖고 영아에게 긍정적으로 상호작용할 때 안정 애착을 형성할 수 있게 된다.

3. 자아 발달

1) 자아개념

자아개념은 자신의 성, 종족, 지적, 정서적 등 '생득적인 요인'과 가족환경, 교육기관, 사회 등과 같은 '주위환경'과 상호작용의 결과로 '나'에 대해 스스로 이해하고 발달하는 것을 의미한다. 영아는 4~5개월 엄마와 공생관계라고 인지한다. 이후 6~8개월경 자신과 다른 사람을 분리하여 인식하고 다른 사람과 내가 다르다는 것을 알게 된다. 이 과정에서 영아는 자아인식이 발달된다. 자아개념 발달은 자아인식에서 출발한다. 18~24개월 사이에는 스스로 거울에 비친 자신의 모습을 알아볼 수 있다.

루이스와 부룩스(Lewis & Brooks, 1978)의 연구에서 9~24개월 영아의 코에 루즈를 바른 후 거울을 보고 자신의 코를 닦을 수 있는지 관찰하였다. 영아가 자신의 코를 만지거나 이를 지우면 거울에 비친 모습이 자신이라는 것을 인지하는 것을 의미한다.

연구결과, 9~12개월 영아는 자기 코를 만지는 반응을 보이지 않았다. 즉, 거울 속의 자신이 다른 아기의 모습이라고 인식한 것이다. 그리고 15~18개월 영아 25%는 손으로 자신의 콧등을 만졌으며, 21~24개월 영아의 75%가 거울을 보며 자신의 얼굴에 묻은 루즈 자국을 만지는 것으로 나타났다. 이는 거울에 비친 자신의 모습을 인식함을 알 수 있으며, 영아기에 자아에 대한 기초적인 이해가 형성된다고 볼 수 있다.

생후 1년 전의 영아는 눈앞의 충동을 통제하지 못하기 때문에 해도 되는 일과 하면 안되는 일을 구분하지 못할 때가 있다. 하지만 12개월경의 영아는 자신을 분리되어 있는 존재로 인식하고 부모의 지시를 기억할 수 있게 되어 부모의 요구에 따를 수 있게 된다. 이처럼 기대에 부응하여 자아통제를 시작하게 되는 것을 순응행동이라고 한다.

24~36개월이 되면 외적 통제가 내면화되어 부모의 지시가 없이도 자신을 통제할 수 있게 된다. 이를 자아통제라고 하며, 자아통제는 양육자의 양육태도, 통제방식, 영아와의 관계가 중요하다. 영아에게 통제할 때 이유를 설명하는 것 같이 긍정적인 방식으로 영아의 행동을 통제한 경우 영아도 자기통제를 효율적으로 하게 된다.

2) 또래관계와 놀이

또래는 동일 수준에서 상호작용하는 사회적 동격의 존재이다. 생의 초기 영아는 양육자와의 상호작용을 토대로 또래관계는 놀이로 시작된다. 어린 영아는 처음에 혼자 놀다가 점차 또래가 놀이 하는 것을 지켜보는 등 놀이가 활발하지는 않다. 2개월경 영아는 다른 영아를 응시하는 행동을 보이며 3~4개월경에는 서로 쳐다보고 만지는 사회적 행동이 나타난다. 1세경 또래의 행동을 모방하기도 하며, 1~2세경 또래와 상호작용이 가능해져 함께 웃고 즐거워한다. 2세말경 영아는 신체, 언어 발달과 함께 주양육자의 얼굴 표정과 상황을 보고 상대방의 정서를 이해할 수 있게 되어 사회적 상호작용이 일어나기도 하고 사회적 행동이 나타나기도 한다. 예를 들어 다른 친구들과 물건을 나누거나 엄마를 도와주는 행동이 나타난다.

PART 4

유아기 발달

Chapter

09

신체 · 운동 발달

● 학습목표 ●

1. 유아기의 신체적 성장을 이해하고 발달을 설명할 수 있다.
2. 유아기의 대근육과 소근육의 운동 발달을 이해할 수 있다.
3. 유아기의 뇌와 신경계의 발달을 설명할 수 있다.

급격한 신체 발달이 이루어지는 영아기에 비해 유아기는 신체 성장 속도가 다소 완만하게 이루어지며 개인에 따라 발달 정도의 차이가 나타난다. 유아기에는 키와 체중이 꾸준히 증가하면서 신체에서 머리가 차지하는 비율이 감소하며 운동능력 또한 꾸준히 발달하게 된다. 또한 이 시기에는 신체, 운동 능력뿐 아니라 뇌 발달도 이루어진다. 이 장에서는 유아기의 신체 성장, 운동 발달, 뇌 발달에 대해 다루어보고자 한다.

1. 신체 성장

영아기의 급격한 신체 성장이 이루어진 후 유아기에는 완만한 속도의 신체 성장이 꾸준히 이루어진다. 이렇게 이루어진 신체 성장은 곧 운동 발달로 이어지게 되는데 유아기에는 신체에서 머리가 차지하는 비율이 줄어들게 되면서 균형감각, 활동성 등이 증가하여 다양한 신체활동이 가능해진다. 또한 유아기에는 다양한 신체활동을 통해 다양한 운동능력이 발달하게 된다.

1) 신장과 체중

유아기는 영아기에 비해 성장의 속도는 감소하지만, 유아의 키는 평균 매년 5~7cm, 몸무게는 2~3kg 정도 증가한다. 유아는 이렇게 성장하여 5세 무렵이 되면 출생 시 키의 두 배가 되며, 6세 무렵에는 성인 키의 65% 정도가 되는데 일반적으로 남아는 여아에 비해 키가 평균적으로 조금 더 크다. 몸무게는 5세 무렵에는 출생 시 몸무게의 5배가 되고, 6세 무렵에는 성인 몸무게의 30% 정도로 성장하는데, 몸무게도 일반적으로 남아가 여아에 비해 평균적으로 조금 더 많이 나간다.

키와 몸무게는 성장의 속도나 성인이 되었을 때의 키와 몸무게에 있어서도 개인 차이가 있으며, 유전적인 요인이 나타난다. 키의 경우 모든 아이들이 일정한 속도로 자라는 것이 아니어서 어느 시기에는 또래보다 빨리 자라기도 하고, 늦게까지 성장이 멈추지 않고 자라기도 한다. 그래서 어렸을 때는 키가 작다가 늦게까지 자라서 성인이 되었을 때는 큰 성인 키를 갖게 되기도 하며, 어렸을 때는 키가 컸지만 성인이 되었을 때는 작은 키를 갖게 되기도 한다. 또한 출생 시 키는 성인이 되었을 때의 키를 예측할 수 없지만, 유아기의 키는 성인이 되었을 때의 키와 0.7 정도의 상관관계가 나타나 예측이 가능하다(심성경 외, 2014). 몸무게의 경우 우리나라에서도 최근 비만 유아의 수가 증가되고 있으며, 영유아 및 소아 비만은 곧 성인 비만으로 이어질 확률이 높아 우려되고 있는 상황이다(보건복지부 질병관리본부, 대한소아과학회, 2017).

특히 키와 몸무게의 경우 유전적인 요인 외에도 환경, 습관, 영양 등 다양한 요인으로 인해 변화 가능하므로 유아기에는 가정 및 영유아 교육기관에서의 적당한 운동과 수면, 균형잡힌 영양 공급 등의 체계적인 관리가 필요하다고 볼 수 있다.

한편 성장도표란 소아청소년의 신장, 체중, 체질량지수, 머리둘레 등의 분포를 제시한 곡선 또는 도표를 의미하는데, 우리나라에서도 질병관리본부(KCDC)에서 '성장도표'를 1967년부터 약 10년마다 제정하여 발표하고 있다. 성장도표는 소아청소년의 성장상태를 평가하는 기준으로 활용하여 저신장, 저체중, 비만 등을 평가할 수 있으며, 1967년, 1975년, 1985년, 1998년 2007년 이후 최근 2017년에 제정되어 활용되고 있다. 2017년 질병관리본부가 제정한 성장도표에 따른 한국 유아 발육 표준치는 다음과 같다.

〈표 9-1〉 한국 유아 발육 표준치

연령	남아				여아			
	체중 (kg)	신장 (cm)	체질량지수	머리둘레 (cm)	체중 (kg)	신장 (cm)	체질량지수	머리둘레 (cm)
3세	14.7	96.5	15.9	49.8	14.2	95.4	15.8	48.8
4세	16.8	103.1	15.9	50.5	16.3	101.9	15.7	49.6
5세	19.0	109.6	15.9	51.1	18.4	108.4	15.7	50.2
6세	21.3	115.9	16.0	51.7	20.7	114.7	15.8	50.9

출처 : 질병관리본부(2017).

2) 신체비율의 변화

인간의 신체는 각 부위별로 같은 속도와 같은 비율로 성장하는 것이 아니라 부위별로 발달하는 시기와 속도가 다르다. 그래서 머리와 몸통, 팔과 다리, 손과 발 등도 자라는 시기와 속도가 다르며 이로 인해 신체 비율의 변화도 나타나게 된다. 신체 비율은 신생아기 때는 4등신 정도였다가 2세경이 되면 5등신, 6세경이 되면 6등신 정도의 비율로 변화하게 된다. 유아기 때에는 팔과 다리가 길어지며 몸통이 가늘어져 영아기에 비해 상대적으로 머리의 비율이 작아진다.

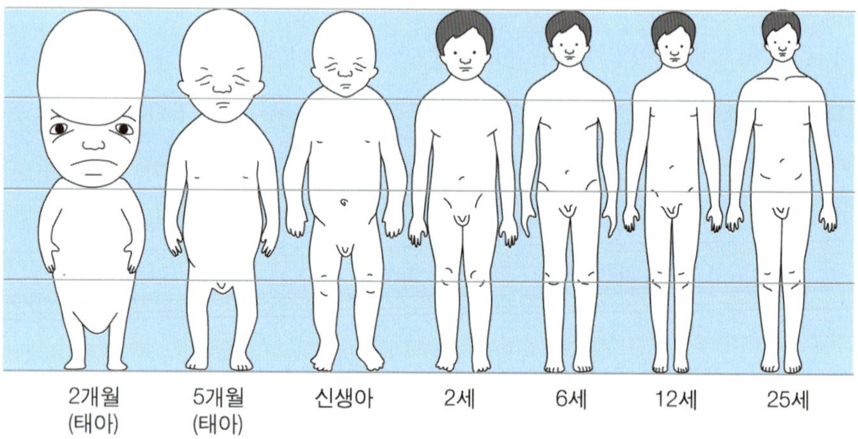

[그림 9-1] 신체 비율의 변화

3) 골격과 근육

골격은 영아기에 이어 유아기에도 지속적인 성장이 이루어지는데, 연골조직의 경우 유아기에는 경화현상이 일어나기 시작된다. 경화현상이란 일정한 발육의 단계에서 몸의 조직 가운데 일부가 굳는 것을 의미하는데, 이는 아동기 이후 청소년기까지 지속된다. 하지만 유아기의 뼈는 성인에 비해 유연하기 때문에 충격이 가해졌을 때 성인에 비해 부상이 덜하며 회복도 빠른 편이다. 대부분의 영아들의 다리뼈는 안으로 굽은 상태이지만 걷기 시작하면서 다리가 곧게 펴지기 시작하며 6~7세경이 되면 곧게 펴지게 된다.

한편 골격은 신체의 성숙도를 측정할 수 있는 좋은 방법이다. 특히 골격의 나이는 손과 손목뼈로 예측할 수 있는데, 이렇게 측정한 뼈의 나이를 골격연령(skeletal age)이라고 한다. 신체의 긴 뼈 양끝을 골단(epiphyses)이라고 하는데 골단에는 성장중추가 있다. 골단에는 성장판이 있는데 유아기 이후 아동기, 청소년기까지 연골세포들이 계속 만들어지면서 키가 성장하며, 성장키가 완성되어 더 이상 키가 크지 않게 되면 골단은 가늘어지다가 사라지게 된다(이기숙, 2015). 성장판을 미세구조로 보면 겹겹이 연골세포들이 배열되어 있으며, 세포분열을 일으키며 연골세포가 성숙해지면서 연골세포는 뼈 조직으로 변화한다. 또한 뼈의 방사선 촬영 사진을 통해 골격 연령을 측정하여 성장 가능성과 성장키를 예측할 수 있으며, 신체 성장장애 등도 예방할 수 있다(Berk, 2007).

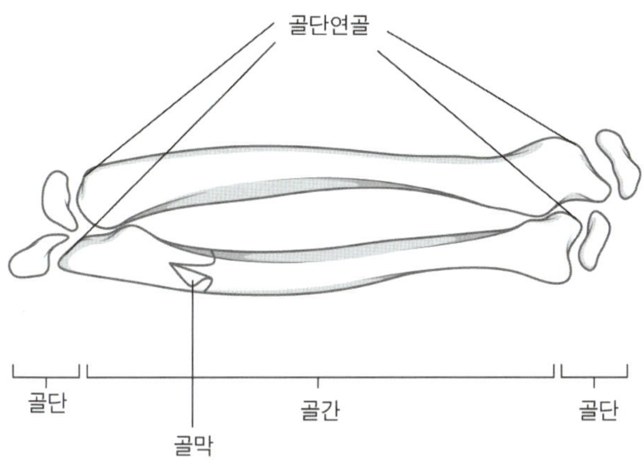

[그림 9-2] 뼈의 구조

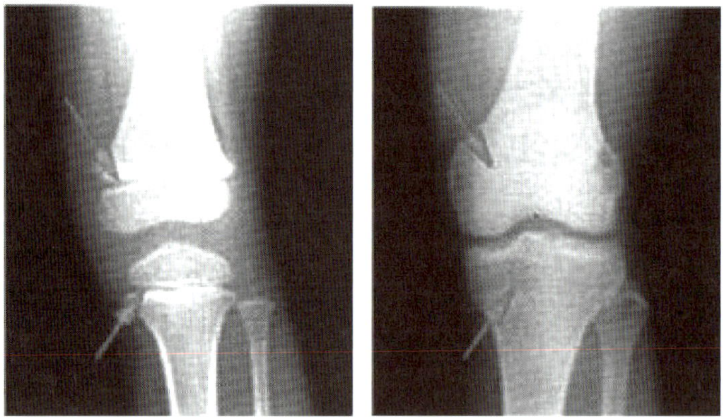

열린 성장판 닫힌 성장판

[그림 9-3] 무릎 주변의 성장판

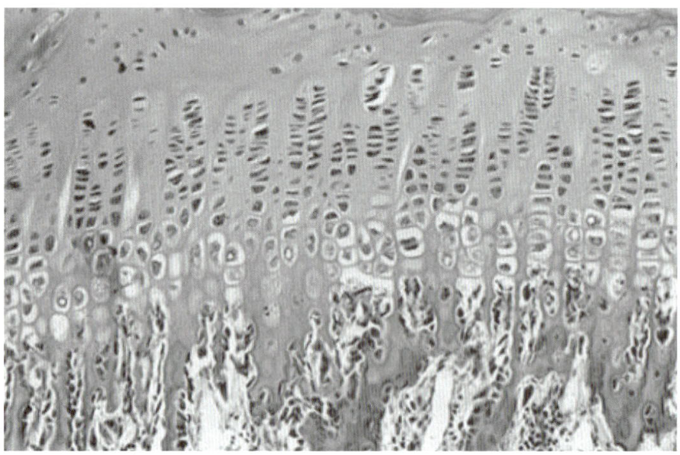

[그림 9-4] 성장판의 현미경적 구조

근육은 몸무게와 같은 속도로 발달이 이루어지는데 유아기에는 근육조직보다 지방조직이 먼저 발달한다. 지방조직은 생후 8개월까지 급격히 증가하지만 이후 증가율이 서서히 감소하며, 근육은 5~6세경 급격히 증가한다. 7세 이후가 되면 어깨와 엉덩이 등의 근육에서 남아와 여아의 발달이 다르게 나타나 근육에서의 성차가 나타나기 시작하며 13세 이후 뚜렷해진다. 일반적으로 근육은 운동, 휴식, 영양 등의 영향을 받는데, 성차보다 개인차가 더 크다고 볼 수 있다. 유아의 근육과 골격의 발달 속도는 차이가 있다. 대부분의 경우 아동기까지는 근육의 성장 속도가 뼈의 성장 속도를 따라가지 못하며, 이로 인해 성장통이 발생한다는 가설이 있다(류진희 외, 1999).

4) 치아

생후 6~7개월이 아래 앞니부터 이가 나기 시작해서 2년 정도 지나면 젖니(유치) 전부가 형성된다. 결손이 없는 경우 젖니는 보통 20개이며 젖니가 빠진 다음에는 영구치(간니 또는 성치)가 나기는데 영구치는 생후 6년경부터 나기 시작한다. 영구치는 모두 32개로이며, 20개의 젖니 다음에 나는 것과 젖니 안쪽에 나는 12개의 영구치가 있다.

6세경부터 나기 시작하는 영구치는 평생 동안 사용해야 하며, 젖니 또한 영구치에 영향을 주기 때문에 치아 관리는 젖니가 나기 시작하면 지속적으로 철저하게 관리되어야 한다. 유아기의 경우 어금니가 나기 시작하는데 유아가 혼자서 닦기에는 어려움이 있으므로 성인의 도움이 필요하다. 또한 바른 양치법에 대한 지도와 함께 식사 후와 자기 전에 양치질 하는 습관을 가질 수 있도록 하는 것은 유아기 치아 관리에 있어서 매우 중요하다. 또한 손 빨기, 손톱 깨물기, 입술 깨물기, 혀 내밀기 등의 좋지 않은 습관은 치아에도 부정적인 영향을 줄 수 있고 이는 발음에도 영향을 미칠 수 있으므로 부모의 각별한 관심과 주의가 요구된다(김미영, 2014; 유효순 외, 2014).

2. 운동 발달

운동기능의 발달은 개인차가 있지만 운동기능은 연습과 훈련을 통해 발달시킬 수 있다. 운동 발달도 신체 발달과 마찬가지로 일정한 방향으로 발달이 이루어진다. 운동 발달의 방향은 위에서 아래로, 머리에서 다리로, 중심에서 말초로 이루어진다는 특성이 있다. 운동 발달은 크게 대근육 운동과 소근육 운동으로 나누어 볼 수 있다. 대근육 운동의 필, 다리, 몸통 등 큰 근육을 움식이는 운동을 의미하며, 소근육 운동은 손가락과 같은 작은 근육을 움직이는 운동을 의미한다.

1) 대근육 운동 발달

머리가 몸통에서 차지하는 비율이 낮아지면서 유아는 균형감이 발달하고 뼈와 근육의 발달로 인해 다양한 대근육 활동이 가능해진다. 대근육 운동능력은 기본 운동능력과 지각 운동능력으로 나눌 수 있는데, 기본 운동능력은 안정운동, 이동운동, 조작운동으로 구성된다. 기본 운동능력 구성요소는 아래와 같다(Gallahue, 1993).

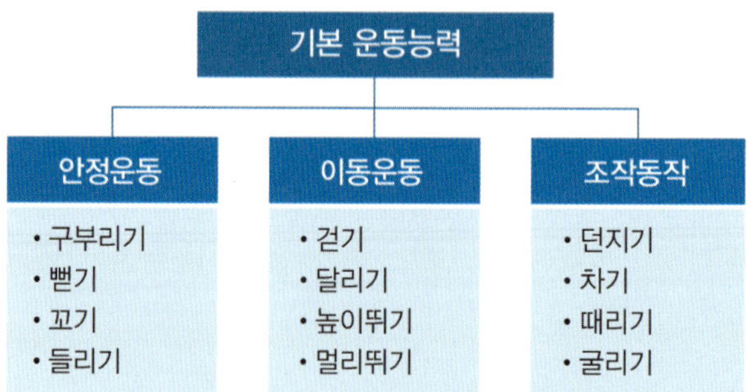

[그림 9-5] 기본 운동능력의 구성요소

출처 : Gallahue(1993).

(1) 안정동작

안정운동은 이동하지 않고 한 자리에서 수평 또는 수직으로 움직이는 운동을 의미하는데, 안정운동에는 구부리기, 뻗기, 꼬기, 돌리기, 흔들기, 앉기, 서기, 멈추기, 피하기, 균형잡기 등이 있다. 예를 들어 한발로 서기는 5세경 급속한 발달이 이루어는데 남아에 비해 여아의 운동능력이 더 우수한 경향이 있으며, 양팔로 매달리기는 영아기에는 여아의 발달이 더 우수한 경향이 있으나 4세 이후 경부터는 성차가 현저히 나타나며 남아가 우수한 경향이 있다(이현균, 2012).

(2) 이동운동

이동운동은 우리 몸을 다른 곳으로 수평적 또는 수직적으로 위치를 변화시키며 움직이는 운동을 의미하는데, 이동동작에는 걷기, 달리기, 두발 모아 뛰기, 한발 뛰기, 말뛰기, 미끄러지기, 번갈아 뛰기 등이 있다. 걷기의 경우 돌 무렵 시작되는데 이후 달리기, 두발 모아 뛰기 등 다양한 이동동작이 발달한다. 유아기의 이동동작 발달은 다음과 같다.

〈표 9-2〉 유아기의 이동동작

연령	걷기	달리기	뛰기	오르기
3~4세	팔을 앞뒤로 흔들며 걷는다.	출발과 정지를 잘한다.	두 발로 높이 뛰어오른다. 한 발로 장애물을 뛰어넘는다.	계단을 오를 때 한 발로 차례차례 오른다. 계단을 내려올 때 두 발을 모아서 내려온다.
4~5세	곡선 위를 걷는다. 평균대 위를 걷는다.	방향을 바꿀 수 있다.	두 발 모아 뛰면서 앞으로 나간다.	발을 번갈아 가면서 계단을 내려온다. 사다리, 정글짐, 미끄럼틀, 나무 등을 타고 오르내린다.
5~6세	성인처럼 걷는다.	속도를 내서 잘 달린다.	높이뛰기와 멀리뛰기를 할 수 있다. 줄넘기를 한다.	성인처럼 오르고 내린다.

출처 : 이기숙 외(2014).

(3) 조작운동

조작운동은 손이나 발을 사용하여 주로 도구를 이용하는 운동을 의미하는데, 조작동작에는 던지기, 받기, 차기, 때리기, 튕기기, 굴리기, 밀기, 당기기, 들어올리기 등이 있다. 조작운동은 눈과 손, 눈과 발, 손과 발 등의 협응력이 요구되는데, 발달의 개인차이가 있지만 공 던지기의 경우 2~3세 이후 발달하기 시작하는데 3~4세경이 되면 구르는 공을 잡을 수 있으며, 몸을 앞뒤로 흔들며 한 팔로 공 던지기가 가능하다. 4~5세경이 되면 팔꿈치를 사용해서 공을 던지며 공을 튕기고 잡을 수 있다. 5~6세가 되면 구르는 공을 발로 차거나 한 발을 앞으로 내밀며 팔을 뻗어 공을 던지며, 5세 이후에는 공 때리기 동작도 발달하기 시작한다.

2) 소근육 운동 발달

중심에서 말초 방향으로 신체 성장이 이루어지는 것처럼 운동능력도 대근육에서 소근육으로 발달한다. 영아기 때는 손 전체를 사용해서 물건을 잡을 수 있었지만, 소근육이 발달하면서 점차 손가락의 작은 근육을 사용하기 시작하며 유아기에는 소근육 운동능력이 급격히 발달하게 된다. 또한 눈과 손의 협응력도 함께 발달하며 구슬 꿰기, 가위질 하기, 블록 쌓기, 퍼즐 맞추기 등의 활동도 가능해지며 유아기에는 소근육을 이용한 놀이활동도 활발하게 전개된다. 유아기의 소근육의 발달은 자조기술 발달에도 영향을 미치며 단추 끼기, 지퍼 올리기 등과 같은 정교한 소근육을 요구하는 기술도 가능하게 한다. 그래서 스스로 옷 입고 벗기가 가능해지는데, 유아는 성인의 도움 없이 스스로 할 수 있는 것들이 많아지면서 긍정적인 자아인식에도 영향을 주게 된다. 유아기의 소근육 운동 발달의 특성은 다음과 같다.

〈표 9-3〉 유아기 소근육 운동 발달

연령	특성	
3~4세	• 원을 포함한 도형을 그리기 • 간단한 그림 그리기 • 풀칠하기 • 탑 만들기 • 인형 옷 입히기	• 선과 도형을 조합하여 그리기 • 종이 자르기 • 블록 쌓기 • 단순한 모양 그리기 • 흘리지 않고 컵에 물 따르기
4~5세	• 신발 끈 묶기 • 구슬 엮기 • 높은 탑 만들기 • 이름 쓰기	• 선 따라 자르기 • 옷핀 잠그기 • 여러 모양의 그릇에서 물 따르기
5~6세	• 종이 접기 • 종이 안의 모양 도려 내기 • 점토 만들기	• 다양한 도양 그리기 • 크레파스를 제대로 사용하기 • 글자 보고 따라 적기

출처 : 김경회 외(2014).

유아의 교사나 부모는 다양한 활동을 통해 소근육 발달을 지원해줄 수 있는데, 계획을 가지고 단계적인 방법을 사용하면 효과적이다. 예를 들어 가위질의 경우 처음에는 단순한 직선 자르기에서 시작해서 어려운 직선, 곡선, 원 등의 순서로 활동해 볼 수 있도록 한다면 단계적인 가위질을 통해 유아의 소근육 발달에 도움을 줄 수 있을 것이다. 또 학급에서 다양한 선이 그려진 종이를 제공하여 가위질을 해볼 수 있도록 한다면 학급 내 유아의 개인차를 고려한 활동이 이루어질 수 있을 것이다.

[그림 9-6] 다양한 가위질 활동의 예

손의 사용에 있어서 영아기에는 주로 양손을 모두 사용하며 우세손은 3세경에 나타나기 시작한다. 이는 뇌 발달과 관련이 있으며 몸의 오른 쪽을 주관하는 좌뇌가 발달한 경우 오른손을 주로 사용하게 되며, 반대로 우뇌가 발달한 경우 왼손을 주로 사용하게 되는 것이다. 우리나라의 경우 주로 오른손을 사용하는데 아직까지도 우세손보다는 오른손을 사용하도록 훈련시키기도 한다. 하지만 이는 바람직하지 않으며 유아가 편하게 사용하는 우세손으로 결정하도록 하여 이 시기에 이루어져야 하는 소근육을 잘 발달시킬 수 있도록 하는 것이 중요하다.

3. 뇌 발달

뇌 발달에 있어서 영유아기는 '급성장기'로 뇌와 신경계의 성장과 발달은 유아기의 가장 중요한 신체 발달 중 하나라 볼 수 있는데, '뇌의 발달'은 크기, 무게, 형태, 그리고 뇌세포 간의 연결 정도와 전달 속도의 증가를 의미한다(최경숙 · 송하나, 2010). 유아기 뇌의 성장 속도는 영아기에 비해 감소하지만 유아기에도 지속적인 성장이 이루어져 출생 시 성인의 25% 정도에 불과했던 뇌의 크기는 6세경이 되면 성인의 70~90%까지 성장하며 8세경이 되면 거의 성인과 비슷한 크기가 된다. 유아기에는 뇌의 크기와 함께 무게도 증가하며 뇌의 신경계는 수많은 시냅스를 형성하며 발달한다. 일반적으로 발달이 머리에서 다리 방향으로 이루어진다는 원칙 하에 뇌의 발달은 다른 신체보다 빨리 발달하지만 뇌는 일정한 속도로 발달하지 않으며 뇌의 각 부분들도 발달 속도가 각기 다르다(문혁준 외, 2014).

1) 뇌의 구조와 기능

맥클린(Maclean)은 '삼위일체 뇌'를 이론화하여 인간의 복잡한 뇌 구조를 뇌간, 대뇌변연계, 대뇌피질로 나누어 설명하였다.

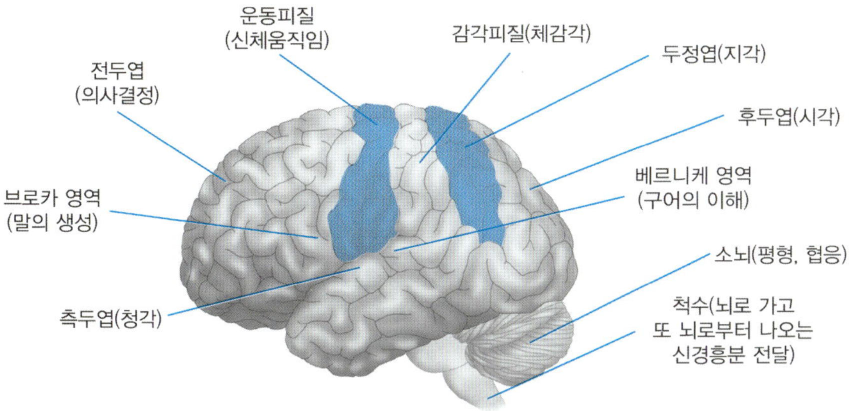

[그림 9-7] 뇌의 구조

출처 : 조형숙 외(2013).

(1) 뇌간

뇌간은 자율신경계라고 하며 뇌간과 소뇌, 뇌량 등으로 구성되어 있다. 뇌간은 뇌의 가장 아랫 부분에 위치하고 있으며 출생 시 이미 완전한 기능을 하며 호흡, 땀 내기, 심장박동, 소화 등 무의식적인 조절, 반사운동, 생명유지와 관계된 신체기능을 하는 중요한 부분이다. 생후 15개월까지 발달한다.

소뇌는 후두엽 아래 좌우 한 쌍으로 구성되어 있다. 주로 균형감각, 동작, 운동기능을 담당하며 2세 무렵이면 성인과 비슷한 수준으로 발달하는데 4세경이 되면 소뇌는 대뇌와 연결되는 섬유질의 성숙이 완성된다.

뇌량은 좌뇌와 우뇌 사이를 연결하는 신경섬유인데 1세 무렵부터 시작되는 수초화는 3~6세경 급속히 발달하지만 유아기 이후부터 청소년기까지는 발달 속도가 둔화된다. 뇌량은 신체 협응, 주의지각, 언어, 문제해결 등 사고의 통합기능을 담당하며, 유아기의 의미있고 다양한 경험은 수초와 수상돌 가지가 많아지고 뇌량이 두꺼워지면서 좌뇌와 우뇌의 처리 속도를 증가시켜 두뇌 발달에 도움을 준다.

(2) 대뇌변연계

주로 감각, 수면, 성욕 등 인간의 본능과 관련된 기능을 하는 대뇌변연계는 대뇌피질과 뇌간 사이에 위치하며 시상, 시상하부, 편도체, 해마 등으로 구성되어 있다. 시상은 뇌간 바로 위에 위치하고 있으며 감각 정보를 대뇌피질에 전달하도록 하는 기능을 하며, 통증을 지각한다. 시상 아래에 위치한 시상하부는 성욕, 수면, 쾌락, 체온, 공격 행동 등을 조절한다. 편도는 시상하부 아래 해마 위에 위치하고 있는데 두려움이나 공격성 같은 정서에 관여하며 3세경에 성숙된다. 해마는 편도 아래에 위치하고 있으며 의식되는 기억을 담당한다. 과거의 기억을 피질에 전달함으로써 단기기억에서 장기기억으로 전환시키는 기능을 담당한다. 4세경이 되어야 성숙된다(문혁준 외, 2014).

(3) 대뇌피질

뇌의 가장 바깥쪽에 위치하고 있고 우리 뇌 부피의 80%를 차지하고 있는 대뇌피질은 전두엽, 두정엽, 후두엽, 측두엽으로 구성되어 있다. 주로 언어, 사고, 판단, 추리 등 인간의 고등기능을 담당하고 있다.

전두엽은 피질의 가장 넓은 부위로 이마 안쪽에 위치하고 있는데 전두엽에는 브로카라는 언어생성과 관련된 영역이 있어 언어기능을 수행한다. 또 추리, 지혜, 감각동작 처리와 인지, 인간의 의식 등 인간으로서의 고도의 정신활동을 담당한다. 전두엽의 발달은 영아기 후반부터 이루어져 아동기, 청년기를 거쳐 성인에 이르기까지 성장하며, 언어 발달과 관련된 부분은 영아기 후반부터 유아기까지 급속한 발달을 이룬다. 두정엽은 두뇌의 맨 위에서 뒷부분에 걸쳐 위치하고 있으며 외부의 감각을 수용하여 인지한다. 주로 공간지각능력, 감각 처리, 계산, 신체감각과 관련된 기능을 담당한다. 두정엽의 발달은 출생 후부터 유아기까지 이어져 계속 발달된다. 후두엽은 뒷통수에 해당되는 두뇌의 뒷부분의 중심부터 아래까지 위치하고 있으며 시각정보를 처리한다. 출생 후 3~4개월부터 1년 정도까지 발달된다. 측두엽은 왼쪽과 오른쪽 귀주변과 귀 뒷부분에 위치하고 있으며 베르니케라고 하는 언어이해와 관련된 영역이 있어 말을 실제로 할 수 있게 하는 역할을 한다. 청각과 언어적응력에 관련된 일을 하며 측두엽도 후두엽과 마찬가지로 출생 후 3~4개월부터 1년 정도까지 발달된다. 뇌의 구조와 기능을 맥클린(1990)은 '삼위일체 뇌'에 따라 뇌간, 대뇌변연계, 대뇌피질로 나누어 다음과 같이 정리하였다.

〈표 9-4〉 뇌의 구조와 기능

구조		위치	역할 및 기능	발달시기
뇌간 (자율 신경계)	뇌간	뇌의 가장 아래쪽에 위치, 중뇌(윗부분), 뇌교(가운데 부분), 연수(가장 아랫부분)로 구성	• 호흡, 심장박동, 소화활동, 흡수, 생화학적 반응 등 무의식적인 조절과 생명유지에 필수적인 활동	태아기~생후 15개월까지 발달
	소뇌	후두엽 바로 아래 위치 (좌우 한 쌍으로 구성)	• 운동기능, 평형감각, 동작패턴, 저장 및 인출, 동작 통로 활동수정, 감각 대기실과 같은 역할	출생~2세까지 발달
변연계	시상	뇌간 바로 윗부분에 위치	• 감각 정보가 대뇌피질에 전달되도록 하는 기능, 통증 지각	
	시상하부	시상 아래 위치	• 신체의 정상적인 상태 유지, 성욕, 수면, 공격적 행동, 쾌락 조절	
	편도	시상하부 아래 해마 위에 위치	• 정서 조절(두려움, 공격성)	해마보다 빨리 3세에 성숙
	해마	편도 아래 위치	• 과거의 기억 유지, 기억 내용을 피질에 급파해서 장기기억으로 저장, 기억 담당 기능	4세 정도에 완전히 성숙
대뇌 피질	전두엽	피질의 가장 넓은 부위로 이마 안쪽에 위치	• 언어, 사고, 판단, 추리, 지혜 등 인간의 고등기능을 담당 • 고도의 정신활동, 인간의 의식·의지 담당, 감각동작 처리와 인지, 브로커 영역: 말을 할 수 있음	영아기 후반~청년기, 성인기까지 계속 성장하며 언어관장 피질은 영아기 후반~학령 전까지 급속 발달

	두정엽	두뇌의 맨 위에서 뒷부분에 걸쳐 위치	• 고차적인 공간지각 능력, 감각 처리, 언어 처리, 주의집중, 신체 감각을 담당 • 신체를 움직이는 일과 입체 공간적인 인식기능을 담당	출생 후부터 영유아까지 계속 발달
	후두엽	두뇌의 뒷부분의 중심부 아래 위치 머리 뒷통수에 해당	• 눈으로 보고 느끼는 시각정보 담당, 미술 작품이나 무용 등 감상의 이미지 훈련 시 활성화	출생 후 3~4개월~1년까지 계속 발달
	측두엽	왼쪽 · 오른쪽 양옆의 귀 주변과 귀 뒷부분에 위치	• 언어적응력과 청각에 관련된 일을 하며, 베르니케 영역 언어이해와 해석	출생 후 3~4개월~1년까지 계속 발달

출처 : 전남련 외(2012).

2) 뇌의 정보 전달

뇌는 생존, 감각, 감정, 인지 등에 있어서 중추적인 역할을 담당하는데 뇌를 구성하고 있는 세포 때문에 이렇게 여러 가지 주요한 기능을 담당할 수 있다. 인간의 뇌는 뉴런(neurons)이라고 하는 신경세포, 교세포, 크고 작은 혈관으로 이루어져 있다. 뉴런은 외부로부터 들어오는 감각정보를 받아들이고 다른 신경세포 전달하는 역할을 하는데, 뉴런은 세포체, 수상돌기, 축색돌기로 구성되어 있다. 축색돌기의 끝은 다른 뉴런의 수상돌기와 연결되어 있으며, 이 부분을 시냅스(synapse)라고 한다. 그 기능을 살펴보면 세포체는 뉴런의 에너지를 만드는 역할을 하고, 수상돌기는 다른 뉴런으로부터 정보를 받아들이며, 축색돌기는 받아들인 정보를 전달하는 역할을 한다. 또 시냅스는 전기적 · 화학적 신호가 다른 세포(근육이나 신경 등)로 이동하는 곳이어서 뇌의 학습을 이해하는데 가장 중요한 부분이다(조주연, 1998). 뇌의 활동을 담당하고 있는 뉴런은 시냅스를 통해 전달되는 신경전달물질의 종류와 양에 영향을 받는데, 신경절달물질의 종류와 양에 따라 뉴런의 활동이 조정된다(박찬웅, 1998). 대표적인 신경전달물질로는 엔돌핀, 아드레날린, 도파민 등이 있다. 학습 현상은 신경전달물질을 통해서 설명이 가능한데, 새로운 내용에 대한 학습은 이전에는 관련 없었던 뉴런과 뉴런 사이에 새로운 연결, 즉 시냅스가 형성된 것을 의미한다. 또 신경전달물질의 활성화는 동일한 정보에 대한 뇌의 빠른 반응을 야기시켜 학습의 효율성을 높일 수 있다(조주연, 1998). 시냅스는 두 가지 방식으로 뇌에 연결된다. 하나는 시냅스가 과잉 형성되어 가지치기를 통해 적정 시냅스가 뇌에 연결되는 방식이고, 다른 하나는 형태가 완성될 때까지 새로운 시냅스를 추가적으로 생산하여 뇌에 연결하는 방식이다. 첫번째 방식으로 인하여 시냅스는 생후 6개월 영아의 경우 성인보다 더 많은 시냅스를 가지고 있는데 이는 과잉 생성된 시냅스를 제거하기 위한 가지치기가 이루어지기 전이기 때문이다. 또 두 번째 방식으로 인해 시냅스의 추가적인 형성은 인생 전반에 걸쳐 계속된다. 하지만 뉴런은 출생 후 더 이상 생성되지 않는다.

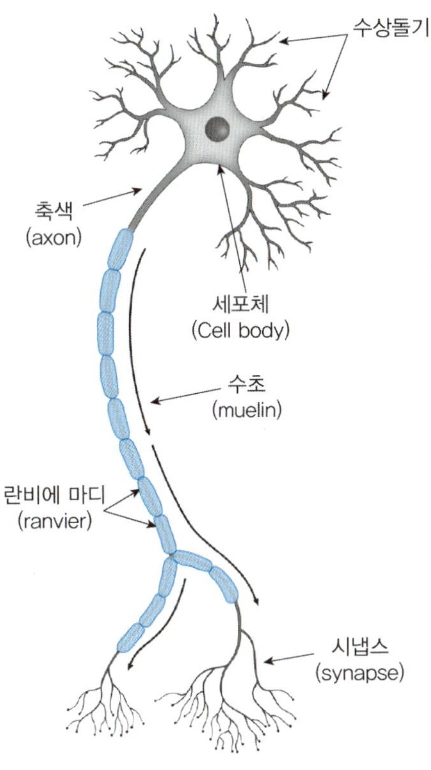

[그림 9-8] 뉴런의 구조

출처 : 조형숙 외(2013).

3) 뇌의 가소성과 결정적 시기

가소성이란 외부의 힘에 의해 변한 형태가 외부의 힘이 없어져도 원래의 형태로 돌아오지 않는 물질의 성질을 말하는데, 가소성은 인간의 뇌에도 적용되는 성질이다. 영유아기는 뇌의 가소성이 강한 시기이므로 뇌 발달에 있어서 매우 중요한 시기이지만 인간의 뇌는 부위에 따라 가소성이 강한 시기가 다르며 심지어 모든 부위에서 가소성을 가지고 있지도 않다. 하지만 영유아기에 제공하는 의미있는 경험은 뇌에 다양한 자극을 주어서 시냅스의 정보처리 용량, 정확성, 신속성 등에 긍정적인 영향을 미쳐 좋은 지적 능력을 가지는데 도움이 된다(서영실, 2009). 그러나 이는 반대로 생각하면 영유아기의 뇌에 부정적인 자극을 주었을 경우에는 지적능력에 있어서 치명적일 수 있음을 의미한다고 볼 수 있다. 뇌를 연구하는 과학자들은 이 시기를 뇌 발달의 결정적 시기(critical period)라고 하여, 뇌 발달에 적합한 환경을 제공하면 뇌 발달이 왕성하게 이루어진다고 주장하고 있다(Berk, 2007).

Chapter

10

인지 · 언어 발달

● 학습목표 ●

1. 유아기의 발달을 인지 · 언어 발달에 대하여 인지할 수 있다.
2. 교사로서 유아의 인지 및 언어 발달에 적합한 교육적 역할을 수행할 수 있다.
3. 유아의 인지 및 언어 발달에 도움을 줄 수 있는 교사로서의 태도를 형성할 수 있다.

유아의 발달에 중요한 기본적인 세 가지 축은 신체, 인지, 정서 · 사회성의 영역이다. 유아의 발달이 연령에 적합하게 이루어지기 위해서는 이 세 영역은 통합되어지고 상호 영향을 미치게 된다. 여기에서 인지의 발달은 주의 기억, 문제해결, 창의성, 언어를 포함하는 지적인 능력의 변화라고 할 수 있다(Berk, 2015). 따라서 본 장에서는 유아기 발달 중 인지 발달에 대하여 알아보고자 하며 인지 발달 영역에 포함되어질 수 있는 지능 발달, 창의성 발달, 언어 발달에 대하여 살펴보고자 한다.

1. 인지와 지능 발달

유아기의 인지 발달에 대한 관점을 살펴보면, 사고과정에 초점을 맞추어 설명하는 피아제, 비고츠키, 정보처리이론이 있고 유아의 정신능력을 평가하는 결과 중심의 심리측정적 관점이 존재한다. 과정 중심의 이론으로 피아제의 인지발달이론에 대하여 살펴보고 결과 중심의 심리측정적 관점으로는 지능 발달에 대하여 알아보고자 한다.

1) 유아기 인지 발달

피아제는 인지발달이론에 대하여 설명하면서 발달 단계를 구분하였다. 인지 발달 단계는 4단계로 구분되어 있는데 유아기는 전조작적 시기(preoperational stage)이며 두 번째 단계에 해당한다. 전조작기이란 조작적 사고를 하기 전의 시기를 뜻한다. 조작적 사고를 한다는 것은 정신적인 활동을 하는 데 있어서 체계적인 사고가 가능하다는 의미를 갖기도 한다. 이러한 전조작적 사고의 특징은 사고가 논리적이지 못하고 체계적이지 않다는 것에 있으며 이 시기의 유아는 상징적 사고, 자아중심적 사고, 직관적 사고 등을 한다는 것이다. 피아제는 전조작기에 해당하는 연령이 2~7세라고 하였으며 이 시기는 학령 전 시기라고도 한다.

〈표 10-1〉 피아제의 인지 발달 단계

연 령	구 분	특 징
0~2세	감각 운동기	• 유아의 행위는 반사에 의존한다. • 습관이 형성된다. • 대상 없이 관심을 일깨울 수 없다. 쥐기, 조작하기, 그 밖의 다른 촉각과 근육 운동 감각을 통해 사고를 시작하게 한다. • 만지고, 느끼고, 보고, 조작하고, 맛보고, 듣는 것은 그림 그리기의 근본적인 바탕이 된다.
2~7세	전조작기	• 자기 중심적 – 다른 관점을 생각하지 못한다. • 보이는 것이 아니라 알고 있는 것을 그린다. • 시각적으로 지각되지 않았다 하더라도 개념적 속성을 그린다.
7~12세	구체적 조작기	• 시간의 경과에 따라 발생된 일련의 사건들이 하나의 그림 속에 나타날 수도 있다. • 다른 사람의 관점을 이해할 수 있게 된다. • 대인관계에 협조적인 측면이 보인다. • 사회화에 인지적, 정서적, 도덕적 측면이 포함된다.
12~15세	형식적 조작기	• 가치와 이상을 중요시한다. • 가설에 대해 합리화할 수 있게 되고 가능성으로부터 결론을 도출한다. • 언어적 추상을 이룰 수 있게 되고 추론적 능력을 통해 예견할 수 있게 된다. • 대인관계에 협조적인 측면이 보인다. • 동료의 영향이 크다. 최종적이고 궁극적인 분화를 한다.

출처 : 신명희(2014).

(1) 상징적 사고

전조작기인 유아는 상징적 표상(symbolic representation)이 가능해진다. 상징은 특정한 대상이나 경험 등을 어떠한 유사성에 의해 내적으로 구상하는 것이며 표상은 일반적으로 외적 대상을 의식상에 나타내는 심상을 의미한다(철학사전편찬위원회, 2009). 만 2세를 지나면서 유아는 상징적 표상을 사용하기 시작하며 인지 발달에 중요한 의미를 갖는다. 예를 들어 유아가 직육면체의 나무 블록을 귀에 대고 '여보세요?'라고 말하는 것은 그 나무 블록을 전화기로 상징적 표상한 것이라고 할 수 있다.

유아기에 상징이 발달하는 것은 언어 발달에 매우 중요한 부분이다. 우리가 사용하는 언어는 상징으로 이루어져 있으며 언어의 발달은 곧 사고의 발달을 이끌어낸다. 책상이라는 단어는 앉아서 책을 읽고 공부를 하고 사무를 보는 등의 일을 할 때 앞에 놓고 사용하는 상을 뜻한다. 언어는 이렇듯 단어 하나하나가 상징으로 이루어져 있다. 단어가 모여 문장이 되는 것도 상징의 집합체라고 할 수 있다. 유아는 이러한 언어를 통하여 사고를 형성하게 된다. 유아는 실제로 경험하지 않은 것도 상징적 표상을 사용하여 마치 경험한 것처럼 상상하고 가상으로 경험하기도 한다. 실제로 현재 존재하고 있지 않은 사물이나 대상에 대해서도 생각하는 등의 사고를 구성할 수 있게 된다.

상징을 사용하는 유아는 가상놀이(pretend play)를 할 수 있게 되며 이는 상징적 사고의 대표적인 예이다(Garvey, 1990). 가상놀이는 가상의 대상이나 상황을 마치 실제 존재하는 것처럼 상징화하여 놀이하는 것이다. 예를 들어 유아가 컵에 물을 따라 마시는 것처럼 행동하기 위하여 손으로 컵을 잡는 것처럼 하고 손에 든 컵의 물을 마시는 시늉을 하는 행위이다. 초기의 가상놀이는 실제의 사물과 유사한 구체물을 이용하여 사물이나 상황을 표현하나 유아기의 연령이 높아질수록 사물의 두드러진 속성을 근거로 하여 어떠한 구체물이 존재하지 않아도 사물이나 상황을 표현할 수 있게 된다. 가상놀이는 가장놀이, 가상놀이, 상징놀이, 상상놀이, 극놀이, 가작화놀이, 사회극놀이 등과 유사한 개념이다. 유아는 이러한 놀이를 통하여 현실에서 불가능한 일을 연출하여 가상 현실을 경험하기도 하고, 일상생활에서 일어난 사건을 재현함으로써 역할을 습득하는 등의 사회성을 형성하기도 하며, 경험한 스트레스 상황을 놀이를 통해 반복함으로 인해 정서적 해소감을 갖기도 하고, 다양한 표상을 하는 등 가상놀이는 유아기에 필수적인 가치를 함양하고 있다.

〈표 10-2〉 고웬(Gowen, 1995)의 상징놀이 발달 단계

단계	특징	예시
1단계 전 가상놀이	가상놀이와 비슷한 놀이를 하지만 정말로 가상놀이를 하는지 확실한 증거가 없다.	전화기를 잠깐 귀에 댄다. 병을 인형의 입에 잠깐 댄다.
2단계 자기 가상	가상행동이 명백히 보이는 단계이나 가상행동이 자신에게 향해 있다.	컵을 들고 먹는 행동을 한다. 마시는 소리를 낸다.
3단계 타인 가상	가상행동이 자신에서 타인으로 향해 있다. 타인의 행동을 흉내 낸다.	장난감, 우유병으로 인형을 먹인다. 방바닥에서 트럭을 밀고 트럭 소리를 낸다.
4단계 대치	어떤 물건을 일반적으로 사용하는 방법과 다른 방법으로 사용한다.	블록이 우유병인 것처럼 하여 인형에게 먹인다. 접시 위의 점토 조각을 햄버거라 부른다.
5단계 상상적 존재	대상물, 물질, 사람, 동물이 존재하는 것처럼 가상한다.	빈 주전자를 컵에 대고 '커피'라고 말한다. 상상적으로 자전거를 타는 것처럼 소리를 내면서 방안을 돌아다닌다.
6단계 활동 대리인	장난감(인형)을 살아있는 것처럼 표상하여 장난감이 가상활동에서 활동 대리인이 된다.	인형 스스로 먹는 것처럼 인형의 손을 입에 댄다. 인형이 말하는 것처럼 소리를 낸다.
7단계 이야기가 없는 가상놀이	단일의 가상행동을 반복한다.	엄마에게 마시라고 컵을 준 다음 인형에게도 마시라고 컵을 준다.
8단계 연속적 이야기가 있는 가상놀이	가상행동에서 하나 이상의 도식을 사용한다.	컵 안을 휘저은 뒤 컵을 들어 마시고 "엄마, 맛있어요"라고 말한다.
9단계 계획	명확한 계획에 의해 진보된 가상놀이를 한다.	장난감 아기 우유병을 인형 입에 대기 전에 아기에게 우유를 먹일 것이라고 말한다.

출처 : 김영심(2003).

(2) 자기중심적 사고

전조작기 유아의 인지 발달에서 또 하나의 대표적인 특징은 자아중심적 사고이다. 자아중심적 사고는 유아가 타인의 관점에서 사물을 바라보거나 사고하지 못하고 타인도 자신이 바라보는 관점으로 생각할 것이라고 여기는 것을 의미한다.

유아의 자기중심적 사고는 피아제와 인헬더(Inhelder)의 세 산 모형실험에서 보여진다. 세 산 모형실험은 탁자 위에 세 개의 크기가 다른 모형을 세워 두고 한 쪽에는

유아를 앉히고 맞은편에는 인형을 앉혀 두었다[그림 10-1]. 유아에게 세 산 모형을 다양한 방향으로 여러 장의 그림을 제시하였다. 이렇게 제시된 그림을 놓고 먼저 유아가 본 세 산 모형의 그림을 고르게 하고 다음으로 인형이 보는 세 산 모형의 그림을 고르도록 하였다. 전조작기의 유아는 자신이 바라보는 방향에서의 그림과 인형이 바라보는 방향에서의 그림 모두 자신이 바라보는 관점에서의 그림을 골랐다. 이러한 연구결과를 통하여 유아는 타인의 관점을 이해하기 어려워하며 자신의 관점으로 타인도 사고한다고 생각하는 자기중심적 사고를 하고 있음을 알 수 있다. 유아는 타인의 위치에서 사물의 모습을 추론하지 못하기에 조망수용능력(perspective-taking ability)의 부재라고 하기도 한다. 이러한 유아의 자기중심적 사고는 만 7~8세경이 되면 탈중심(decentration)적 사고를 하게 된다. 즉, 유아는 이제 타인의 입장에서 생각하고 타인의 감정을 이해할 수 있는 시기가 된 것을 의미한다.

[그림 10-1] 피아제와 인헬더(1969)의 세 산 모형실험

출처 : Berk(2009).

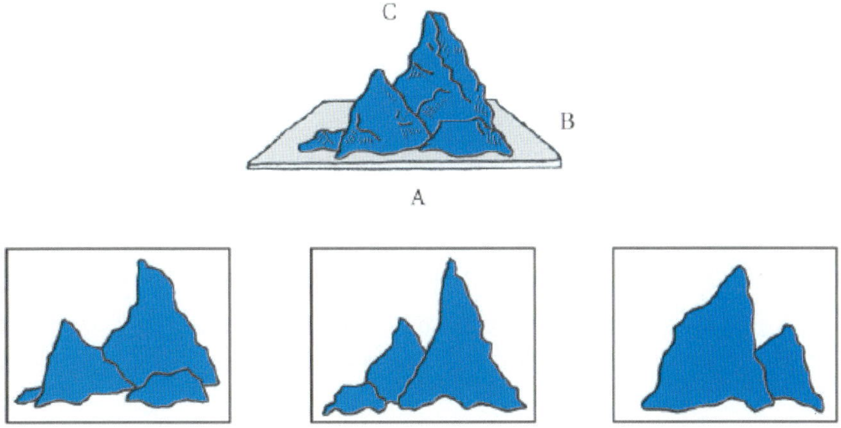

A 위치에서 본 산　　B 위치에서 본 산　　C 위치에서 본 산

[그림 10-2] 세 산 모형 사진
출처 : 신명희(2014).

유아의 자기중심적 사고는 언어에서도 볼 수 있다. 유아는 의사소통 과정에서 타인의 관점에서 대화하지 않고 자신의 관점으로 말을 하는 경향이 있다. 예를 들어 유아는 자신의 친구를 알지 못하는 이모에게 '이모, 영수가 오늘 나를 도와줬어.'라고 말한다. 이는 유아가 영수에 대해 대화를 하면서 자신이 알고 있는 친구를 이모도 안다고 생각하는 자기중심적 사고이다. 유아의 언어에서는 반복, 개인적 독백, 집단적 독백을 하기도 한다. 즉, 유아는 다른 사람의 말을 반복적으로 따라 하기도 하고, 혼잣말을 지속적으로 하기도 하며 다른 사람들과의 대화에서 자신의 관점에서만 이야기하기도 한다. 이러한 경향성은 자기중심적 사고를 반영하는 언어라고 할 수 있다(Ginsburg & Opper, 1988).

(3) 직관적 사고

직관적 사고는 유아기 사고의 특징 중 하나이다. 직관적 사고는 특정 대상이나 상황을 한 가지의 지각적 속성에 의해 판단하는 사고이다. 이 시기 유아는 두 가지 이상의 측면을 고려하지 못한다. 즉, 특정 대상이나 상황을 판단하는데 어느 하나의 두드러진 지각적 특성만을 고려하며 비논리적이고 비가역적인 사고를 하기 때문에 나타나는 현상이다(Piaget, 1955).

유아기의 직관적 사고를 잘 나타내는 것은 보존개념이 획득되지 않은 것이다. 보존개념이란 사물의 형태나 모양이 변해도 변하지 않는 성질(수, 양, 질량, 길이, 면적, 부피 등)을 유지한다는 것을 이해하는 능력이다.

피아제는 전조작기 유아의 보존개념을 알아보기 위하여 유아를 대상으로 다양한 성질에 따른 실험을 실시하였다. 양보존에 대한 실험을 하기 위해 두 개의 같은 모양의 비커에 같은 양의 물을 채워 유아에게 보여 주었다. 유아에게 물의 양이 어떠한지를 물었고 유아들은 대부분 같다라고 대답하였다. 이후 유아가 보는 앞에서 가늘고 긴 비커에 하나의 물을 그대로 옮겨 담았다. 그런 후 다시 모양이 다른 두 비커의 물이 어떠한지를 물었다. 유아들은 두 비커 중 하나의 비커에 담긴 물의 양이 더 많다고 대답하였다. 즉, 대부분의 유아는 물의 높이를 지각하여 가늘고 긴 비커의 물의 양이 더 많다고 하기도 하였고 일부 유아는 넓이를 지각하여 넓은 비커의 물의 양이 더 많다고 응답하기도 하였다. 이는 유아가 양의 보존 개념을 획득하지 않았음을 의미한다.

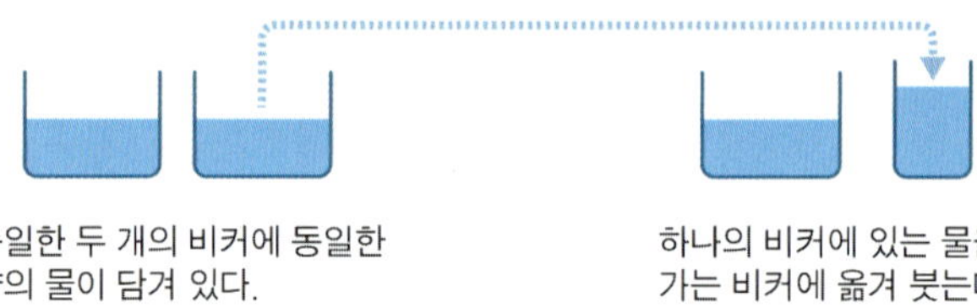

[그림 10-3] 액체에 대한 보존실험

출처 : Sigleman & Shaffer(1991).

수보존에 대한 개념 발달을 알아보기 위하여 동일한 개수의 구슬을 위 아래로 나란히 두고 구슬의 개수가 같은지 아니면 어디가 더 많은지를 유아에게 질문하였다. 유아는 구슬의 개수가 같다고 대부분이 대답하였다. 다음으로 유아가 보는 앞에서 한 줄의 구슬을 늘려 놓고 질문하면 유아는 늘려 놓은 구슬을 가리키며 개수가 더 많다고 대답하였다. 이 또한 유아의 수 보존 개념이 부족하다는 것을 시사한다. 즉, 유아는 구슬 전체의 길이와 구슬 간 간격을 동시에 고려하여 사고하지 못하고 직관적으로 구슬의 전체 길이에 중심화 하였다.

[그림 10-4] 수에 대한 보존 실험

출처 : Sigleman & Shaffer(1991).

질량 보존 개념을 획득하지 못한 유아에 대한 실험에서는 같은 질량의 찰흙 두 개를 공 모양으로 만들어 공의 양이 어떠한지를 질문하였다. 이후 하나의 찰흙은 공 모양으로 그대로 두고 다른 하나는 긴 소시지 모양을 만들어 유아에게 제시하였다. 유아는 어떠한 부분에 초점을 두어 지각하는지에 따라 공 모양이나 소시지 모양 어느 하나가 더 많은 것 같다고 대답하였다. 이러한 실험결과로 유아가 지각에 의존하여 직관적으로 사고하고 비논리적이고 비가역적인 사고를 하고 있으며 보존개념이 부족하다는 것을 알 수 있다.

[그림 10-5] 질량에 대한 보존실험

출처 : Sigleman & Shaffer(1991).

피아제에 의하면 유아의 보존 개념에 대한 발달은 시기적인 차이를 보이는데 보존 개념 중에서도 가장 먼저 발달하는 것이 수 보존 개념이며 이는 만 5~6세경에 획득된다고 하였다. 이후에 길이 보존 개념이 만 6~7세경에 획득되며, 양, 무게, 면적 보존은

만 7~8세경, 가장 늦게 발달하는 것이 부피 보존으로 만 11~12세경에 개념 형성이 된다고 하였다.

〈표 10-3〉 보존개념 발달 단계

조작	제1단계	제2단계	전조작적 사고 (오답)	조작획득 연령
수	 두 줄의 점들이 동일한 간격으로 놓여 있다.	 아래 줄의 점들 사이의 간격을 넓힌다.	아래 줄의 점들이 윗줄보다 더 많다.	6세
길이	 두 개의 막대기	 막대기를 엇비슷하게 놓는다.	위(혹은 아래)의 막대기가 더 길다.	6~7세
면적	 큰 사각형 속에 네 개의 작은 사각형이 있다.	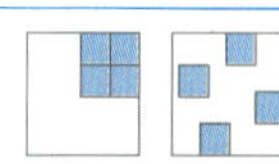 한 개의 큰 사각형 속의 작은 사각형을 흩어 놓는다.	왼쪽 사각형 속에 남아 있는 공간이 더 넓다.	7~8세
액체(양)	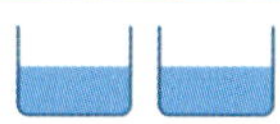 동일한 두 개의 유리컵에 동일한 양의 물이 담겨 있다.	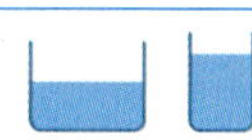 하나의 컵에 있는 물을 길고 가는 컵에 옮겨 붓는다.	왼쪽(혹은 오른쪽) 물이 더 많다.	7~8세
질량	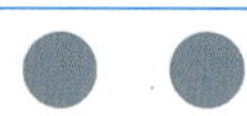 공모양의 같은 크기의 찰흙	 한 개를 납작하게 만든다.	왼쪽(혹은 오른쪽)이 더 무겁다.	7~8세
부피	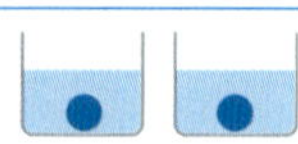 동일한 양의 액체가 들어 있는 컵 속에 동일한 무게의 진흙공이 담겨 있다.	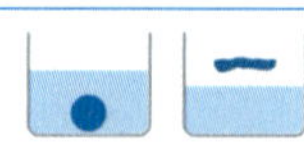 하나의 진흙공을 물에서 꺼내어 모양을 변형시킨 다음 다시 물속에 넣는다.	오른쪽 액체의 높이가 더 높아질 것이다.	11~12세

출처 : Sigleman & Shaffer(1991).

(4) 유목화

유아기의 유목화 특징은 하나의 특성을 근거로 하여 범주를 나누기는 하나 둘 이상의 특성을 고려하여 유목화하는 것에는 어려움을 겪는다. 유목화는 사물의 특성을 근거로 하여 사물 간의 관계를 파악하고 추론할 수 있는 능력이다. 예를 들어 빨강 장미

20송이와 노랑 카네이션 10송이를 놓고 유아에게 '장미가 많아? 꽃이 많아?'라고 물으면 유아는 장미가 많다고 대답한다(Piaget, 1969). 이는 유아가 꽃이라는 범주에 빨강 장미와 노랑 카네이션이 속해 있다는 개념을 이해하지 못하는 것이다. 피아제는 유목화의 발달을 세 단계로 나누어 설명하였다(Ginsburg & Opper, 1988). 1단계는 2~4세의 유아에게 해당되며 유목화를 하지 못 하는 시기이다. 피아제는 다양한 연령의 유아를 대상으로 색깔과 모양이 다른 삼각형, 사각형, 고리, 반고리의 기하학적 모형을 제시하고 비슷한 것끼리 놓으라고 하는 실험을 하였다. 1단계 유아는 다양한 방식과 직관적으로 분류해 놓았다. 즉, 한 가지 기준을 근거로 하여 분류하지 못하였다. 2단계 유아는 5~7세이며 한 가지 기준에 따라 유목화할 수 있는 능력이 발달한다. 즉, 이 시기 유아는 피아제의 실험에서 다각형과 곡선형으로 나누었고 이를 다시 다각형에서는 삼각형과 사각형으로, 곡선형에서는 고리와 반고리로 구분하였다. 이렇게 모양에 따라 유목화하였으나 모양과 색깔을 동시에 고려하지 못하였다. 3단계는 7~11세 아동들이 해당되고 이 시기의 유아는 위계적으로 유목화할 수 있는 능력이 발달한다. 이 단계의 유아는 일관성 있게 사물을 분류할 수 있으며 이는 논리적 사고가 가능해지는 것을 의미한다.

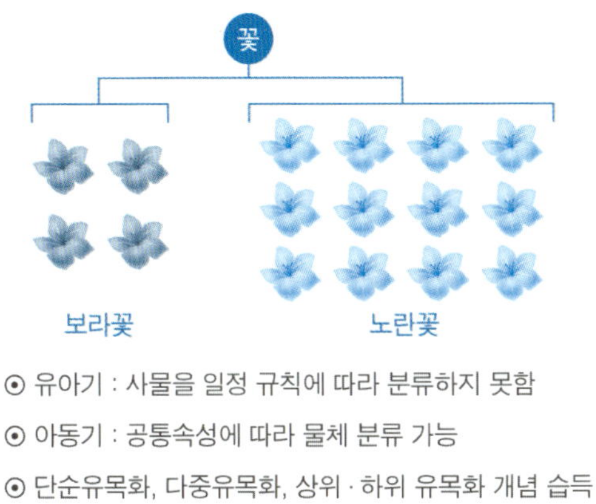

[그림 10-6] 피아제의 유목화 개념

출처 : Sigleman & Shaffer(1991).

(5) 물활론

유아기 사고의 또 다른 특징 중에 하나는 물활론적 사고를 한다는 것이다. 물활론이란 모든 사물은 살아있다고 믿는 것이다. 전조작기의 유아는 생명이 없는 사물도 생명과 감정이 있다고 여기고 있다. 피아제(1969)는 유아기의 물활론적 사고가 4단계로 발달한다고 하였다. 1단계는 4~6세에 해당되며 이 시기 유아는 모든 사물이 살아있다고 믿는다. 2단계는 7~8세의 아동으로 움직이는 것은 모두 살아 있다고 생각하며 아직 생물과 무생물을 구분하지 못한다. 3단계는 8~11세에 발달하게 되는데 스스로 움직이는 사물은 살아 있다고 생각하는 것이다. 이러한 이유로 이 단계까지의 유아는 달려오는 자동차도 살아 있다고 생각하여 횡단보도를 건널 때 운전자를 주시하지 못하고 자동차만을 바라보고 건너게 된다. 마지막으로 11~12세에는 생물과 무생물을 구분할 수 있게 되어 생물만이 살아 있는 것으로 인식한다.

(6) 실재론

실재론이란 인식하고 있는 대상이 인식에서 독립하여 존재한다고 보는 것으로 피아제(1969)는 전조작기 유아의 특성 중 하나라고 하였다. 즉, 유아는 현실과 환상을 잘 구분하지 못하고 환상에 존재하고 있던 사건이나 사물 등을 현실에서 직접 경험하였다고 믿기도 한다. 유아는 꿈에서 일어났던 일이 현실에서 일어난 일로 여기기도 하는 인지적 특성을 갖고 있다.

예를 들면, 유아가 유아교육기관에서 친구들에게 가지도 않은 놀이공원에 다녀왔다가 이야기 하는 것이다. 친구들과 함께 이야기 하다가 B 유아가 '어제 엄마 아빠랑 롯데월드 갔었다. 무지 재미있었어.'라고 말하는 것을 들은 A 유아는 '나도 어제 갔었다.'라고 말한다. A 유아는 B 유아의 이야기에 관심을 갖는 친구들의 관심을 받고 싶어 거짓으로 말한 경우도 있으나 어제 꿈에서 부모와 함께 간 놀이공원을 현실에서 경험했다고 믿고 말한 것일 수도 있다. 유아교사나 부모는 이러한 유아의 인지적 특성을 알고 유아가 어떤 의도에 의하여 거짓된 말을 하고 있는 것인지 아니면 환상의 사실을 실제에서 발생한 사건이라고 여기고 하는 말인지 잘 관찰하여 대응하여야 한다.

2) 유아기 지능 발달

영유아기에는 급격한 발달을 이루는 시기이다. 인지 발달과 함께 지능 발달도 급격하게 이루어진다. 인지 발달에 대한 심리측정적인 접근에서는 지능이 중요하다. 지능에 대한 정의는 학자마다 견해가 다르다. 이러한 지능에 대한 다양한 접근으로 지능의 개념을 알아보고, 지능의 측정방법, 지능에 영향을 미치는 요인들에 대하여 살펴보고자 한다.

(1) 지능의 개념

초기 이론가들은 지능에 대하여 다양한 개념을 제시하였다. 터만과 서스톤(Terman & Thurstone)은 지능을 추상적 사고를 수행하는 능력이라고 하였다. 디어번(Dearborn)은 지능을 학습할 수 있는 능력으로 보았다.

지능검사를 가장 초기에 개발한 비네(Binet)는 지능이 일정한 방향을 설정하고 유지할 수 있는 능력 혹은 경향성이라고 하였으며 원하는 결과를 얻기 위하여 정신적, 행동적으로 순응하는 역량이라고 하였다. 비네와 시몽(Simon)은 프랑스 정부의 지원으로 1905년 최초의 지능검사를 개발하였다. 검사를 개발한 목적은 프랑스의 학교에서 보충수업이 필요한 학생을 선별하기 위한 것이었다. 이 검사의 문항은 판단력, 추리력, 주의집중력을 측정하기 위한 것들로 구성되었다. 이에 대한 총점은 정신연령(mental age)으로 점수화되었으며 문항의 정답을 맞혔을 때 그 검사문항에 속한 연령을 부여받도록 이루어졌다. 연령을 제시하는 것은 특정 연령에 해당하는 아동의 과반수 이상이 맞힐 수 있는 문항으로 제시하였다. 실제 연령은 생활연령이라고 하였고 문항을 맞추게 되면 정신연령으로 하여 지능을 나타내었다. 이렇게 하여 학업이 부족한 학생들에게 도움을 줄 수 있는 검사로 활용되었다.

■ 자료설명

: 검사문항에 관한 이미지입니다.

■ 상세설명

5-5. 빠진 것 찾기(3+)

㉮ ㉯ ㉰ ㉱ ㉲

지시 : 자! 이 그림을 자세히 보십시오. 이 그림에는 무엇이 빠졌습니까? 혹은 이 그림에는 어느 부분이 빠졌습니까?

[그림 10-7] 비네와 시몽의 지능검사의 일부

출처 : Sigleman & Shaffer(1991).

지능에 대한 연구를 한 또 다른 학자인 스피어만(Spearman)은 지능을 일반요인(general factor: G요인)과 특수요인(specific factor: S요인)으로 분류하여 설명하였다. 일반요인은 전체 영역에서 일반적으로 영향을 미치는 인지적인 수행능력을 말하는 것이다. 전체 영역에 영향을 미치는 능력은 일반적으로 언어적 능력으로 볼 수 있다. 특수요인은 특정 영역에 국한된 인지적 능력으로 음악 영역이 특수요인에 해당된다. 일반요인과 특수요인이 결합되었을 때 정신적인 기능이 드러나게 된다. 서스톤(1938)은 지능을 서로 독립적인 7개의 능력으로 구성되어 있다고 하였다. 7개의 요인은 V요인(verbal factor) 언어적 요인, N요인(number factor) 수 요인, S요인(space factor) 공간요인, P요인(perception) 지각요인, W요인(word-fluency factor) 언어 유창성 요인, R요인(reasoning factor) 추리적 요인, M요인(memory factor) 기억요인이다.

[그림 10-8] 스피어만과 서스톤의 지능 개념

출처 : Spearman(1927), Thurston(1938).

길포드(Guilford)는 지능을 입체적인 능력으로 제시하였다. 길포드는 지능구조 모형을 가정하였으며 3차원의 입방체로 하여 3가지 종류의 영역을 구성하였다. 3가지 종류는 다음과 같다. 내용 차원은 주어진 정보의 종류로 지능을 본 차원, 조작 차원은 내용 차원의 주어진 정보를 어떻게 인지적으로 조작하는지를 지능으로 본 차원, 산출 차원은 결과를 처리하고 산출하는지를 지능으로 본 차원이다. 내용 차원은 도형적, 상징적, 의미론적, 행동적 내용으로 분류하였고, 조작 차원은 평가, 수렴적 사고, 발산적 사고, 기억파지, 기억저장, 인지로 분류하였으며, 산출 차원은 단위, 유목, 관계, 체계, 변환, 함축으로 분류하였다.

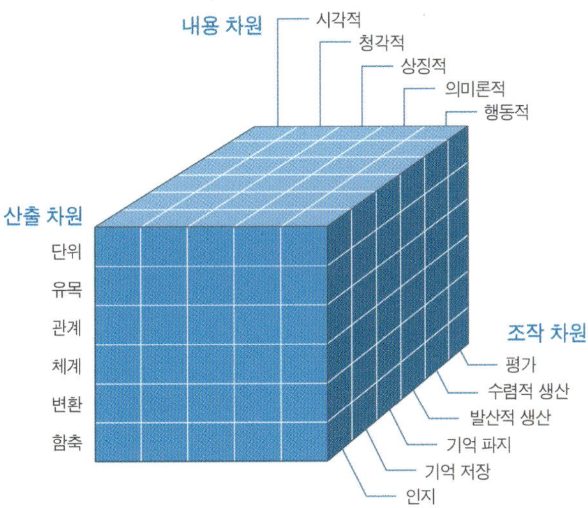

[그림 10-9] 길포드의 지능구조 모형

출처 : 강인숙 외(2017).

카텔(Cattel)은 지능을 유동적 지능(fluid intelligence)과 결정적 지능(crystallized intelligennce-Gc)으로 구분하여 설명하였다. 유동적 지능은 신경계의 기능과 연결되어 유전적 요인에 의해 영향을 받는 지능이며 문화의 영향을 덜 받는다고 볼 수 있다. 이 지능은 유전적 요인의 영향을 받아 인간이 노화됨에 따라 감소하는 지적 능력이다. 유동적 지능의 유형에는 기하학적 도형 추리, 귀납, 일반적 추리가 있다. 결정적 지능은 후천적으로 습득되어지는 것으로 문화적 지식과 추론에 의해 구성된 지능으로 형식적인 교육, 비형식적인 사회화, 문화 및 전문적 경험을 통해 습득되어지는 지능을 의미한다. 인간의 결정적 지능은 성인기가 되고 나이 들면서 증가한다.

스텐버그(Sternberg)는 지능의 삼원이론을 주장하였으며 지능을 분석적 지능, 경험적 지능, 상황적(실천적) 지능의 세 차원으로 구성된다고 보았다. 분석적 지능은 정보를 통하여 지식을 습득하면 문제를 해결하는 과정에서 논리적인 해결을 하고 이를 적용하는 능력이다. 경험적 지능은 경험을 통하여 과제를 해결하는 과정을 거치게 되며 관심이 있고 중요하게 생각하는 정보에 주의를 기울여 문제를 해결하는 지능이다. 상황적(실천적) 지능은 맥락으로서 환경에 대응하고 변화되어지는 환경에 적응하기도 하고 환경을 변화시키기도 한다.

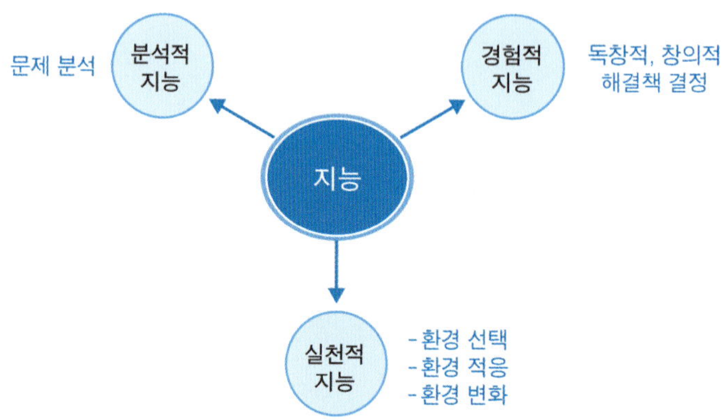

[그림 10-10] 스턴버그의 지능의 삼원이론

출처 : 강인숙 외(2017).

가드너(Gardner)는 다중지능이론(Theory of Multiple Intelligence)을 주장하였으며 지능을 단순한 차원의 인지적 능력으로 귀결되는 것을 비판하고 인간의 지능이 서로 독립적이며 다양한 유형의 능력으로 구성되어 있다고 하였다. 지능은 다양한 분야에서 독립적으로 발달하며 개인의 경험에 따라 다른 과정을 거치게 된다고 하였다. 가드너가 주장하는 지적 능력의 유형은 언어지능, 논리-수학적 지능, 음악지능, 신체운동지능, 공간지능, 자연탐구지능, 대인관계지능, 개인이해지능으로 분류된다.

이러한 지능의 개념은 학자마다 다르게 나타나며 지능을 구성하는 요인도 다르다. 학자들의 의견을 종합하면, 지능은 유전과 환경의 영향을 받으며 인지적인 능력과 경험을 통하여 습득하고 발달한다는 것을 알 수 있다.

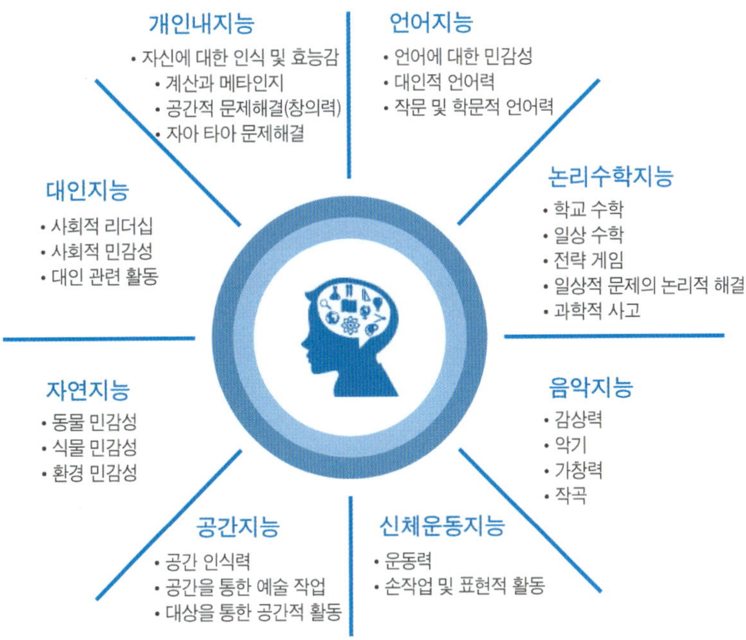

[그림 10-11] 다중지능의 구성요인

출처 : 한국적성교육진흥원(www.kaedi.org/)

(2) 지능의 측정

심리측정으로 지능이 개발된 것은 비네와 시몽(1905)이 학업능력이 부족한 학생들을 선별하기 위함이었다. 비네와 시몽(1905)이 개발한 지능검사는 일반 학생들의 지적 능력을 비교하는 데에도 유용하게 사용되었다. 이 검사는 스텐포드대학에서 1916년 터만에 의하여 다시 개정되어 스텐포드–비네 지능검사(Standford-Binet Intelligence Scale)가 개발되어 현재 여러 나라에서 사용되고 있다. 스텐포드–비네 지능검사는 지능지수(IQ: intelligence quotient)의 개념을 처음 사용하였으며 정신지수는 정신연령/생활연령×100으로 산출한다. 이 지능검사는 현재의 개정판에서 성인도 사용할 수 있어 연령집단이 폭넓게 이루어졌다.

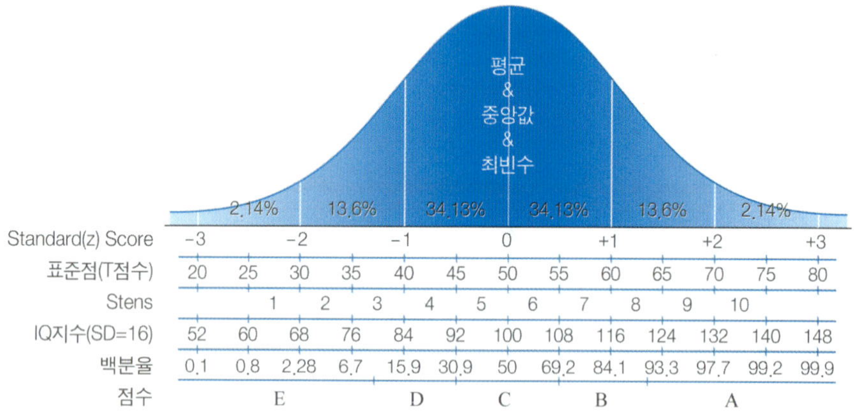

[그림 10-12] 지능 정규 분포 곡선

출처 : 한국 P&S.(http://www.pnskorea.co.kr/statistics/analysis.asp)

영유아 대상 지능검사로 베일리(Bayley)의 영유아발달검사가 있으며 현재 두 차례 개정으로 3판이 활용되고 있다. 본 검사의 대상은 1~42개월의 영유아이며 영유아의 현재 발달 기능을 파악하여 발달의 문제를 조기에 알아내고자 하는데 유용하다. 발달 검사 영역은 인지, 언어(수용언어, 표현언어), 운동(대근육, 소근육), 정서사회성, 적응행동으로 구성되어 있고 영유아의 전체적인 발달의 불균형 내지는 강점과 취약점을 파악할 수 있어 전반적인 발달에 도움을 줄 수 있다.

유아용 지능검사로 한국 웩슬러 유아지능검사(K-WPPSI-Ⅳ: Korean-Wechsler Preschool and Primary Scale of Intelligence Ⅳ)가 있다. 웩슬러 지능검사는 스텐포드-비네 검사의 비언어적 검사 부재에 대한 단점을 보완하여 비언어적인 지적 능력을 측정하고자 제작되었다. 이를 박혜원 등(1996)이 한국의 실정에 맞게 표준화하였다. 웩슬러는 지능이란 개인이 목적을 달성하고자 행동하고, 이를 위해 합리적인 사고를 하고, 개인이 갖고 있는 환경을 효율적으로 다루기 위한 능력이라고 하였다. 검사대상은 2세 6개월~7세 7개월까지의 유아이다. 전반적인 지능과 특정 인지영역의 지능을 나타내는 15가지 소검사와 5가지 기본지표, 4가지 추가지표가 있다. 2세 6개월부터 3세 11개월까지는 7가지의 소검사로 구성되며, 3가지 기본지표, 3가지 추가지표를 제공한다. 전체 소검사 15가지는 토막짜기, 상식, 행렬추리, 동형찾기, 그림기억, 공통성, 공통그림찾기, 선택하기, 위치찾기, 모양맞추기, 어휘, 동물짝짓기, 이해, 수용어휘, 그림 명명이다. 2세 6개월부터 3세 11개월까지는 3개의 기본지표 척도인 언어이해, 시공간, 작업기억과 3개의 추가지표 척도인 어휘습득, 비언어, 일반능력으로 구성된다. 4세 0개월부터 7세 7개월까지는 5개의 기본지표 척도인 언어이해, 시공간, 유동추론, 작업기억, 처리속도와 추가지표 척도인 어휘습득, 비언어, 일반능력, 인지효율성으로 이루어져 있다. 지능지수의 평균은 100이며 표준편차는 15로 나타나 유아의 지능이 정상범위에 속하는지를 알아볼 수 있다. 본 검사는 표준화된 평가도구로 유아의 지능을 객관적으로 측정하며 임상적인 판단을 하는 데에도 유용하게 활용되어진다.

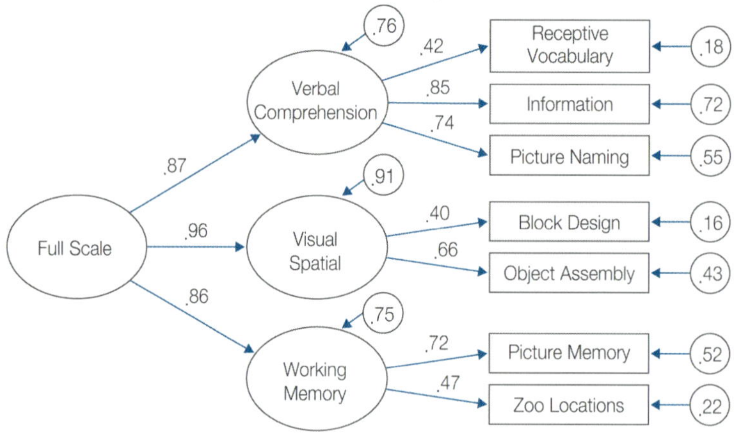

[그림 10-13] 한국 웩슬러 유아지능검사 4판

출처 : 이경옥 외(2016).

〈표 10-4〉 K-WPPSI-Ⅳ의 2세 6개월-3세 11개월용 검사체계

	언어이해(VC)	시공간(VS)	유동추론(FR)	작업기억(WM)	처리속도(PS)
전체 척도	상식 공통성 (어휘) (이해)	토막짜기 (모양맞추기)	행렬추리 (공통그림찾기)	그림기억 (위치찾기)	동형찾기 (선택하기) (동물짝짓기)
기본 지표 척도	언어이해(VC)	시공간(VS)	유동추론(FR)	작업기억(WM)	처리속도(PS)
	상식 공통성	토막짜기 모양맞추기	행렬추리 공통그림찾기	그림기억 위치찾기	동형찾기 선택하기
추가 지표 척도	어휘습득(VA)	비언어(NV)	일반능력(GA)	인지효율성(CP)	
	수용어휘 그림명명	토막짜기 (모양맞추기) 행렬추리 공통그림찾기 그림기억 (위치찾기) 동형찾기 (선택하기) (동물짝짓기)	상식 공통성 (어휘) (이해) 토막짜기 (모양맞추기) 행렬추리 (공통그림찾기)	그림기억 위치찾기 동형찾기 선택하기 (동물짝짓기)	

출처 : 김태희(2016).

〈표 10-5〉 K-WPPSI-Ⅳ의 4세 0개월-7세 7개월용 검사체계

전체 척도	**언어이해(VC)**	**시공간(VS)**	**작업기억(WM)**
	수용어휘 (그림명명) 상식	토막짜기 모양맞추기	그림기억 (위치찾기)
기본 지표 척도	**언어이해(VC)**	**시공간(VS)**	**작업기억(WM)**
	수용어휘 상식	토막짜기 모양맞추기	그림기억 위치찾기
추가 지표 척도	**어휘습득(VA)**	**비언어(NV)**	**일반능력(GA)**
	수용어휘 그림명명	토막짜기 모양맞추기 그림기억 위치찾기	수용어휘 (그림명명) 상식 토막짜기 모양맞추기

출처 : 김태희(2016).

(3) 지능에 영향을 미치는 요인

유아의 지능에 영향을 미치는 요인은 유전적 요인과 환경적 요인으로 구분하여 살펴볼 수 있다. 지능은 개인의 생득적인 유전 요인과 환경적인 경험의 상호작용에 의해 이루어진다고도 볼 수 있다. 유전적 요인은 개인의 지능과 높은 상관이 있으며 일반적으로 가족 연구에서 많이 다루어진다. 가족 연구(Nichols, 1978)에서 일란성 쌍생아간의 지능의 상관은 .82, 이란성 쌍생아는 .59, 형제간의 상관은 .55, 부모-자녀간은 .49~.56, 조부모와 손자간은 .27, 사촌간은 .26, 육촌은 .16, 양부모와 양자녀는 .27, 남남끼리 자란 어린이(136쌍)는 .27 등으로 나타났다. 유전적 요인이 지능에 영향을 미친다고 주장하는 학자는 지능이 고정적이며 불변한다고 하였다(Gesell, 1943; Jensen, 1969; Nichols, 1978). 젠슨(Jensen)은 또한 개인의 지능에 85%가 유전적 요인에 기인한 것이라고 하였다.

인간의 지적 능력이 환경에 영향을 받는다는 연구들이 나오면서 질적으로 우수한 환경을 영유아들에게 제공해 주어야 한다는 사회적 요구가 더욱 심화되었다. 대표적인 환경적 요인으로 가정환경이 있다. 가정환경에서 가정의 사회경제적 지위, 부모의 반응성, 가족구성원의 구조로 출생순위, 형제의 상호작용 등이 지능에 영향을 미친다. 사회경제적 지위에 대한 한 연구에서는 중류층 가정의 유아가 하류층 가정의 유아보다 높은 지능지수를 나타내었다고 하였다(Duncan & Brooks-Gunn, 1997). 이러한 결과는 부모의 교육수준의 차이, 부모와 자녀의 상호작용, 물리적 환경 등이 연계되어져서 나타나는 결과라고도 볼 수 있다. 중류층 가정은 부모가 자녀에게 관심을 가지고 지속적인 대화도 이루어지며 보다 긍정적인 언어를 사용하는 등 상호작용과 교육에 더욱 노력하고 있었다.

지능이 환경에 의해 영향을 받는다는 연구들은 입양연구에서도 찾아볼 수 있다. 루마니아 고아원에서 가정으로 입양된 유아들을 대상으로 한 연구(Beckett et al., 2006)에서 영국과 캐나다의 좋은 가정으로 입양된 유아들은 출생 후 6개월 이전에 입양된 유아들은 지능지수가 높게 나타났다.

블룸(Bloom)은 지능 발달을 돕는 환경적인 조건을 4가지로 구분하여 제시하였다. 첫째, 언어를 효과적으로 사용할 수 있게 하고 언어적 능력을 자극하는 환경이다. 둘째, 문화적 경험을 풍부하게 제공하여 영유아가 직접 경험할 수 있는 환경이다. 셋째, 문제해결을 위한 사고를 하고 자발적으로 해결할 수 있도록 격려하며 자극하는 지적 성장에 도움을 주는 환경이다. 넷째, 성취동기를 유발할 수 있고 탐색적 경험을 촉진시키고 흥미활동을 장려할 수 있도록 하며 지적인 성취를 보상하는 환경이다. 이러한 환경을 바탕으로 유아의 지능 발달에 도움을 줄 수 있다.

〈표 10-6〉 가족들 간 IQ평균상관

관계	평균상관(r)	쌍의 수
함께 양육된 일란성 쌍생아(100%) 함께 양육된 이란성 쌍생아(50%)	10.86 0.60	4,672 5,533
따로 양육된 일란성 쌍생아(100%)	0.72	65
입양아와 생부모(50%)	0.24	203
입양아와 양부모(0%)	0.24	720

출처 : Bouchard & McGue(1981).

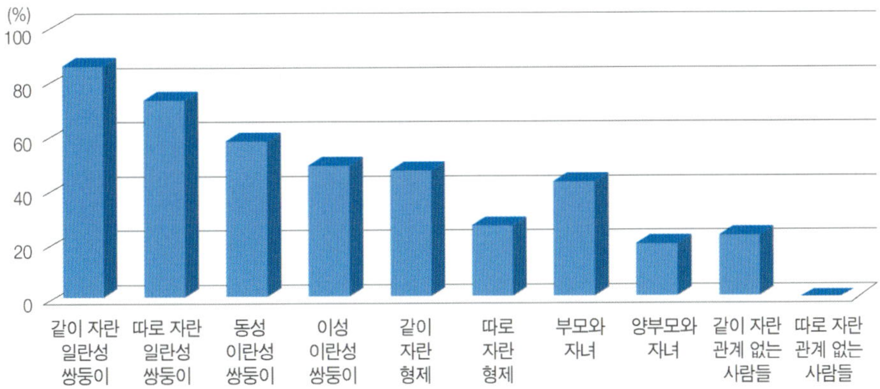

[그림 10-14] 지능지수의 상관관계

출처 : Bouchard & McGue(1981).

2. 창의성 발달

창의성에 대한 연구는 1950년 길포드가 미국 심리학회에서 강연을 한 이후 사회의 관심이 집중되었다. 길포드는 창의성에서 확산적 사고를 강조하였고 창의성에 대한 논의에서 인지적 측면과 관계가 있음을 알 수 있었다. 이를 바탕으로 하여 창의성의 개념, 측정방법 등을 알아보고자 한다.

1) 창의성의 개념

현대사회는 유아교육에서 창의성의 중요성이 대두되고 있으며 창의적인 개인의 역할이 중요한 시대가 되었다. 창의성의 개념은 학자들마다 다양하게 정의되어지고 있다. 일반적으로 창의성은 새로운 아이디어나 문제해결에서 다양한 해결책을 산출하는 능력이라고도 하며 단순히 새로운 것, 독특한 것을 추구하는 것이 아니라 다른 사람들이 생각하는 가치에도 부합되고 사회 및 환경의 맥락에서도 부합되어지는 산물을 만들어내는 능력이라고도 한다.

창의성에 대한 학자들의 다양한 개념 정의를 살펴보면, 길포드(1967)는 창의성이란 새롭고 신기한 것을 산출하는 힘이라고 하였으며 새로운 사고를 할 수 있는 능력이라고 하였다. 또한 창의성은 수렴적 사고보다는 확산적 사고와 더 밀접한 관계가 있으며 새로운 아이디어를 얻기 위해서는 가능성을 열고 다양한 탐색적 과정을 통하여 창의적인 사고가 가능하다고 하였다. 창의성의 하위요인은 민감성, 유창성, 융통성, 독창성, 재정의성, 정교성 등의 6가지를 제시하였고 이는 확산적 사고와 관계가 있는 요인이라고 볼 수 있다.

〈표 10-7〉 길포드의 창의성 하위요인

창의적 요인	내 용
민감성	주변의 환경에 대해 예민한 관심을 보이고 이를 통해 새로운 영역을 확대하는 능력
유창성	주어진 문제, 과제, 자극에 대해 가능한 많은 양의 아이디어를 산출하는 능력
융통성	고정관념이나 생각 자체를 바꾸어 다양한 해결책을 찾아내는 능력
독창성	기존의 것에서 탈피하여 참신하고 독특한 아이디어를 산출하는 능력
정교성	다듬어지지 않은 기존의 아이디어를 보다 치밀한 것으로 발전시키는 능력
재정의성	얼마동안 제안(아이디어)에 대하여 판단을 통제하고 문제의 범위를 확대시켜 정의하거나 반대로 좁히는 능력

출처 : 미하이 칙센트미하이 저, 노혜숙 역(2003).

창의성이라는 개념에는 새로움이 내포되어 있으며(Thurston, 1952), 문제해결을 하는 데 있어서 새롭고 독창적인 방식으로 해결해 나가는 활동으로 여겨지기도 한다(Osborn, 1953).

창의성에 대해 연구한 토랜스(torrance)는 창의성이란 해답이 없는 문제를 해결하기 위하여 문제의 결함을 찾아내고 이를 해결할 수 있도록 개인이 갖고 있는 지식을 조합하고 추측하며 가설을 세워 검증하는 과정을 거쳐 결과를 도출해 내는 과정이라고 하였다. 즉, 창의적 사고는 문제해결 능력이라고 보았고 창의성의 하위요인으로는 유창성, 융통성, 독창성, 정교성이라 하였다.

창의성을 문제해결 능력으로 보는 관점으로 고든(Gordon)은 시네틱스(synectics)라는 개념을 제시하였다. 시네틱스는 관련이 없는 요소들을 결합하는 것이라고 하였고 이는 발견적 해결법이라고도 한다. 시네틱스 과정은 우선적으로 낯선 것을 친숙하게 전환하고 친숙한 것을 낯설게 하여 새로운 관점으로 문제를 해결한다.

윌러스(Wallas)도 창의성을 문제해결 과정이라고 주장하였는데 창의적 사고를 위해 준비단계, 부화단계, 발현단계, 검증단계를 거쳐야 한다고 하였다. 준비단계는 문제해결을 해야 하는 문제에 직면하여 분명하게 정의하는 것이 필요한 단계이다. 부화단계는 직면한 문제를 해결하기 위한 다양한 아이디어를 나열해 놓고 모든 아이디어들을 하나씩 적용하여 문제를 해결하는 방법에 대해 생각해 본다. 발현단계는 다양한 아이디어를 적용하는 과정에서 최적의 아이디어를 찾아내어 해결책을 떠올리는 단계이다. 검증단계는 해결책으로 채택된 아이디어가 문제해결에 가장 타당한지를 검증하고 완전한 아이디어로 정리하는 단계이다.

창의성을 통합적인 관점으로 보는 애머빌(Amabile)은 창의성을 단일 요인이 아니라 동기적인 요인, 환경적 요인, 인지적 요인, 성격적 요인 등에 의해 통합적으로 발현되는 것이라고 보았다. 창의성은 전문적 지식, 개인이 소유하고 있는 내적 동기, 창의성과 관련된 기술에 의해 더욱 발현되어질 수 있다.

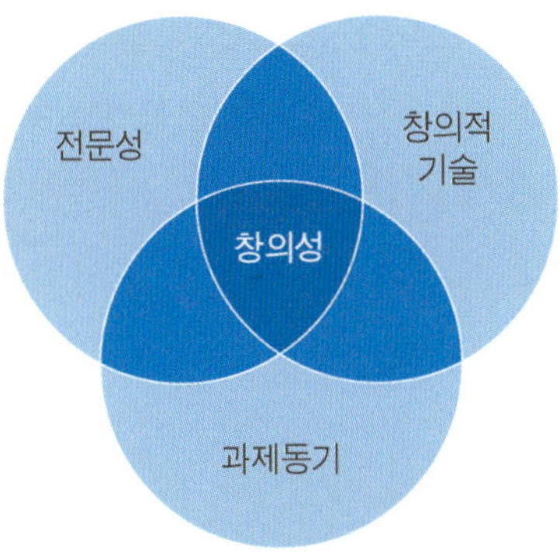

[그림 10-15] 창의성의 요소 모델

출처 : Amabile(1997).

이와 유사하게 통합적 관점으로 칙센트미하이(Csikszentmihalyi, 1988)의 체제모델(system approach)이 있다. 이 이론은 창의성을 도출하기 위해서는 개인적인 능력과 더불어 사회문화적인 요인이 중요한 역할을 하고 있다는 것을 주장한다. 이러한 차원에서 창의성을 위한 3가지 체계는 개인, 분야, 영역이다. 개인의 체계는 창의성을 발현하는데 인지적인 과정, 성격적 특성, 동기유발 등의 개인적 특성을 활용하여 정보를 변형하고 확장시킨다. 분야의 체계는 개인의 창의적 산물인 아이디어를 평가하고 선택하는 사람들의 집합체이다. 분야의 역할은 개인이 창출한 결과물을 선택하여 영역으로 전달한다. 영역의 체계는 지식의 산출물로 구성되어 보존되어지며 문화 속에 축적되어 세대 간으로 전달되어져 문화의 상징체계로 존재한다.

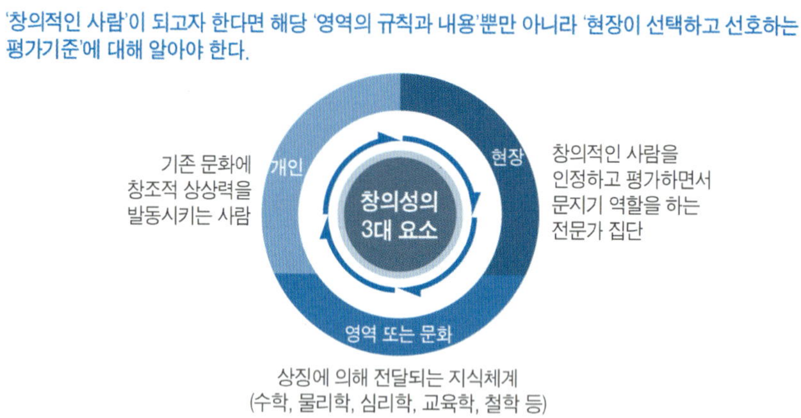

[그림 10-16] 칙센트미하이의 창의성 3대 요소

출처 : 미하이 칙센트미하이 저, 노혜숙 역(2003).

2) 유아기 창의성 발달

유아기는 인지적 발달이 급격하게 일어나는 시기로 인지적 발달과 밀접한 관계를 갖고 있는 창의성 발달도 급격히 이루어지는 시기라고 볼 수 있다. 만 2세경이 되면 유아는 상징놀이를 통하여 창의력이 향상되어진다. 상징놀이는 사물이나 대상을 정신적으로 표상할 수 있게 됨을 의미하고 하나의 대상을 다른 사물로 대치할 수 있게 되는 개인의 독특한 상징체계를 갖게 된다. 이러한 상징은 창의성의 발현이라고 볼 수 있다. 또한 정신적인 표상은 실제적인 시행착오보다 사고의 통찰력에 의해 문제를 해결하는 능력이 발달하기 시작한다. 이것은 창의력의 발달이 이루어지고 있음을 의미한다.

유아의 연령이 만 4, 5세가 되면 창의적 사고가 뚜렷하게 나타난다. 이 시기의 유아는 완성되지 않은 도형을 제시하면 창의적으로 도형에 새로운 모양의 그림을 그리기도 하며 신체표현에서도 새로운 신체적 동작으로 감정을 표현하고 인물의 특성을 표현하기도 한다. 언어적으로도 창의성을 발휘하여 끝말잇기와 같이 단어를 창의적으로 생각해 내기도 한다.

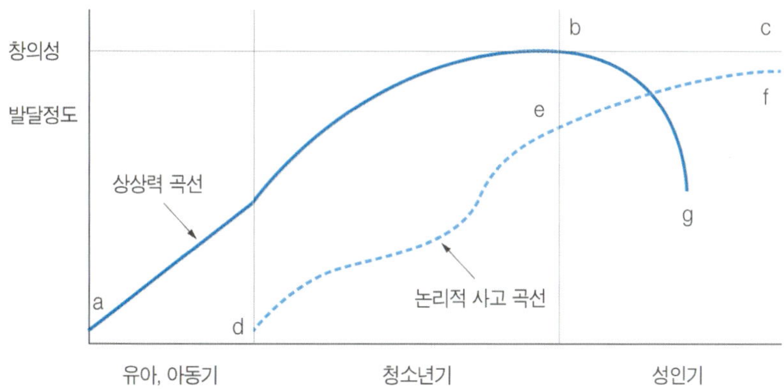

[그림 10-17] 비고츠키의 창의성 발달 곡선

출처 : Amabile(1997).

3) 창의성 측정

창의성을 측정하기 위한 도구들이 여러 가지로 개발되었으며 유아기의 창의성 검사도 다양하게 있다. 창의성을 바라보는 관점에 따라 검사도구에 차이가 있을 수 있다. 유아용 창의성 검사로 가장 대표적인 것은 토랜스가 개발한 TTCT(Torrance Test of Creative Figural)이다. 창의적 사고력 검사(Torrance Tests of Creative Thinking)는 토랜스가 길포드의 확산적 사고에 초점을 두고 창의성을 측정하고자 개발되었다. 창의적 사고력 검사는 언어검사와 도형검사로 구분되어지며 두 검사는 검사를 구성하는 활동과 창의성의 하위 요인도 다르게 적용되는 검사이다. 즉, 언어검사는 질문하기, 원인 추측하기, 결과 추측하기, 작품 향상시키기, 독특한 용도, 가상해보기 등 6개 활동으로 구성되어 있으며 창의력의 하위 요인으로 유창성, 융통성, 독창성을 평가한다. 도형검사는 그림 구성하기, 그림 완성하기, 쌍의 두 직선, 원-선 그리기 활동으로 구분되며 창의력의 하위 요인으로 유창성, 독창성, 정교성, 제목의 추상성, 성급한 종결에 대한 저항으로 평가된다. 창의적 사고력 검사는 언어검사와 도형검사에 A형과 B형의 동형검사가 있다. 동형검사를 통하여 창의성에 대한 재검사가 가능하다.

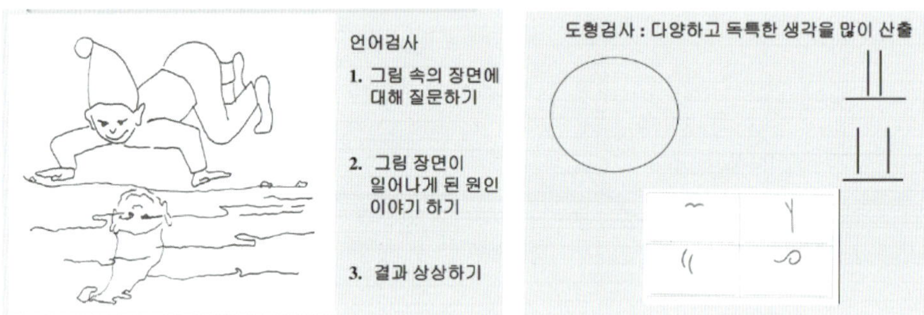

[그림 10-18] 창의력 검사 'TTCT(Torrance Test of Creative Figural)'
출처 : 김재홍(2014).

창의성 검사로 또 다른 하나는 칠교판(tangram) 창의성 검사가 있다. 칠교판은 우리나라 전통놀이 기구이며 이를 이용하여 김상윤(1998)은 간단한 창의성 검사를 개발하였다. 정사각형의 칠교판은 7개의 도형 조각으로 나누어졌고 큰 이등변 삼각형 2조각, 중간 이등변 삼각형 1조각, 작은 이등변 삼각형 2조각, 정사각형 1조각, 평행사변형 1조각으로 구성되어 있다. 칠교판 검사에서는 유아에게 새로운 모양을 구성하도록 하여 창의성을 측정하게 된다.

3. 언어 발달

유아기의 언어는 인지적 발달과 더불어 급격한 발달을 이루게 된다. 유아기의 언어 발달을 기초로 하여 타인과의 의사소통이 가능해지고 이를 통해 상호작용의 기틀을 마련한다. 유아는 타인의 언어, 즉 모국어를 듣고 이해하게 되며 사고를 형성하여 자신의 생각을 말로 표현하면서 수용언어와 표현언어 능력을 형성한다.

1) 언어의 개념

언어란 동물과 구별되는 인간의 특징 중 하나이다. 언어는 인간만이 가지고 있는 상징체계로서 의사소통의 수단이다. 앵무새는 인간의 말을 흉내낼 수는 있으나 이를 상징적으로 사용하여 의사소통하지는 못한다.

유아의 언어 발달 및 교육에 관한 내용은 듣기, 말하기, 읽기, 쓰기이다. 언어의 형태는 구어(음성언어)와 문어(문자언어)로 구분할 수 있는데 듣기와 말하기는 구어에 속하고 읽기와 쓰기는 문어에 속한다. 한편 언어를 구분하는 방식에 따라 언어를 통하여 정보를 받아들이고 이해하여 의미를 파악하는 것과 관련된 수용언어와 의견을 제시하거나 감정을 표현하는 등의 언어적으로 적절한 표현을 하게 되는 표현언어가 있다. 수용언어에는 듣기와 읽기가 해당되며 표현언어에는 말하기와 쓰기가 포함된다.

2) 유아 언어 발달

언어를 이루는 구성요소에는 음운론, 의미론, 구문론, 화용론이 있다. 유아의 언어 발달은 구성요소에 따라 살펴볼 수 있다.

〈표 10-8〉 언어의 구성요소

언어의 구성요소		예
형식	음운론	"애"와 "에" 소리를 구별해서 듣기/ 말하기
	형태론	"엄마"에 "새" 또는 "큰"의 의존형태소와 결합하여 "새어머니"나 "큰어머니" 등 새로운 단어가 될 수 있음을 암기
	통사론	"좋아, 장난감"이 아니라 "장난감이 좋아"라고 문법에 맞는 어순을 배열하기
내용	의미론	같은 단어나 문장도 상황에 따라 그 의미가 다름을 이해하기 예컨대, 부엌에서 일하고 있는 엄마가 거실의 시계 앞에 있는 아이에게 "지금 몇 시니?"라고 질문하는 것과 놀이터에서 늦게까지 놀다가 들어온 아이에게 엄마가 "지금 몇 시니?"라고 질문하는 것의 의미가 다르다는 것을 이해하기
사용	화용론	사회 문화적으로 통용되는 언어의 적절한 쓰임을 알기 예컨대, 우리나라에서 높임말을 적절하게 선택하여 사용하기

출처 : 임지영 외(2016).

음운론은 언어의 소리에 대한 체계이다. 유아의 음운 발달은 소리의 최소 단위인 음소(phoneme)를 이해하고 표현할 수 있게 되면서부터 시작된다. 국어에서 음소는 자음 24개와 모음 19개로 구성되어 있다. 음소의 결합은 언어 특유의 법칙에 따라 이루어진다. 음소들이 연결되고 단어를 구성하여 문장을 형성하는 규칙을 이해하면서 언어 구사 능력이 발달한다(정옥분, 2014).

의미론은 단어와 문장에서 표현되어지는 의미에 관한 체계이다. 의미를 가지고 있는 단어의 가장 기본 단위는 형태소이다. 형태소는 뜻을 가지고 있는 말의 가장 작은 단위이다. 예를 들어 '공부방'이라는 단어에서 '공부'와 '방'은 하나의 단어가 될 수 있다. 두 개의 단어를 결합하여 공부방이라는 단어를 형성하게 된 것이다. 이 예에서 형태소를 찾아보면 공부, 방 2가지임을 알 수 있다. 단어는 하나 이상의 형태소로 이루어지며 단어의 결합을 통해 새로운 의미의 단어를 표현할 수 있다.

구문론은 언어에서 구, 절, 문장을 형성하기 위해 단어들을 결합하는 문법의 체계이다. 구문 발달은 문법적인 규칙을 이해하고 구사하는 능력에 대한 발달이다. 유아는 문법적 오류를 거치다가 문법적인 지식과 이해가 발달하면서 정확한 문장을 구사할 수 있게 된다.

화용론은 사회적 맥락에서 개인 간의 의사소통을 효율적으로 하기 위한 체계이다. 화용론은 의미론의 한 분야라고 볼 수도 있다. 화용론에서 사회적 맥락을 이해해야 한다는 것은 화자, 청자, 시간, 장소 등의 맥락적 차원에서 문장의 의미를 파악해야 함을 의미한다.

유아기의 발달을 구어 발달과 문어 발달로 분류하여 살펴보고자 한다. 구어 발달에서 3~4세 유아는 3~4개의 단어로 문장을 구성하는 시기가 되었으며 의문문, 부정문, 긍정문 등의 기본 문형을 알고 문장을 구성한다. 4~5세경이 되면 4~5개 정도의 단어로 문장을 만들 수 있으며 5~6세경에는 6~7개의 단어로 문장을 구성하게 된다. 만 5세경에는 2,500개의 어휘를 습득하고 6세경에는 15,000여개 정도로 어휘력이 증가한다.

유아는 일반적인 형태소와 문법 형태소의 발달로 인해 문장 구성력이 증가했음을 알 수 있다. 유아는 3단어 이상을 사용하여 문장을 형성하기도 한다. 만 4세경에는 아직 문법적으로 완전한 문장을 구사하지 못 하며 특정 형태의 문법적 오류를 범하기도 한다. 그러나 유아의 연령이 높아지면서 문법적 오류가 감소하게 된다.

구어 발달에서 의사소통 능력이 발달하게 된다. 의사소통은 언어적 의사소통과 비언어적 의사소통을 포함할 수 있으며 개인의 생각, 감정, 의견을 상대에게 전달하고 받아들이는 일련의 과정을 모두 포함하는 개념이다. 유아기에는 의사소통의 발달이 부족하고 자기중심적인 사고로 인하여 자기중심적인 언어를 주로 사용한다.

문어 발달에서 읽기 발달을 보면 인쇄된 글자에 관심을 보이는 시기는 만 3세경이고 주변 환경의 글자를 읽기 시작할 수 있는 연령은 만 4세경이다. 5세경에는 일반적으로 쉬운 단어는 읽을 수 있다고 볼 수 있다.

우리말에서 쓰기 발달은 첫째 단계, 긁적거리기, 둘째 단계 한두 개의 자형이 나타나기 시작하다. 셋째 단계는 식별 가능한 글자가 나타나기는 하나 역전 현상이 생기거나 획이 완전하지 않은 단계이다. 넷째 단계, 글자 형태가 나타나고 모양이 바르지 않은 단계이며, 다섯째 단계는 획순과 모양이 바른 글자가 나타나는 단계이다. 여섯째 단계는 단어가 나타나는 단계이며, 마지막 일곱째 단계는 문장 쓰기 단계로 이루어진다(이연섭, 1987).

〈표 10-9〉 언어 발달 단계

나이	발달 단계
2~3개월	옹알이 시작
4~6개월	투레질(두 입술을 진동시켜 떠는 소리)
7~10개월	음절에 가까운 말소리 (마마마 → 어부부바 등 음절이 결합된 형태)
12~13개월	첫 낱말, 본격적인 구어 발달
13~18개월	"아니", "안 돼" 부정어 이해 간단한 지시 이해
18~24개월	인칭대명사, 동사, 형용사 일부 이해 2단계 지시 수행 가능(~하고 …해)
24~36개월	물건의 이름, 쓰임새 식별 부정문, 의문사 이해
36~48개월	시간 개념이 포함된 문장 이해 크다 < 더 크다 등 크기비교 이해 만약, 왜냐하면 등의 관계 이해
4~5세	감정표현 이해 주변에 관한 이야기 대부분 이해
5~6세	몇몇 음소의 조음, 세부적인 동사구조, 높은 수준이 화용적 기술을 제외하고 성인수준의 언어 형식 90% 습득

출처 : 김영태 외(2017).

Chapter 11

사회 · 정서 발달

• 학습목표 •

1. 유아의 정서 발달을 이해할 수 있다.
2. 유아의 정서 발달을 이해하고, 설명할 수 있다.
3. 유아의 자아와 도덕성 발달을 이해하고, 설명할 수 있다.
4. 유아의 성역할 발달을 이해하고, 설명할 수 있다.

유아는 영아기에 발달한 정서표현과 다양한 경험을 바탕으로 정서표현이 발달하게 된다. 또한 이러한 유아기 정서발달은 이후 유아의 삶에 다양한 영향을 미치는 요소가 된다.

유아기에는 자신을 정의하는 방식인 자아개념을 토대로 자신의 가치에 대해 주관적으로 평가하는 자아존중감을 발달시키게 된다. 또한 성인과의 관계를 중심으로 하는 영아기와는 다르게 또래관계가 점차 중심이 되어가는 시기이다.

유아기 도덕성에 대한 발달심리학적 입장은 인지적, 정의적, 행동적 측면에서 설명하고 있다. 학습이론은 행동적인 측면, 정신분석이론은 정서적 측면, 인지발달이론은 인지적 측면을 설명하고 있다.

성역할은 생물학적인 것뿐만 아니라 사회화 과정과 관련 있기 때문에 유아의 성역할 발달에 영향을 미치는 여러 요인들에 대해 알고 성역할 고정관념이 생기지 않도록 하는 것이 바람직할 것이다.

1. 정서 발달

1) 정서

(1) 공포

유아기는 다양한 상황들로 인해 공포를 느끼게 된다. 유아기의 공포의 대상이 다양해지는 이유는 그만큼 유아가 신체적으로 성장하여 더 많은 것을 보고 탐색할 수 있게 되었고, 인지구조가 발달함에 따라 공포의 대상도 증가하기 때문이다.

(2) 분노

유아는 하고자 하는 일을 제지당하거나, 어떠한 일을 강요당하였거나 욕구가 좌절되었을 때 발생하는 부정적인 정서이다. 공포보다 더 자주 일어나기 때문에 분노의 표현이 잦으면 습관화되지 않도록 그 원인을 제거하는 등 환경을 조성해 주어야 한다.

(3) 불안

불안은 약한 공포반응이며 주로 부모의 과잉기대, 부모와의 분리, 낯선 환경, 동생의 출현 등에 영향을 받는다. 불안은 우울, 압박감, 긴장 등을 동반한다.

(4) 호기심

호기심은 유아기를 대표하는 특성이다. 이 시기에는 '왜?', '이건 뭐야?' 등의 질문으로 자신의 호기심을 끊임없이 표현한다.

2. 자아와 도덕성 발달

1) 자아

(1) 자아개념

영아기 때부터 형성되기 시작하여 유아기에 성숙되고 발달하는 자아개념은 사회성 발달에 중요한 부분 중의 하나이다. 자아개념이란 유아가 자신을 나타내며 다른 사람들과 자신을 구분 짓는 속성, 능력, 행동, 태도, 가치 등을 조합하여 자신을 정의하는 방식을 의미한다(Harter, 2006; Laible & Thompson, 2007). 예를 들어, '나는 김치를 좋아해

요.', '나는 눈이 커요.', '나는 자전거를 잘 타요.' 등으로 표현할 수 있는 수준을 말한다. 유아기에는 자신을 과대평가하는 현상이 나타난다. 이런 유아의 자기 정의가 강해질수록, 소유욕이 강해지는 경향이 있다. 4~5세경에는 자신의 능력의 한계치를 확인하고 싶어한다. 이때 유아가 긍정적인 성공을 많이 경험하게 된다면 자신감과 성취감을 발전시킬 수 있다.

(2) 자아존중감

자아존중감은 자신의 가치에 대한 주관적인 평가로서, 성공이나 실패의 경험, 타인의 상호작용, 성숙도, 유전, 사회적 학습 등의 과정을 통해 발전되고 개인의 시각으로 확립되며 긍정적 자아개념, 자아존중감, 자기수용, 긍정적 자기평가 등의 용어로 사용된다(황지영, 2012).

자신의 존재에 대한 인지를 자아인식이라면 자기 자신에 대한 평가를 자아존중감이라고 할 수 있다. 자신에 대해 인지할 수 있게 되면서 자신에 대해 평가하기 시작하기 때문에 자아존중감은 1세경에 형성되기 시작된다. 점차 정교화되며 3~4세경 스스로 하고자 하는 목표를 설정하고 이를 해결할 수 있게 되면 성취감을 갖게 된다. 이처럼 자신에 대한 성취감이 자아존중감 발달로 연계된다.

유아는 자신의 능력을 긍정적으로 인식하며 타 시기에 비해 자아존중감이 높다. 유아기의 높은 자아존중감은 습득해야 할 새로운 기술이 많은 유아기에 필요한 주도성 발달에 기여한다. 학동기에 들어서면 상대적으로 높았던 자아존중감이 자신을 객관적으로 인식하고 평가하게 되면서 적정수준으로 조정된다.

(3) 또래관계

영아기의 인간관계는 교사나 부모와 같은 성인양육자를 중심으로 발달한다. 이후 연령이 증가하고 유아교육기관을 경험하면서 유아들은 또래와의 수평적인 관계가 중심이 된다. 유아들의 미성숙한 사회적 행동은 점차 성숙해간다. 4~5세의 유아들은 또래와 더욱 밀접하고 친밀한 관계를 맺고, 상호작용하며 다양한 표정을 짓기도 하고, 놀잇감을 교환할 줄 안다. 유아는 또래와의 관계에서 나와 타인의 견해가 다르다는 점을 발견하고 정서적 · 지적 · 사회적 발달에 필요한 탈중심화가 발달된다. 또래와의 상호작용은 유아에게 다양한 사회적 기술을 배울 기회를 제공하고, 연습을 통해 더욱 세련되게 다듬을 수 있도록 한다. 또래관계는 유아에게 행동의 지침을 제공해주고 서로 모방할 수 있는 모델이 될 뿐만 아니라 강화자가 되어 긍정적인 사회적 관계를 이루어 갈 수 있게 한다. 그리고 또래와의 상호작용을 통해 자신의 감정, 생각, 능력 등을 또래와 비교해 보고 이를 통해 자아개념, 자아존중감을 발전시키기 때문에 또래관계는 유아에게 중요한 의미를 갖는다.

2) 도덕성

도덕성이란 도리와 규범을 알고 바르게 판단하여 도덕적으로 행동하려는 품성을 가진 인격적 능력을 말한다. 도덕성에 대한 발달심리학적 입장은 크게 인지적, 정의적, 행동적 측면에서 세 가지로 설명된다. 학습이론은 도덕적 행동 습득을 중시한 행동적인 측면, 정신분석이론은 도덕적 감정과 같은 정서적 측면, 인지발달이론은 도덕 행위를 가능하게 하는 합리적 판단능력을 중시한 인지적 측면을 설명하는 이론이다.

(1) 도덕성 발달의 이론

① 정신분석이론

도덕성의 정서적 측면을 강조하는 정신분석이론에서의 도덕성은 '도덕적으로 적합하거나 적합하지 않은 행동을 바라보는 행위자의 느낌'으로 본다. 정신분석이론가들은 아동이 부모나 사회의 규범 및 기준에 적응하면서 도덕성 발달이 이루어진다는 입장으로, 죄책감, 양심, 불안 등의 정서 반응에 관심을 갖는다. 프로이트(1933)는 인간의 성격 구조를 원초아, 자아, 초자아로 구분하고 도덕성의 발달은 초자아의 발현으로 이루어진다고 보았다. 유아는 오이디푸스 콤플렉스를 해결하며 발달한 초자아를 통해 부모와 동일시하여 부모의 가치기준과 도덕적 규범을 내면화한다. 이렇게 내면화한 사회적 규칙을 위반했을 때 느끼는 수치심, 죄의식, 양심과 같은 도덕적 정서를 경험함으로써 더 옳고 그름에 대한 기준과 판단을 지키게 되면서 도덕성 발달이 이루어진다는 것이다.

② 학습이론

도덕성의 행동적 측면을 강조하는 학습이론에서의 도덕성은 타고나는 것이 아니라 학습에 의해 이루어지며, 유혹에 대한 저항이나 이타적 행동 등 도덕적 행동 자체에 초점을 둔다(이세형, 2005). 따라서 학습이론은 강화, 벌, 사회적 모델 등을 도덕행동에 영향을 주는 주요 요인으로 보았다. 전통적인 행동주의학자들은 도덕적 행동은 환경적 강화에 의해 발생하고, 도덕성 발달은 전적으로 학습의 결과로 보았다. 그러나 반두라(1977)와 같은 사회학습이론가들은 사회적 규범이나 사회 · 문화적 가치를 내면화하는 자기통제의 과정을 도덕성으로 본다.

③ 인지발달이론

인지 발달은 도덕성 이론의 대표적인 이론이다. 아이들의 공기놀이를 보고 발견한 피아제의 도덕성의 인지적 발달을 토대로 도덕적 딜레마를 제시했던 콜버그(Kohlberg)의 도덕성 발달이론이 정립되었다. 인지발달이론가들은 도덕성을 규칙에 대하여 사고하고 옳고 그름에 대하여 합리적으로 판단하는 능력(Piaget, 1965), 개인에 의해 내면화된 사회적 행동의 문화적 규칙으로서의 양심과 다른 사람의 권리에 대한 존중(Kohlberg, 1975)으로 정의한다. 피아제(1965)는 도덕적 사고와 판단력을 강조하였고, 따라서 도덕성 발달은 사고와 판단을 할 수 있는 인지적 발달이 선행되어야 한다고 보았다. 피아제는 도덕성 발달이 타율적 도덕성으로부터 자율적 도덕성으로 단계적으로 발달한다고 보았다. 콜버그는 도덕적 갈등 상황을 해결하는데 사용되는 판단의 논리에 초점을 두었다.

• 피아제의 도덕성 발달

피아제는 도덕적 판단능력 발달에 관해 연구하기 위해 임상적 면접법을 활용하였다. 피아제의 면접과정은 다음과 같다.

■ 피아제의 도덕적 판단능력

피아제는 임상적 면접법을 활용하여 다음 이야기를 들려주고 유아들의 도덕적 판단능력을 알아보고자 하였다.

두 소년이 있다.

- 에피소드1 : 존은 저녁식사를 마친 후 어머니를 도와드리다가 문 옆에 컵이 있다는 사실을 모른 채 문을 열자 의자가 넘어지면서 컵 15개를 깨뜨렸다.
- 에피소드2 : 헨리는 어머니가 외출한 동안 몰래 찬장 위의 과자를 꺼내 먹으려다가 컵 1개를 깨뜨렸다.

누가 잘못된 행동을 했는가? 그 이유는 무엇인가?

위 피아제의 질문에 대한 유아들의 반응을 종합하여, 도덕적 발달 단계를 정리하였다.

피아제는 위 예화의 실험을 통해 아동의 도덕성 발달 단계를 타율적 도덕성과 자율적 도덕성의 두 단계로 구분하였다. 그 중 타율적 도덕성이 유아기에 해당하며, 타율적 도덕성 단계 이전의 유아기는 도덕에 대한 개념이 확립되지 못한 전도덕성 단계이다.

첫 번째 단계, 전도덕기는 만2~4세에 해당한다. 이 시기에는 규칙에 관심이 없거나 규칙을 아직 이해하지 못하며 규칙이 사회적 합의임을 알지 못한다.

두 번째 단계, 타율적 도덕기는 만4~6세의 유아가 해당된다. 이 시기의 유아는 규칙이 권위자(부모, 교사, 신)에 의해 부여된 절대 불변의 것이라고 인지하며 행동의 의도에 관심이 있기보다 결과에 크게 비중을 두어 도덕적 판단을 한다. 권위자에 의해 부여된 절대 불변의 규칙을 위반하면 반드시 처벌받는다는 내재적 정의를 믿기 때문에 잘못한 일을 고치기 위해서는 벌이 효과적이라고 생각한다. 유아들의 도덕성이 미숙한 이유는 전조작기 사고의 특징인 자기중심적 사고로 인해 다른 사람의 입장을 헤아리지 못하기 때문이라고 본다.

10세 이후 자율적 도덕성의 단계에서는 규칙은 상대적이라는 것을 이해한다. 따라서 상황과 행위자의 의도에 따라 도덕적 판단의 결과가 달라질 수 있다고 이해한다. 따라서 이 단계의 아동은 규칙을 위반한 경우 반드시 처벌받지 않는다는 것을 자신의 경험을 통해 알게 되었기 때문에 더 이상 내재적 정의를 믿지 않는다. 이 시기의 아동은 결과와 함께 의도도 고려하여 옳고 그름을 판단할 줄 안다.

• 콜버그의 도덕성 발달

콜버그(1981)와 피아제의 이론을 보다 정교화하여 50여개 문화권에서 성, 연령, 계층, 인종 등 다양한 사람들을 대상으로 도덕적 갈등 상황에 대한 도덕적 추론능력을 측정하고 관심을 가졌다. 콜버그의 이론은 도덕성 발달 시기를 청소년기와 청년기로 확대하였다.

콜버그는 피아제와 마찬가지로 임상면접을 활용하여 도덕적 판단능력에 대해 연구하였다. 하지만 피아제의 연구에서는 단순히 예문에 등장하는 두 아이 중 누가 더 잘못하였는지 설명하도록 하였다면 콜버그의 연구에서는 도덕적 갈등 상황을 제시하고 주인공이 어떻게 행동해야 하는지, 왜 그렇게 생각하는지에 대해 질문하여 도덕적 논리에 초점을 두고 분석했다.

■ **콜버그의 도덕적 판단능력**

하인츠 딜레마

유럽에서 어떤 부인이 암으로 죽어가고 있었다. 그 부인을 살리는데는 오직 한 가지 약밖에 없었다. 이 약은 같은 마을에 사는 어느 약사가 발견하였다. 그런데 약사는 그 약값을 약의 원재료 값의 열 배가 넘도록 아주 비싸게 책정하였다. 그 아픈 부인의 남편인 하인츠는 돈을 구하기 위해 아는 사람들을 모두 찾아다녔으나 약값의 절반밖에 마련할 수 없었다. 남편은 약사에게 자신의 부인이 죽기 직전에 있다는 사정을 설명하고 약을 싸게 팔거나 아니면 외상으로라도 자기에게 팔아달라고 간청하였다. 그러나 약사는 "안 됩니다"라고 대답하였다. 절망을 느낀 하인츠는 마침내 약국에 침입하여 부인을 위하여 약을 훔쳤다.

하인츠의 이야기를 들은 이후 유아는 도덕적 갈등 상황에 관한 몇 가지 질문을 받게 된다.

- 하인츠는 약을 훔쳐야만 했는가?
- 하인츠가 한 일은 옳은가? 나쁜가?
- 왜 그런가? 만약 다른 방법이 전혀 없다면 아내를 위해 약을 훔치는 것은 남편으로서 도리라고 생각하는가?
- 좋은 남편이라면 이 경우 약을 훔쳐야 하는가?
- 약사는 가격 상한선이 없다고 해서 약값을 그렇게 많이 받을 권리가 있는가? 있다면 왜그런가?
- 네가 하인츠라면 어떻게 했을 거 같니? 그 이유는?

콜버그는 도덕성의 발달을 3수준(전 인습적 수준, 인습적 수준, 후 인습적 수준) 6단계로 설명한다. 각 수준별로 두 개의 하위 단계가 포함되며 이 단계는 일정한 순서를 거쳐 진행된다. 하지만 도덕적 판단에 대한 경험적 연구를 통해 실제로 1단계, 3~4단계, 4단계까지는 보편적으로 나타나지만 4~5단계 또는 5단계는 극히 드물다는 결과가 나타나 비판의 여지가 있다.

○ 제1수준 : 전 인습적 도덕성(4~10세)

기존의 사회규범, 풍습, 권위에 순응하는 단계로 이 수준의 사람은 사회규범이나 규칙, 기대를 잘 이해하지 못한다. 이 수준의 유아는 자기중심적인 특성으로 인해 타인의 입장을 이해하지 못하고 자신의 욕구에만 집중한다. 9세 이하의 아동 혹은 일부 청소년이나 성인 범죄자들이 이 수준에 포함된다.

- 제1단계 : 처벌과 복종지향 단계

이 단계의 유아는 옳고 그름을 판단할 때 과정보다 결과를 중시하며, 어른들의 벌을 피하기 위해 어른들의 말에 복종한다. 칭찬을 받는 행동은 좋은 행동, 벌을 받는 행동은 나쁜 행동이라고 인식한다.

- 제2단계 : 개인의 목적과 상호교환 지향 단계

타인의 입장을 고려하기 시작하지만 규칙을 지키는 이유 대부분이 자신의 흥미와 욕구에 있다. 이 시기의 타인과의 관계는 개인주의적인 성향이 나타난다. 따라서 남편의 행동을 판단할 때 약을 훔칠 수도 있다고 생각하고, 약사도 돈을 많이 벌기 위해 그런 것이니 그럴 수 있다고 판단한다.

○ **제2수준 : 인습적 수준**(10~13세)

이 수준의 아동이나 청년은 이제 사람을 보다 더 잘 이해하게 되며, 도덕적 가치와 기준을 권위에 기초하여 내면화 한다. 즉, 여전히 권위자가 정한 외적 기준에 근거하여 도덕성을 판단한다. 따라서 이 수준의 아동, 청년은 다른 사람의 인정을 받거나 사회적 기준을 지키기 위해 복종한다.

- 제3단계 : 착한 아이의 지향 단계

이 단계에서는 다른 사람의 인정, 칭찬 등을 받기 위해 동기나 의도를 중요시하며 착한 아이처럼 행동한다. 착한 것은 옳다고 보기 때문에 남편의 아내를 생각하는 착한 마음을 실천한 행동을 옳은 행동이라고 생각한다.

- 제4단계 : 법과 질서 지향의 단계

이 단계에서는 사회 질서나 법을 지키는 것이 도덕적인 것이라고 여긴다. 이 시기

청년은 추상적 사고가 가능해 자신을 사회일원으로 여기고 사회기준에 따라 행동을 평가한다. 사회 질서를 위해 법과 질서를 지켜야 한다고 생각한다. 남편의 상황은 동정이 가지만 남편의 행동은 도둑질이기 때문에 용서되지 않는다고 답한다.

○ **제3수준 : 후인습적 수준**(형식적 조작기 이후)

이 수준에 있는 사람은 도덕적 가치가 충분히 내면화되어 사회규범을 이해하고 인정하지만 법과 질서보다는 개인의 가치기준을 우선으로 판단한다.

• 제5단계 : 사회계약 지향의 단계

법과 사회규범이 다수의 권리를 지키기 위해 만들어졌다는 것을 알고, 이를 지키기 위해 준수한다. 하지만 이러한 법과 사회규범이 절대불변이 아닌 때로는 법적 견해와 도덕적 개인 가치의 견해가 모순됨을 알게 된다. 법적으로는 남편의 행동은 나쁘다고 할 수 있지만 인간답게 살 개인의 가치, 생명권 등의 절대적 가치를 생각한다면 남편이 나쁘다고 할 수 없다라고 답한다.

• 제6단계 : 보편원리 지향의 단계

법과 사회규범이 일반적으로 보편적 윤리적 원리에 따라 만들어진 것이기 때문에 정당하다고 믿는다. 이 단계의 사람은 남편이 사랑하는 부인을 위해 도둑질할 권리는 없으나 인간의 생명을 살린다는 상위의 윤리적 원칙을 갖고 있기 때문에 사랑하는 사람이기 때문이 아니라 어떠한 사람이라도 구제할 의무가 있다고 판단한다.

3. 성역할 발달

성이란 남성이나 여성의 육체적 특징을 말하며, 인간은 생물학적 성에 의해 남성과 여성으로 구분되어 이를 근거로 구분된 성에 맞는 역할을 수행하도록 기대된다. 이러한 성역할(gender role)은 생물학적인 것뿐 아니라 사회화의 과정과 관련이 있다. 따라서 성역할의 의미는 생물학적인 요인뿐만 아니라 사회문화적인 요인들에 의해 많은 부분 설명된다. 성역할 발달을 설명하는 이론은 정신분석이론, 사회학습이론, 인지발달이론, 성도식이론이 있다.

1) 성역할 발달 이론

(1) 정신분석이론

정신분석이론은 성역할 습득과정을 심리성적 단계에서 일어나는 동일시의 과정으로 설명하고 있다. 프로이트 이론에 의하면 유아는 성역할 개념과 행동이 획득되는 사회화 과정을 이성 부모에 대한 초기 애착과 그 후의 동성 부모에 대한 콤플렉스 해결의 과정인 동일시의 과정을 거치면서 성적 특성을 내면화한다고 한다. 즉, 남아의 경우 남근기에 이성부모(어머니)에게 생기는 근친상간의 욕망으로 인해 동성부모(아버지)에 의한 보복의 두려움인 거세불안이 생기며 이를 감소시키기 위해 방어적으로 동성부모를 동일시하게 된다. 이 과정에서 성역할(적합한 행동, 태도, 정서적 반응 등)을 무의식적으로 학습받게 되고 성역할을 모방하게 되어 성유형화되어진다는 것이다. 하지만 반면 여아일 경우 거세불안이 없으므로 이에 대한 설명이 불충분하다.

(2) 사회학습이론

미셀(Mischel)은 성역할이 직접학습과 관찰학습에 의해 발달한다고 설명한다. 유아의 성역할은 유아가 속한 환경 속에서 경험하는 다양한 학습의 결과로 보았다. 유아들은 부모가 성에 적합한 놀이를 했을 때 긍정적인 강화를 받는 반면 성에 부적합한 놀이를 했을 때는 무시나 다른 놀이 권유를 받는 등 벌을 받으면서 직접학습을 통해 성역할이 발달된다. 이 외에도 유아는 또래나 교사, 부모 혹은 다양한 매체를 통해서 성역할 관련 행동들을 관찰하게 되고 모방함으로써 학습하게 된다.

(3) 인지발달이론

콜버그(1966)는 성역할 동일시는 성별 자아개념 인식이 선행되어야 한다고 설명한다. 즉, 나의 성별을 명명한 후, 성별에 맞는 행동, 태도, 정서표현 등이 이루어진다는 것이다. 정신분석이론이나 학습이론과는 반대로 성유형화의 결과로 동일시가 일어난다는 것이다. 환경에 의해서 수동적으로 성역할을 받아들이는 것이 아니라 유아 자신이 성에 적합한 지식들을 적극적으로 구성함으로써 성역할 발달이 이루어진다고 설명한다.

(4) 성도식이론

성도식이란 성에 관련된 지식, 태도, 선호, 신념 등의 인지적 구조이며, 유아가 특정 성에 관련된 정보에 주의를 기울이고 기억하고 정보를 수집하는 일종의 신념과 기대체계를 의미한다. 성도식이론에서 성역할은 성항상성(성 일관성) 습득에 의해서라기보다 각 개인이 그가 속한 사회·문화 속의 주위 환경과 상호작용하며 경험하는 중에 학습되는 성과 관련된 정보를 인지구조 속에서 조직화한 것으로 유아 자신이 갖고 있는 성도식에 근거한 선택적인 기억과 선호과정을 통해 발달한다고 보았다. 이는 학습이론의 요소와 인지발달이론의 요소가 결합된 형태이다. 예를 들어 여성은 치마를 입는다는 여성에게 적합한 의복형태에 대한 단순한 도식을 습득한다. 이후 자신의 성정체감을 이해하는 여아는 치마는 여성에게 적합한 의복이라는 것을 학습한다. 그리고 유아는 치마에 집중하고 정보를 수집하여 기억한다. 반대로 남아라면 치마는 남아에게 적합한 의복이 아니라는 것을 알고 그 외의 정보는 잊는다.

2) 새로운 성역할 개념

벰(Bem, 1975)은 전생애에 걸쳐 남성성과 여성성을 엄격히 지켜야 하는 성역할의 양극개념을 강조했던 전통적인 개념의 대안으로 양성성으로서의 사회화가 더 기능적이라고 주장했다. 양성성은 부적응적이고 역기능적이며 성차별의 원인이 되는 전통적인 양극개념보다 한 사람이 남성성과 여성성을 동시에 가지기 때문에 도구적, 표현적 역할을 모두 수행할 수 있게 한다. 양성성 모형에서 성역할 발달 목표는 성유형화된 정체감을 획득하는 것이 아니라 성별에 관계없이 양성의 특성 간의 균형을 이루어 양성정체감을 형성하는 것이다.

3) 성역할 발달에 영향을 미치는 요인

(1) 생물학적 요인

성역할은 성호르몬의 영향을 받는다. 여성호르몬인 에스트로겐과 남성호르몬인 안드로겐은 신체적 특징에 영향을 미친다. 한 연구에 의하면, 출산 전 안드로겐을 과다분비하는 유전적 장애인 선천적 부신피질과형성증 유아는 음핵이 커져 남아의 신체와 비슷하게 변화하였고, 남아를 놀이친구로 선택하고 인형보다 자동차를 가지고 노는 남성적 특징을 보였다. 이를 통해 남녀의 성역할 차이에 성호르몬이 영향을 미친다는 것을 알 수 있다.

진화론적 관점에서는 인류의 오랜 역사동안 남성은 수렵, 채집, 보호의 역할을 하였고 여성은 자녀양육을 담당해왔다. 이와 같은 남성과 여성의 특성이 남성은 공격적인 성향으로 여성은 반응적인 성향으로 진화되어 왔다고 보고 있다.

(2) 사회문화적 요인

① 부모

부모는 사회문화적 요인 중 유아에게 가장 일차원적이고 직접적인 영향을 미친다. 부모는 영아의 성역할 행동에 대한 강화자가 되기도 하고, 성과 관련된 경험을 제공하기도 하며 모델링이 되기도 한다. 성역할에 적절한 행동을 했을 때 긍정적인 반응을 하고 부적절한 행동을 했을 때 무시하기도 하며 유아에게 성역할을 학습하게 한다.

② 형제

형제의 수, 동성과 이성, 출생순위, 형제들과의 관계는 영유아의 성역할 발달에 영향을 미친다. 특히, 동성의 형제가 있는 경우 성역할에 대해 보다 빠르게 습득하게 된다. 또 아버지가 없는 남아의 경우 동성의 형제가 있을 때 남성성 발달에 문제가 없는 것은 동성형제가 성역할 발달에 영향을 미치기 때문으로 보인다.

③ 유아교육기관

유아교육기관에서의 경험 중 또래의 영향은 특히 유아기에 큰 영향을 미친다. 4~5세 경 동성이 또래와 상호작용을 더 많이 하게 되며 자연스럽게 성유형화된 놀이 성향이 한층 강화된다. 유아교육기관에서 또래만큼은 아니지만 교사 또한 영유아의 성역할에 영향을 미친다. 영유아교사 성비는 여성이 절대적으로 우위를 점하고 있다. 이는 유아에게 성역할 중 여성적 특성을 강조하게 될 수 있다. 또한 교사 중 많은 수가 유아 모두에게 여성적 특성을 강요하는 경향이 있다. 이는 정숙함, 차분함과 같은 여성적 특성이 수업을 잘 이끌어 나갈 수 있도록 돕는다는 것을 경험적으로 알게 되었기 때문이다.

④ 대중매체

동화책, TV, 인터넷, 비디오, 영화, 교재교구 등 대중매체에 내재된 성역할 고정관념은 간접적이지만 지속적으로 영향을 미친다. 특히, TV프로그램이나 비디오, 영화, 인터넷은 시청각적으로 메시지에 무의식적으로 노출되기 때문에 유아는 등장인물의 말, 태도, 옷차림 등에 매우 민감하게 반응하게 된다. 주로 TV프로그램에서 나오는 남성은 활동적이고 중요한 역할을 맡는 반면 여성은 남성의 도움을 받는 수동적인 역할을 하여 영유아에게 양극적인 성역할 고정관념을 심어 줄 수 있다. 하지만 반대로 이러한 대중매체의 큰 영향력을 활용한다면 평등하고 양성적인 성역할 개념 발달에 도움이 될 수 있을 것이다. 또한 동화책이나 교구교재를 선정할 때, 성역할 고정관념이 반영되어 있지 않고 양성성의 개념이 포함되어 있는 교재로 선정하는 것이 바람직하다.

PART 5

영유아 발달과 생태학적 맥락

Chapter

12

가족 내적 환경

● 학습목표 ●

1. 영유아 발달에 영향을 미치는 생태학적 맥락에 관해 이해한다.
2. 영유아 발달에 영향을 미치는 가족 내적 환경에 관해 이해한다.
3. 부모양육행동, 형제관계와 조부모관계, 다양한 가족 유형, 아동학대 요인들에 관해 이해한다.

가족은 영유아의 발달에 매우 커다란 영향을 주는 사회환경이다. 인간은 출생과 동시에 한 가족의 일원이 되어 성장하며 일생 동안 가족의 일원으로 생활한다. 이때 부모는 자녀를 양육하고 정서적 지원을 제공하는 등 자녀의 사회화 과정에 핵심적 역할을 담당하게 된다. 또한 생애초기의 경험들이 영유아의 사회적, 정서적, 지적 발달 등 여러 발달 영역에 커다란 영향을 끼치므로 영유아의 발달에 가족의 역할이 매우 중요하다.

1. 부모양육행동

1) 부모의 역할

부모는 자녀가 태어나면서부터 여러 가지 변화를 겪게 된다. 영유아 발달에 관심을 둔 연구자들은 영유아가 최초로 접하는 사회적 맥락인 가족체계에 관심을 두고 있다. 특히 영유아가 최초의 사회적 관계를 맺는 주 양육자의 역할에 초점을 맞추고 있는데 영유아가 태어나면서부터 부모와의 상호작용을 통해 자신을 조절하는 능력을 발달시키게 된다. 아동 발달에 가장 영향력 있는 부모의 성향에 영향을 받아 아동의 성향도 만들어지게 되고 이러한 관계는 아동과 부모의 상호작용에 서로 영향을 주어 타인과의 상호작용과 사회적 관계에 영향을 미치게 된다. 이러한 과정을 통해 사회화가 이루어지게 되며 부모-아동 간 상호작용은 결과적으로 아동의 사회정서 발달에 중요한 기초가 되고 있다(한성희, 2010). 특히 영유아기 자녀가 있는 부모의 역할로는 자유롭고 안전한 탐색환경을 제공하여 지적 자극과 학습기회를 제공하는 것과 바람직한 사회정서 발달을 위해 안정되고 온화한 가정환경을 제공하고 초등학교 준비를 위한 신변처리 능력과 자조능력을 훈련시키는 것 등을 제시해 볼 수 있다.

영유아기의 부모역할을 수행하는 중요한 지침을 아래와 같이 정리해 볼 수 있다.

첫째, 자녀의 주도성을 침해하지 않으면서 제한과 한계를 설정해 준다.
둘째, 자발적인 행동과 환경을 탐색하는 행동을 지지하며 주도성의 발달을 도와준다.
셋째, 권위 있는(authoritative) 양육방법을 사용한다.
넷째, 처벌하기보다는 자연적 · 논리적 결과의 방법을 사용한다.
다섯째, 자녀의 끊임없는 질문에 귀를 기울이고 반응해 준다.
여섯째, 자녀에게 날마다 책을 읽어 주는게 좋다.
일곱째, 긍정적인 자아개념의 발달을 촉진시키도록 상호작용한다.
여덟째, 학습을 촉진시켜 줄 수 있는 적절한 놀잇감을 제공해 준다.
아홉째, 또래와 놀고 상호작용할 수 있는 기회를 제공해 준다.

부모가 각각 참고해야 할 부모로서의 역할에 대한 전통적 가치관에서 현대적 가치관으로의 변화는 아래의 〈표 12-1〉과 〈표 12-2〉와 같다.

〈표 12-1〉 어머니역할 개념 비교

전통적 개념	진보적 개념
• 가사 의무(요리, 청소, 빨래 등)를 수행한다. • 자녀의 신체적 욕구를 충족시킨다. • 자녀에게 규칙적 습관을 훈련시킨다. • 자녀에게 도덕교육을 수행한다. • 자녀의 훈련을 담당한다.	• 자녀가 자신감과 자율성을 기르도록 훈육한다. • 자녀의 정서적 욕구를 격려한다. • 자녀의 사회성 발달을 격려한다. • 자녀의 지적 성장을 자극한다. • 자녀에게 올바른 양육환경을 제공한다. • 자녀의 발달적 욕구에 관심을 갖는다. • 이해심을 가지고 자녀를 훈육한다.

출처 : 유안진, 김연진(2003).

〈표 12-2〉 아버지역할 개념 비교

전통적 개념	진보적 개념
• 자녀를 위해 목표를 세운다. • 자녀를 위해 일하고, 자녀를 위해 무엇인가 주는 것을 강조한다. • 자녀에게 무엇이 좋은 것인지를 안다고 스스로 생각한다. • 아버지는 항상 옳고 강하다. • 자녀가 순종하기를 요구한다. • 의무감으로 부모가 된다.	• 자녀의 자율적인 행동을 강조한다. • 자녀와 그 자신에 대해 이해하려고 노력한다. • 자녀와 자신의 개성을 인식한다. • 자녀의 성숙된 행동을 증가시킨다. • 부모가 되기를 선택한다.

출처 : 유안진, 김연진(2003).

이를 살펴보면, 전통적 개념에서의 어머니와 아버지의 역할 개념은 엄격하게 분리되어 있는 반면, 진보적 개념에서의 어머니와 아버지 역할 개념은 부모 공동의 책임이라는 관점이 차츰 보편화되고 있음을 알 수 있다. 이는 자녀양육에 있어 아버지와 어머니 역할이 상당부분을 공유되고 있다고 해석할 수 있다.

2) 부모의 양육행동 유형

영유아의 발달과정에서 자녀를 양육하는 부모의 양육행동은 매우 중요하다.

양육행동이란 자녀를 양육하는 과정에서 나타나는 부모행동 유형의 복합체로 볼 수 있다. 구체적으로 양육행동(parenting behavior)은 부모가 자녀를 키우면서 내적 · 외적으로 하는 행동들을 말하는데, 자녀에게 친밀감과 애정을 표현하는 것, 자녀들이 어떤 행동들을 배우도록 지도하는 것, 자녀의 행동에 제한을 설정하여 규칙이나 관습을 가르치는 것, 그리고 자녀의 요구에 반응하는 것 등과 같은 행동들이 포함된다(홍계옥, 2001).

부모의 양육행동은 자녀발달에 영향력이 매우 크다는 점에서 그 중요성이 더해가고 있다. 1960년대 말과 1970년대 초에 걸쳐 만들어진 바움린드(Baumrind)의 양육행동 유형 구분이 맥코비와 마틴(Maccoby & Martin, 1983)에 의해 정리되었다. 양육태도의 대표적 학자인 바움린드는 애정과 통제라는 차원으로 부모의 양육태도를 네 가지 유형으로 나누었다. 즉, 애정과 통제 차원이 둘 다 높은 경우는 권위 있는 부모, 통제 차원은 높지만 애정 차원이 낮은 경우는 독재적 부모, 애정 차원은 높은데 통제 차원이 낮은 경우는 허용적 부모, 애정과 통제 차원이 다 낮은 경우는 방임적인 부모로 분류하였다. 각 유형을 요약하면 다음과 같다(장휘숙, 2010).

(1) 권위 있는 부모(Authoritative)

자녀양육의 가장 성공적인 접근으로 가장 높은 수용과 개입, 적합한 통제기술, 적당한 자율성이 부여된다.

이 유형의 부모들은 자녀들에게 성숙한 행동을 위한 확고한 기준과 규칙을 설정하고 영유아의 욕구와 발달수준을 인정하며 연령에 맞는 합리적인 정도의 자유를 허용한다. 추론이나 긍정적 강화를 통하여 자녀의 성숙한 행동을 격려하고 필요에 따라 엄격하게 통제하기도 한다. 그러나 권위가 있는 부모들이 사용하는 통제는 합리적이라는 특성을 지닌다.

(2) 독재적 부모(Authoritarian)

자녀에게 부모는 수용과 개입이 낮고, 강압적인 통제가 높으며, 자율성 부여가 낮다. 이 유형의 부모들은 영유아를 통제하기 위하여 규칙과 기준을 설정하고 자녀가 그것을 어기면 신체적 처벌과 같은 강제적 방법을 사용하여 자녀가 복종하도록 강요한다. 권위적 부모들은 규칙 이면의 논리에 대해 자녀에게 설명하는 일이 거의 없으며 부모의 말은 자녀에게 곧 '법'이다.

(3) 허용적 부모(Permissive)

자녀에게 부모는 온화하며 수용적이다. 그러나 관심보다는 너무 방임적이고 태만하다. 이 유형의 부모들은 자녀를 수용하며 애정적이고 반응적이지만 자녀의 자율성을 지나치게 강조한다. 즉, 허용적 부모들은 규칙이나 기준에 일치하도록 자녀를 강요하는 일이 거의 없고 명백한 통제를 행사하지 않으며 자녀 스스로 자신의 행동을 조절하도록 내버려 둔다는 특성을 지닌다.

(4) 방임적 부모(Indifferent)

부모의 수용이 낮고, 통제가 거의 없는 개입 그리고 자율성 부여에 대한 무관심이 결부된다. 이 유형의 부모들은 부모로서의 역할을 수행하지 않는다. 자녀에게 관심을 보이지 않으며 자녀와 함께 시간을 보내려고도 하지 않으므로 자녀의 욕구는 대부분 무시되거나 거부된다. 또한 자녀와의 접촉은 부모 자신의 즉각적 욕구에 의해 이루어질 뿐 일관성 있는 지도나 훈육을 제공하지 않는다는 특성을 지닌다.

우리나라에서도 청소년 상담원(1996)은 이와 비슷하게 자애로움과 엄격함이라는 두 차원에 의해 부모 유형을 네 가지로 나누었다(그림 12-1 참조). 여기서 자애로움은 자녀를 신뢰하고, 따뜻하고 관대하게 대하는 것을 말하고, 엄격함은 확고한 원칙을 가지고, 정해진 바를 일관성 있게 밀고 나가는 것을 말한다.

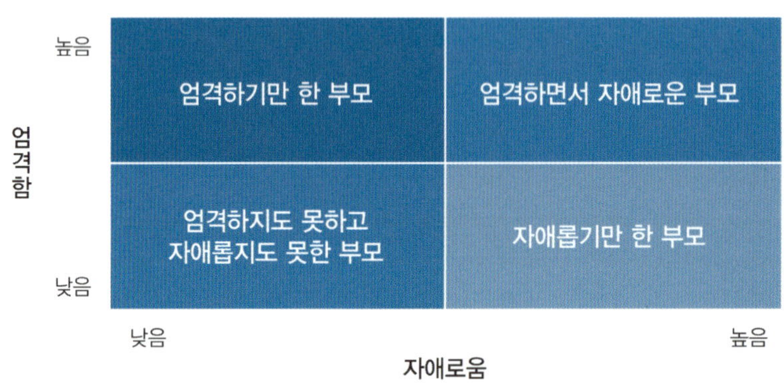

[그림 12-1] 자애로움과 엄격함의 두 차원에 의한 네 가지 부모 유형

네 가지 부모 유형을 설명하자면 자애로움과 엄격함이 둘다 높은 경우는 엄격하면서 자애로운 부모, 자애로움은 높고 엄격함이 낮은 경우는 자애롭기만 한 부모, 자애로움은 낮고 엄격함이 높은 경우는 엄격하기만 한 부모, 자애로움과 엄격함이 둘다 낮은 경우는 엄격하지도 자애롭지도 못한 부모이다.

위에 네 가지 부모 유형 중에서 가장 바람직한 유형은 '엄격하면서 자애로운 부모'이고 제일 바람직하지 못한 유형은 '엄격하지도 자애롭지도 못한 부모'이다. 최근 우리나라에서 조사한 부모 유형 중 가장 많은 유형은 '자애롭기만 한 부모'라고 한다. 전반적으로 자부자모 유형이 가장 많은 것으로 나타나 우리의 전통유형인 엄부자모 유형에서 크게 벗어나 있음을 알 수 있다.

부모의 양육행동 유형과 영유아 발달과의 관계를 살펴본 연구에서 권위가 있는 양육을 하는 부모의 자녀는 책임감이 있고, 자아 독립적이며, 사교적으로 나타났다. 반대로 독재적인 양육을 하는 부모의 자녀는 종종 불행해 하며, 자존감이 낮고 때로는 공격적이라고 보고되었다(김상림 외, 2017).

어머니와 아버지를 나누어 양육행동 유형과 영유아 발달관계를 살펴본 연구는 아래와 같다. 우리나라 5, 6세 영유아 333명과 그 어머니를 대상으로 한 연구(박주희 외, 2001)에서는 어머니가 온정적이고 애정표현을 잘하며 자녀의 자율성을 격려해 주고 지지해 주는 경우, 아동은 또래관계에서 유능한 경향을 보였다.

또한 아버지가 다정하고 자녀를 격려해 주며 잘 도와주는 경우 자녀의 인지능력은 높고, 민주적이면서 친숙한 양육태도를 보이는 아버지의 자녀는 명철하고 창조적이며 융통성과 상상력이 풍부하며 높은 학업성취와 관련이 있었다. 이에 반해 거리감이 있고 독재적이며 처벌 위주인 아버지는 자녀의 성취동기를 저하시켰으며, 자녀의 지적 능력이 떨어져 있었다. 특히 자녀의 성역할 발달에서 아버지는 어머니보다 큰 영향을 미치는 것으로 나타났다(Parke, 1995).

더 나아가 아버지의 양육행동은 자녀의 사회성 및 정서 발달과 관련이 있었다. 예를 들어, 아버지가 권위 있는 양육행동을 보였을 경우, 과잉 행동이나 공격적인 행동을 나타내는 자녀들이 적으며 분노나 우울과 같은 성격적 결함을 가지는 자녀들의 수가 적은 것으로 밝혀졌다(Marsiglio et al., 2000).

[그림 12-2] 함께 놀이하고 있는 부모와 자녀

2. 형제관계와 조부모관계

1) 형제관계

(1) 형제자매

형제자매는 영유아 발달에서 부모와 다른 영향력을 가진 주요 인물로서, 가족원의 수가 줄어들고는 있지만 많은 가정에서 영유아들은 형제자매와 함께 성장하고 있다. 형제자매관계는 평등하고 상호적이며 부모와의 관계보다 길고 지속적이어서 부모가 책임을 다하지 못할 때 필요한 도움을 주고받을 수 있는 상호지지체계의 역할을 한다.

형제자매 간의 상호작용은 또래 간의 상호작용과 상당히 유사하며 상호 간의 관심과 애착뿐 아니라 경쟁적이고 갈등적인 관계를 나타낸다(장휘숙, 2010). 형제들은 함께 다정한 시간을 보내며 양보하고 이해하는 긍정적인 감정을 가지기도 하지만 때로는 경쟁하고 질투하며 미워하는 부정적 감정을 가지는 모호한 관계이다. 그러나 대부분 형제간 상호작용은 우호적이다. 또한 형제간 관계에서는 서로를 모방하려는 경향이 강하게 나타나며, 특히 동생이 손위 형제를 모방하는 정도가 더욱 심하다. 또한 보통 형제자매들이 2~4세일 때 10분에 한 번 정도로 갈등을 일으키며, 이후 5~7세까지 갈등은 약간 감소하지만 여전히 계속된다.

형제자매관계는 한 사람의 출생과 함께 시작되어 성장하면서 비교적 비슷한 환경 특성을 공유하며 발달 영역의 모든 부분에서 서로를 자극하고 상호작용하며 행동에 영향을 미친다. 그리고 다른 관계와 마찬가지로 시간과 함께 변화하는데 영유아가 성장하면서 형제간의 상호작용은 더 복잡해지고 더 빈번해진다. 예를 들면, 나이 든 형제자매는 동생이 흥분해 있을 때 동생을 돌보고 달래는 역할을 하며, 어린 동생을 가르치는 선생님으로서 게임하는 방법 등을 가르치기도 한다. 또한 나이 든 형제자매가 학교에서 잘 지내고 또래끼리 잘 지낼 때 어린 동생도 이를 따라 한다(Brody et al., 2003).

선행연구에 의하면, 형제자매관계의 질에 영향을 미치는 변인으로 영유아의 기질보다는 부모-자녀 관계와 부모양육태도가 더 큰 영향을 미치는 것으로 나타났다. 즉, 어머니가 합리적 태도로 양육하면 형제는 온정적이고 친밀해지고, 권위주의적으로 통제하면 갈등적이고 권력적인 형제관계를 나타내었다(이기숙 외, 2017).

이처럼 시간이 흐르면서 형제는 외동이에게는 있을 수 없는 가장 친한 친구가 되거나 반대로 끊임없이 다투고 경쟁하는 등 잘 지내지 못하는 경우도 있다. 이러한 형제간의 관계형성과 상호작용 패턴은 일찍부터 확립되어 안정화된다.

(2) 출생순위

출생순위도 영유아의 성격형성과 발달에 영향을 미친다. 출생순위는 부모를 중심으로 하여 자녀들의 심리적 위치를 이해하는데 중요한 요인이다. 일반적으로 맏이는 부모로부터 가장 많은 기대와 자극 속에 성장하게 되며 인지 발달이 빠르고 성취도와 책임감이 높은 특성을 보인다. 반면 맏이의 부모는 양육 경험 부족으로 인해 과보호적이고 불안한 양육태도를 보이게 되어 영유아가 다소 의존적이고 불안한 특성을 보이기도 한다.

둘째는 출생 후 자신보다 우월한 형의 존재로 인해 경쟁심이 생겨 보다 사교적이며 손위 형제와는 다른 특성을 보임으로써 자신의 위치를 확보하려 한다. 동생이 출생할 경우, 맏이와 막내에게 자신의 권리를 빼앗기는 느낌을 받게 되어 불공평함을 경험하기도 한다.

막내는 부모의 관심과 형제의 보호속에 성장하여 다소 독립심이 부족할 수도 있다. 또한 어수룩하게 보이거나 드러내놓고 반항함으로써 자신의 위치를 확보하기도 한다. 그 결과 막내는 독자적으로 무엇을 할 수 있는 기회가 적어 미성숙한 성격특성을 보이는 경향이 나타나기도 한다.

외동이의 성격특성은 자신이 특별하다거나 무엇이든지 마음대로 할 수 있다고 생각하며 과보호로 인해 이기적인 성향을 보이기도 한다. 그러나 외동이에 대한 다른 연구에서는 지적 능력이나 성취동기, 사교성 등에서 형제있는 아동과 차이없는 성격특성을 갖는 것으로 나타나고 있다.

한편 형제관계는 터울간격에 따라 다소 상이하게 나타난다. 형제간의 경쟁행위는 터울이 적을수록 심하게 나타나고 반면 가까운 터울로 인한 친밀감이나 동료의식이 어려움을 보완하여 또래간의 경쟁에 대처하는 방법을 가르쳐 준다는 이점이 있다. 그러나 형제간 터울이 커지면 손위 형제는 또래보다는 부모나 교사와 같은 역할 모델의 기능을 수행하게 된다. 형제의 성별 구성에 있어서도 손위 남아는 그들의 동생에게 물리적 힘에 근거한 방법을 많이 사용하는 반면, 여아는 동생에게 보다 수용적이고 말로 설명하는 친사회적인 경향을 보인다. 따라서 손위 남아는 형제관계에서 쉽게 조화를 이루지 못할 수 있는 반면, 여아는 비교적 원만한 관계를 유지하며, 동생을 잘 보살피기도 한다(이기숙 외, 2018).

이처럼 형제자매들은 같은 환경에서 성장하므로 많은 공통점을 갖게되나 출생순위와 성별에 따라 가정에서의 위치나 역할이 달라질 수 있고 이에 따라 성격과 행동도 달라질 수 있다.

2) 조부모관계

인간의 수명이 길어지면서 3대 가족 형태가 늘어나고 있다. 조부모는 손자녀인 영유아들의 삶에 큰 비중을 차지하는데, 조부모들은 영유아의 발달에 직접적, 간접적으로 영향을 준다.

조부모 양육의 다섯 가지 유형은 아래와 같다(Mueller & Elder, 2003).

- 영향력 있는 조부모(Influential grandparents) : 아동과 매우 친밀하며 빈번히 훈육을 포함한 부모의 역할을 수행하는 유형
- 지지적인 조부모(Supportive grandparents) : 친밀하다는 면에서 영향력 있는 조부모와 비슷하지만 부모의 역할을 수행하지는 않는 유형
- 권위지향적 조부모(Authority-oriented grandparents) : 아동을 훈육하지만 아동의 삶에 아주 특별히 적극적이지 않은 유형
- 수동적 조부모(Passive grandparents) : 아동 발달에 관여는 하지만 영향력 있는 조부모나 지지적 조부모의 모습은 아니며 부모의 역할을 맡고 있지 않은 유형
- 분리된 조부모(Detached grandparents) : 손자녀 발달에 관여하지 않은 유형

조부모들은 간접적으로 부모를 통해 손자녀들에게 영향을 주거나, 손자녀들의 양육에 참여하는 경우에는 직접적인 영향을 미치기도 한다. 조부모들이 손자녀 양육으로 인하여 정신적 스트레스가 증가하면 삶의 질이 저하할 수 있는 위험에 빠질 수 있으므로, 양육에 따른 스트레스를 잘 조절한다면 손자녀 양육은 조부모들에게 좋은 영향을 끼칠 수 있다(진지혜 · 안정신, 2012). 즉, 손자녀들의 성장을 지켜봄으로써 보람을 느낄 수도 있고, 손자녀를 돌보는 활동을 통해 정신적으로 건강해질 수도 있다.

이와 같이 조부모의 양육행동은 손자녀의 발달에 다양한 영향을 미칠 수 있으므로

조부모의 양육조건을 지원해주는 정책이 필요하다. 구체적으로 조부모의 건강, 경제상황, 정서적 지원 및 일시적으로 손자녀를 맡길 수 있는 시설을 지원하여 손자녀 양육의 부담감을 줄여 주는 방안을 제시해 볼 수 있다. 이를 통하여 조부모들에게는 본인들의 생애발달과업을 성취할 기회를 주고 손자녀에게는 긍정적 발달을 지원해 줄 수 있다.

3. 다양한 가족 유형

현대사회의 중요변화 중 하나는 가족구조의 변화이다. 현대 가족의 유형은 단순히 핵가족, 대가족의 구분이 아니라 기혼 여성의 취업으로 인한 맞벌이가족, 사별 및 이혼으로 인한 모자 또는 부자형태의 한부모가족, 재혼으로 인한 양부 혹은 양모형태의 계부모가족, 조부모와 함께 사는 조손가족 등 다양한 가족 형태가 있다. 이러한 가족구조의 변화에 따라 각 가족 구성원들의 생활 특성도 변화되고 있으며 이에 따라 영유아 발달에 영향을 미치는 부모자녀관계와 형제관계 및 조부모관계도 달라지고 있다.

1) 맞벌이가족(취업모)

현대사회에서 여성의 노동력 요구와 여성의 교육수준 향상, 자아 성취 욕구 증대, 페니미즘 등의 영향으로 여성의 취업이 증가하고 있다.

최근 들어 아버지 역할의 중요성이 부각되고 있으나, 여전히 어머니는 자녀양육의 일차적 책임자로 지목되고 있으며 자녀가 어린 시기에는 바깥일을 하기보다 어머니 역할에 충실해야 한다는 모성이데올로기가 존속되어져 오고 있다. 때문에 취업을 하고 있는 어머니들은 모성 의무를 저버렸다는 죄책감에 시달리며, 사회에서 요구되는 역할 기대와 실제 수행 사이에서 많은 갈등을 경험하고 있다. 이러한 사실은 다른 역할 수행보다 직장생활로 인해 어머니로서의 역할 수행이 소홀해질 경우 더 큰 갈등을 느낀다는 연구결과들에 의해 뒷받침되고 있다(한성희, 2010).

어머니는 자녀양육에서 대부분의 역할을 수행하기 때문에 취업모가 경험하게 되는 긴장감은 자녀의 발달 전반에 영향을 미칠 뿐 아니라 어머니와 자녀 간 관계에도 부정적 영향을 미칠 수 있다. 특히 어머니의 취업이 시간적으로나 정신적으로 어머니의 역할에 긴장감과 스트레스를 줄 수 있어 취업모와 자녀가 형성하는 심리적 관계에 미치는 영향에 대해 관심이 집중되고 있다.

취업모는 일과 가족 간의 균형을 유지하면서 가정에서는 어머니, 아내로서의 역할을 하고 직장에서는 직장인으로서의 역할을 하는 등 다양한 역할을 수행해야 한다. 특히, 맞벌이 부부의 부인은 많은 역할 요구와 관련된 스트레스를 경험하게 되는데 취업모에게 자녀양육은 스트레스 요인이며, 취업 지속 여부를 판가름하는 결정적인 요소이다. 따라서 취업모들이 자녀와 함께 할 수 있는 시간이 부족하고, 피로감이 양육 스트레스를 불러일으킬 수 있어 어머니-영유아 간 상호작용을 부정적으로 이끌 수 있다. 또한, 자녀의 긍정적인 성장 발달을 위해서는 어머니의 보호와 교육이 가장 중요하다는 믿음으로 인해 어머니는 양육과정에서 구속감과 스트레스를 아버지보다 더 많이 경험하고 있으나, 맞벌이 가정에서 가사와 양육에 대한 책임은 여전히 남편보다는 부인이 많이 지고 있기에 취업으로 인한 양육 부담은 스트레스로 작용하여 취업모의 정신건강을 해치게 될 수도 있다(한성희, 2010).

또한 모성취업으로 인한 모-자녀 간 상호작용 질의 저하는 아동, 청소년의 정신건강 및 행동 문제와 직결된다는 보고가 있다. 예를 들면, 취업모 자녀가 비취업모 자녀보다 과잉 행동을 더 많이 보였고, 특히 취업모의 자녀가 어릴 경우 과행동성, 걱정, 불안, 산만한 정도가 높은 것으로 나타났다. 반면에, 영아에서부터 12세까지의 아동에 대한 종단적인 연구에 따르면 5, 6세 영유아의 경우 어머니의 일하는 시간과 성적은 부적 상관을 보이지만, 아동이 자라면서 그러한 부적 상관관계가 사라지는 것으로 나타났다. 나아가 취업모의 자녀는 자립심과 독립심이 길러지고 또래관계 등을 통해서 사회성 발달이 촉진될 수 있으며 집안일도 함께 하는 부모를 통해 성역할에 대한 유연한 생각을 갖게 되는 등 영유아의 발달에 미치는 어머니 취업의 영향이 긍정적일 수 있는 것으로 보고되고 있다(Gottfried et al., 1994).

따라서 취업한 어머니의 경우 여러 조건에 따라 영유아와의 관계에 미치는 영향이 달라질 수 있으므로 어머니가 영유아와 보내는 시간의 양과 질에 관심을 기울여야 하는데 그 이유는 어머니의 취업 여부와 상관없이 얼마나 많은 시간을 영유아와 함께 보내며 무슨 활동을 하는가가 영유아 발달에 더욱 중요한 요인으로 작용하기 때문이다.

2) 한부모가족

부모의 사별이나 이혼으로 인해 편부나 편모가정에서 자라는 한부모가족의 영유아들이 늘어가고 있다.

한부모가족의 경우 부모와 자녀 모두 경제적, 심리적 어려움에 처할 가능성이 크고, 이러한 요인은 영유아의 발달에 부정적으로 작용할 수 있다. 부모의 사별보다 부모의 이혼이 영유아 발달에 좀 더 부정적인 영향을 미칠 수 있다고 알려져 있는데, 특히 부모의 이혼으로 인해 실질적으로 한쪽 부모와의 관계를 상실하게 된 아동이 새로운 환경에서 건강한 삶을 살 수 있게 하기 위해서는 많은 어려움을 안게 되며 부적응의 위험이 커진다. 과거에는 이혼하는 부부들이 자녀의 양육권을 가지기 위해 서로 다투는 경우들이 많았으나 최근에는 서로 자녀를 양육하지 않으려고 하기 때문에 자녀들은 부모가 이혼한다는 사실에 상처를 받고, 또 부모들이 자신을 거부하고 있다는 것에 더 큰 상처를 받게된다.

이혼에 대한 자녀의 반응은 자녀의 발달시기에 따라 차이가 있다. 어린 영유아들은 인지적으로 미성숙하기 때문에 부모가 이혼한 이유를 이해하지 못하고 자신들의 잘못으로 부모가 이혼하고 자신을 버렸다고 생각하면서 죄책감을 갖는다. 아울러 이혼한 부모의 아동이 성인이 되었을 때에도 이혼의 영향은 여전히 존재하여 결혼에 부정적인 태도를 가지는 경향이 있으며 부부 갈등도 많고 이혼하는 경향도 많다. 또한 이혼 전부부간 갈등 상황에 지속적으로 노출됨으로써 자녀는 친구 및 형제간에 적개심이나 공격적 상호작용을 빈번하게 보이게 되며 우울해 하는 경향이 있다(Cummings & Davies, 1994). 영유아기 시기에 이혼을 경험하는 영유아의 반응을 아래와 같이 정리해 볼 수 있다.

- 부모의 양육 포기와 유기 가능성에 대한 두려움
- 이혼이 자기 때문이라는 생각과 심한 죄책감
- 놀이를 통해 안정을 찾고 과업을 성취하는 능력의 부족
- 공격성과 억압된 감정을 분출하는 행동
- 아기 같은 행동으로의 퇴행
- 충격, 분노, 우울의 증세

한편 부모의 이혼으로 인해 영유아가 경험하는 부정적 영향은 영유아의 대처 기술이나 가족의 상호작용 특성, 인구학적 변인에 따라 다르며, 부정적인 영향을 미치는 경우에도 일시적인 것으로 보인다는 연구결과도 제시되고 있다. 이혼 이후 자녀의 적응에 대한 연구들 중 이혼이 자녀에게 부정적 영향을 미칠 것이라는 생각과는 다른 결론을 제시하는 결과도 있다. 청소년을 대상으로 부모의 이혼 이후의 적응에 대해 연구한 정현숙(1993)에 의하면, 이혼 이후의 시간이 길수록, 스스로 다양한 문제해결 방식을 많이 이용할수록, 부모의 이혼에 대한 태도가 더 긍정적일수록, 양육하고 있는 부모와 더 개방적인 의사소통을 할수록, 그리고 비친권 부모와의 접촉이 많을수록 부모의 이혼 후의 생활에 더 잘 적응하고 있었다. 특히 양부모와의 개방적인 대화가 긍정적인 적응에 가장 중요한 요인인 것으로 나타났다. 즉, 시간의 흐름에 따라 자녀들도 부모의 이혼을 받아들이고, 적응하는 것으로 나타났다.

한부모가족 자녀의 발달에 영향을 미치는 요인을 다양하게 규명하여 영유아의 긍정적 발달을 도와줄 수 있도록 관심을 기울여야 할 것이다.

3) 재혼가족

이혼율이 증가하면서 재혼율도 점점 증가하고 있는 추세이다.

재혼가족이란 배우자 한쪽이나 양쪽 모두가 재혼으로 자녀가 있거나 없으면서 하나의 가구를 유지하는 남편과 아내로 구성된 가정으로서 재결합가족(reconstituted family, reconstructed family), 혼합가족(blended family), 2개의 핵가족(binuclear family), 계부모가족(step family) 등의 용어로 혼용되어 사용된다.

재혼은 전혼 해체 사유에 따라 사별 후 재혼과 이혼 후 재혼으로 나뉠 수 있는데, 재혼가족은 초혼가족보다 더 많은 어려움을 갖게 된다. 일반적으로 이혼 후의 재혼가족이 친족이나 전 배우자의 친족으로부터 지원을 거의 받지 못하는 반면, 사별 후 재혼가족은 더 많은 사회적 지원을 받는 것으로 나타났다(정현숙, 2000).

재혼가족은 여러 측면에서 초혼가족과 다른 특징을 가지고 있는데, 부모의 재혼이 자녀에게 미치는 영향을 정리해보면 아래와 같다.

- 부모의 재혼으로 인해 자녀는 부모를 뺏겼다는 상실감을 맛본다.
- 자녀는 친부모의 애정을 다른 누군가와 공유해야 한다는 사실을 받아들이기 힘들다.
- 부모의 재혼으로 자녀는 친부모들의 재결합에 대한 기대나 희망을 포기해야만 한다.
- 부모의 재혼은 자녀에게 심리적인 충격을 주는 사건이므로 동거하는 친부모와의 친밀하고 안정된 관계가 충격을 완화시킬 수 있다.
- 자녀는 재혼한 부모가 또다시 이혼할까 봐 두려움을 가질 수 있다.
- 자녀는 부모들과 친숙한 감정이 생기지 않은 채 부모의 훈육과 간섭을 받아야 한다.
- 부모의 재혼 후 자녀는 과거에 생활해 오던 것과는 전혀 다른 생활방식과 환경에 적응해야 한다.

- 부모의 재혼으로 인해 변화된 생활환경(이사, 전학, 동거 인물의 변화 등)으로 스트레스가 많아질 수 있다.
- 자녀는 부모의 이혼이나 사별, 그리고 재혼이라는 일련의 과정 속에서 심리적이나 정서적으로 불안과 부적응과 같은 문제를 겪기 쉽다.
- 자녀는 새로운 계 형제와 종전의 특권, 의무, 물건, 공간 등을 공유해야 하는 상황에 놓일 수 있어 스트레스를 받기 쉽다.

재혼으로 인해 영유아에게 미치는 부정적 영향을 최소화하기 위해 가족구성원의 노력이 요구된다.

4) 조손가족

조손가족은 부모와 동거하지 않고 조부모와 손자녀가 함께 살며 손자녀의 기본적인 의식주 및 생활 전반을 책임지고 있는 가족의 형태로서 점차 늘어가고 있는 가족 유형이다.

'이혼과 재혼'에 의해 손자녀를 양육하는 경우뿐 아니라 요즘의 조손가족은 맞벌이부부의 증가나 부모의 잦은 근무지 이동으로 생기는 경우가 늘어 가고 있는 추세이다. 이 같은 추세는 더욱 심화할 것으로 보이는데 부모를 대신하여 조부모가 손자녀를 양육하는 일은 우리나라뿐만 아니라 전 세계적으로 보편화된 현상이 되어가고 있다.

조손가족 영유아의 문제는 부모의 부재로 인해 우울, 불안, 분노 등 심리정서상 문제가 많아 학습장애와 인지능력 저하로 나타나기도 한다. 또한 조손가정의 조부모는 고령으로 인해 신체능력 저하와 만성질환으로 손자녀 양육에 신체적 부담을 크게 느낀다. 또한 자식에 대한 좌절과 분노, 배신감이 큰 상태에서 생활비 부담에 어려움을 겪으며, 손자녀 양육에 대한 스트레스로 잔소리와 간섭이 많아져 최악의 경우 손자녀를 학대하거나 방임하기도 하는 것으로 나타났다. 이와 다르게 조부모는 부모보다 자녀양육에 관한 경험이 많고 연륜에 의한 지식과 지혜가 많아서, 사랑과 관용으로 손자녀를 소중히 여기고 손자녀의 생각과 요구를 귀담아 들을 여유가 있다는 연구결과도 있다(Strom & Strom, 1990).

이와 같이 현대사회에서 조부모는 각기 다른 상황에서 자녀의 실제적인 양육자로서 다양한 역할을 담당해 가고 있다.

이상의 가족 유형 외에도 다음과 같이 다양한 가족 유형이 늘어나고 있다.

- 국가 간 국제결혼으로 구성된 다문화가족
- 직업, 교육 등의 이유로 여러 가구로 흩어져 사는 분거가족
- 주말에만 혹은 한 달에 한 번 정도 가족이 만나는 원거리가족
- 초국가적으로 떨어져 사는 기러기가족
- 자신과 같은 성의 사람에게 정서적, 성적, 신체적으로 끌리는 성지향성(sexual orientation)을 지닌 동성애가족

다양하게 구성되는 새로운 가족이 가진 의미를 고민하고 영유아 발달에 긍정적 영향을 미칠 수 있도록 가족과 사회구성원 모두의 노력이 필요하다.

4. 아동학대

아동학대에 관한 우리사회의 관심이 점점 증대되고 있다.

「아동복지법」 제3조에 의하면 '아동학대란 보호자를 포함한 성인이 아동의 건강 또는 복지를 해치거나 정상적 발달을 저해할 수 있는 신체적 · 정신적 · 성적 폭력이나 가혹행위를 하는 것과 아동의 보호자가 아동을 유기하거나 방임하는 것을 말한다.'라고 명시되어 있다. 이를 근거로 아동학대의 유형을 신체학대, 정서학대, 성학대, 방임

및 유기로 구분하고 있다.

1) 신체적 학대

내용	신체학대는 보호자를 포함한 성인이 아동에게 우발적인 사고가 아닌 상황에서 신체적 손상을 입히거나 또는 신체손상을 입도록 허용한 모든 행위를 말한다.

「아동복지법」 제17조에서는 아동의 신체에 손상을 주거나 신체의 건강 및 발달을 해치는 신체적 학대행위를 금지행위로 규정하고 있다. 신체적 학대는 영유아의 신체에 손상을 입혀 생명이 위험해질 수도 있는 행위이며 신체적 외상뿐 아니라 두려움, 불안, 우울, 위축 등 심리적인 손상까지 유발할 수 있다. 우리나라는 문화적으로 체벌을 훈육이라고 생각하는 경향이 있는데 경미하더라도 이를 묵인하면 심각한 신체적 학대로까지 이어질 수 있는 점에 유의해야 한다.

2) 정서적 학대

내용	보호자를 포함한 성인이 아동에게 행하는 언어적 모욕, 정서적 위협, 감금이나 억제, 기타 가학적인 행위를 말하며 언어적 · 정신적 · 심리적 학대라고도 한다.

「아동복지법」 제17조에 의하면 아동의 정신건강 및 발달에 해를 끼치는 정서적 학대행위는 금지되어 있는데, 정서적 학대는 외적으로 나타나는 것이 아니기 때문에 위험성을 덜 인식할 수 있으므로 주의해서 파악하고 예방해야 한다. 정서적 학대를 당하는 영유아들은 자신의 감정을 적절히 표현하지 못하거나 조절하지 못하고 자존감이 낮으며 기관에 잘 적응하지 못하는 경우가 많이 나타난다.

3) 성적 학대

내용	보호자를 포함한 성인이 자신의 성적 충족을 목적으로 18세 미만의 아동에게 행하는 모든 성적 행위를 말한다.

「아동복지법」 제17조에 의하면 아동에게 음란한 행위를 시키거나 이를 매개하는 행위 또는 아동에게 성적 수치심을 주는 성희롱 등의 성적 학대행위를 금지하고 있다. 성적 학대는 다른 학대 유형보다 영유아기에 발생하는 비율이 낮아 5.8% 정도를 차지하고 있고, 주로 여아에게 행해지는 비율이 높다. 성적 학대를 당한 피해 영유아는 불안 · 우울과 같은 정서장애로 보이며 성문제, 가출, 도벽과 같은 적응행동에 문제를 나타내고 있다(보건복지부, 2014).

4) 방임

내용	보호자가 아동에게 위험한 환경에 처하게 하거나 아동에게 필요한 의식주, 의무교육, 의료적 조치 등을 제공하지 않는 행위를 말하며, 유기란 보호자가 아동을 보호하지 않고 버리는 행위를 말한다.

「아동복지법」 제17조에 의하면 자신의 보호 · 감독을 받는 아동을 유기하거나 의식주를 포함한 기본적 보호 · 양육 · 치료 및 교육을 소홀히 하는 방임행위를 금지하고 있다. 방임은 신체적 · 의료적 · 정서적 · 교육적 · 물리적 · 성적 방임으로 나눌 수 있다. 방임은 영유아에게 신체, 정서, 사회, 인지 등 여러 발달 영역에 미치는 영향이 심각하므로 방임 고위험군 가정에 대한 예방조치가 필요하다.

이러한 아동학대 유형에 따른 발생현황을 제시하였다.

아동학대의 부정적 영향은 매우 광범위하고 지속적일 수 있다. 부모로부터 학대를 받은 아동은 체벌에 대해 오히려 찬성하는 경향이 높고 자아존중감이 낮았다. 또한, 학대받는 아동들은 우울, 불안 증세와 같은 내면적인 심리적 문제뿐 아니라 공격성,

비행 폭력 등과 같은 외적인 행동문제도 일으키고 있어 또래관계, 학교적응, 학업성취 등 여러 분야에서 어려움을 보이고 있다. 또한 학대받은 아동은 사회적 기술이 미숙하고, 정서적인 통제를 잘 못하고, 자신의 정서에 대해 정확히 인지하지 못하기 때문에 이들의 학교 관련 행동문제와 적응문제가 일상적으로 발생한다(Luke & Banerjee, 2013). 특히 아동학대는 가정 내에서 행해지는 비율이 가장 높으므로 가정 환경에서 주의깊게 다루어야 하며, 아동학대가 발생하지 않도록 가정과 사회의 지속적인 관심과 예방책 마련이 필요하다.

Chapter

13

가족 외적 환경

• 학습목표 •

1. 영유아 발달에 영향을 미치는 생태학적 맥락에 관해 이해한다.
2. 영유아 발달에 영향을 미치는 가족 외적 환경에 관해 이해한다.
3. 또래관계, 보육 대중매체, 지역사회 육아지원 요인들에 관해 이해한다.

영유아는 발달해가면서 부모를 포함한 가족 내적 환경에서 또래를 포함하는 가족 외적 환경으로 관계를 넓혀가게 된다. 또한 취업모 증가와 사회구조의 변화로 어린이집과 유치원 등의 영유아교육기관에 다니는 영유아가 많아지고 있다. 더불어 TV, 컴퓨터, 인터넷, 스마트폰 등 각종 매체는 영유아가 일상생활에서 자주 접하는 환경이 되어가고 있다. 이와 같이 지역사회를 포함하는 다양한 가족 외적 환경들이 영유아의 발달에 미치는 영향을 살펴보고자 한다.

1. 또래관계

현대사회의 영유아는 취업모의 증가, 핵가족화, 조기교육의 일반화 추세에 의해 어린이집이나 유치원 등에서 또래와 만나게 되는 시기가 과거보다 빨라졌다. 이에 따라 영유아들의 일상생활과 발달에 미치는 또래관계의 영향이 더 큰 비중을 차지하게 되었다.

또래란 사회적으로 동등한 사람으로, 동등한 지위에 있거나 유사한 행동 수준에서 상호작용하는 사람을 지칭한다. 또래집단은 단순히 놀이 친구라기보다는 정기적으로 상호작용하며 소속감을 공유하게 되고, 조직적 구조를 발달시켜 나가는 집단이 된다. 따라서 또래관계는 성인의 지시를 일방적으로 따르는 수직적인 관계가 아닌 서로의 의견을 자유롭게 교환하는 수평적인 관계를 말한다.

영유아기에 또래 간 상호작용은 급격히 증가하게 된다. 놀이 유형에 있어서 2~3세가 되면 다른 영유아들의 놀이를 지켜보는 방관자적 행동과 혼자놀이가 지배적이나 3~5세가 되면서 장난감을 상호 교환하고 주제를 가지고 가상놀이를 하는 등의 놀이 형태로 발전한다. 또한 7세경까지는 이성의 또래와 섞여서 노는 빈도가 높으나 대체로 7세 이후부터는 동성의 또래와 함께 노는 시간이 급격히 증가되며, 이성 또래와의 상호작용은 줄어들게 된다.

이러한 상호작용을 통해 다양한 지식과 기술을 습득하고, 또래를 사회적 비교의 준거로 삼아 자신을 평가하며, 또래의 행동을 관찰하거나 모방하고, 또래로부터 다양한 사회적 지원을 제공받는다는 점에서 또래는 매우 중요하다고 할 수 있다.

연령이 증가할수록 또래의 위치나 비중이 중요해지기 때문에 또래의 격려와 인정은 긍정적인 자아상을 형성하는 데 많은 도움을 준다. 또한 연령차이가 나는 영유아들 간의 상호작용 역시 발달에 중요한 역할을 한다. 연령이 높은 영유아들은 어린 또래들을 돌보고 도와주는 친사회적 행동과 자기 주장 및 지도력을 발달시킬 수 있으며, 연령이 낮은 영유아들은 연령이 높은 또래로부터 여러 가지 새로운 기술과 도움을 얻는 방법을 배우고, 연령이 높은 또래들의 지시와 요구를 충돌 없이 거절하는 방법도 학습하게 된다. 또래에 관한 종단적 연구에 의하면, 유치원에서 고립된 영유아는 초등학교 시기에 외현적 및 내면적인 문제행동을 보이는 경우가 있으나 친구가 있는 경우에는 이러한 관련성이 나타나지 않았다(안선희 외, 2017).

영유아 발달에 긍정적 영향을 미치는 원만한 또래관계를 위한 지침을 아래와 같이 정리해 볼 수 있다.

- 또래와 잘 사귀지 못하는 아동은 본인보다 나이가 어리거나 나이가 많은 아이들과 먼저 어울리게 하는 것이 좋다.
- 무조건 다양한 또래들과 어울려 놀 수 있도록 기회를 마련해 주는 게 좋다.
- 어머니부터 주변 이웃들과 활발한 교류를 한다.
- 두세 명의 단짝친구를 만들어 주는 것이 바람직하다.

2. 보육

1) 영유아 발달과 보육

현대사회의 특성 중 사회구조의 급격한 변화, 기혼여성의 취업 증가, 영유아교육 취원 연령의 하향화로 인해 보육에 대한 요구가 증대되었다. 이에 따라 어린이집이 가정의 기능을 대체해야 하는 상황에 놓이게 되면서 그 중요성이 더욱 커졌으며 또한 기능과 역할이 복잡해지고 있다.

이러한 사회적 인식의 변화는 영유아보육과 관련된 영유아 발달 연구에도 영향을 미치게 되었다.

생애 첫해 주당 20시간 이상의 타인 양육이 영아-어머니의 불안정한 정서관계의 위험을 증가시킨다는 연구(Egeland & Hiester, 1995)가 있으며, 한성희(2010)의 연구에서는 영유아가 어린이집에서 지내는 시간과 영유아의 정서적 가용성 및 사회정서 발달에는 관련성이 나타나지 않았으나 어린이집에 생후 1세 미만에 처음 등원한 영유아는 2세 이후 첫 등원한 영유아보다 2세와 3세 때의 부모자녀 간 정서적 가용성과 정서 발달에서 부정적인 경향성을 나타내었다. 그러나 모든 연구가 보육경험에 부정적인 효과를 보고한 것이 아니였으며, 그 예로 초기 보육경험이 부정적이지 않다는 연구결과와 더불어 형제가 없는 아동의 경우 보육경험은 나중의 사회성 발달에 더욱 긍정적 효과를 가졌음을 보고한 연구도 있다. 한편 호위스 등(Howes et al., 1992)은 보육을 시작한 시기나 시간 자체로 인한 영향보다는 보육의 질과 관련된 변인들의 영향력이 더 중요하다고 제안하였다.

보육에 관한 연구를 살펴보면 초기 연구들은 보육의 효과에 관한 연구가 주류를 이루었으나 점차로 영유아 발달에 영향을 미치는 것은 보육경험의 유무라기보다 보육의 질을 포함한 보육 관련변인들이라는 사실이 밝혀지고 있다. 따라서 이제 보육에 관한 연구들은 보육의 어떤 요인들과 변인들이 영유아 발달에 영향을 미치는가에 관심이 모아지고 있다고 요약할 수 있다.

2) 보육의 질

보육의 질은 영유아의 놀이행동, 사회적 능력 및 인지와 정서 발달, 적응수준에 영향을 미치는 것으로 나타났다. 보육의 질을 결정해 주는 구성 요인을 크게 구조적 요인과 과정적 요인으로 나눠볼 수 있다(Phillips et al., 1994).

구조적 요인에는 집단 크기, 교사 대 아동 비율, 교사의 학력, 경력, 자격 기준과 같은 객관적이고 측정할 수 있는 요인들이 포함되며, 정책적으로 규제할 수 있는 요인들을 의미한다. 구조적 요인에서 집단 크기가 작고, 교사 대 아동 비율이 낮을수록 교사의 학력이 높을수록, 교사경력이 길수록 아동의 발달에 긍정적인 영향을 미치는 것으로 나타났다. 과정적 요인은 교사의 민감성, 반응성 수준, 교사, 부모, 영아 간 긍정적인 대인관계나 의사소통, 발달적으로 적합한 행위와 경험 제공 등을 지칭하며, 구조화되지 않은 측면을 의미한다. 과정적 요인에서 교사의 반응성은 아동의 인지, 사회, 정서, 언어 발달에 긍정적인 영향을 준다는 사실이 밝혀졌다. 또한 보육의 과정적 요인은 교사 변인에 의해 큰 영향을 받으므로 교사의 능력 및 자질, 가치관 등은 보육의 질에 영향을 미치게 된다. 교사의 보육 신념이 덜 권위적일수록, 그리고 교사가 긍정적이고 적극적인 직업정신을 가질수록 영유아들을 더 민감하게 보육하며, 질 높은 보육을 제공하는 경향이 있다.

우수한 질의 보육경험이란 잘 정비된 물리적 환경, 바람직한 보육교사, 균형잡힌 프로그램 운영, 교사 대 아동의 낮은 비율 등으로 특징지을 수 있다.

보육의 구조적인 질은 보육의 과정적 질에 영향을 주고 보육의 과정적 질은 아동의 학습 준비도, 인지, 학습, 사회성 발달에 영향을 미치므로 보육의 전반적인 질적 수준은 다양한 요소들이 복합적으로 작용한다고 볼 수 있다(Howes et al., 1992).

어린이집의 유형은 매우 다양하기 때문에 영유아의 발달에 미치는 영향에 대해 단정적으로 말하기는 어렵다. 그러나 보육경험과 언어 발달의 관련성에 관하여 연구결과를 살펴보면 상대적으로 질 높은 보육 프로그램에 참여한 영유아들은 참여하지 않은 영유아들 비해 언어 발달수준이 높은 것으로 나타났다(Burchinal et al., 2000). 또한 어린이집의 질적 수준이 높을수록 교사가 놀이에 참여하는 수준이 뛰어났고 영유아는 수준 높은 놀이행동에 더 많이 참여하는 것으로 나타났다(송혜린, 2004).

한편 보육을 의미하는 대리양육 경험이 애착형성 및 사회정서 발달에 미치는 영향에 관한 연구결과들을 재분석한 결과, 어머니와 아동 간의 상호작용의 질에 의해 어머니와 아동의 정서적 관계가 만들어지는데 이에 영향을 주는 기제는 어머니와 가족 특성, 아동 특성, 대리양육의 특성에 의해 중재되며, 또한 이들 특성 간에는 상호연관이 있다는 사실이 제기되었다. 이에 킴(Kim, 1992)도 어머니와 가족체계, 아동체계, 대리양육환경 체계의 세 체계가 상호영향을 줄 뿐만 아니라 한 체계 내에 있는 변인들 간에도 상호연관이 있다고 하였다.

이러한 연구결과를 토대로, 건강한 영유아 발달에는 교사, 부모, 영유아 사이에 긍정적인 상호관계와 질 좋은 어린이집 환경이 필요하다는 점을 제시해 볼 수 있다.

[그림 13-1] 어린이집에서 놀이하는 영유아

3. 대중매체

1) TV

TV를 시청하면서 성장하는 영유아에게 TV는 형제처럼 가족의 한 구성원이 되어가고 있다. 또한, 부모로부터 점점 벗어나 다른 환경과의 상호작용을 통해 자신의 가치나 태도를 인식해가는 시기에 가정이나 영유아교육기관 못지않은 중요한 사회기관으로서 TV는 영유아의 발달에 지대한 영향을 미치고 있다.

영유아의 TV시청은 연령에 따라 증가하다 초등학교 입학과 함께 감소하는 경향이 있는데, TV시청이 영유아 발달에 미치는 영향을 크게 긍정적인 측면과 부정적인 측면으로 나눠볼 수 있다.

TV시청이 영유아의 언어 발달과 인지기능 습득에 효과가 있다고 하였으며, 대표적인 미국 영유아교육 TV프로그램의 하나인 '세서미 스트리트(Sesame Street)'와 유사한 교육 프로그램을 시청하는 것이 학교에서 높은 점수를 받는 것, 더 많은 책을 읽는 것, 고등학교에서의 성취에 좀 더 큰 가치를 두는 것과 관련된다고 보고했다(Santrock, 2014).

한편 TV와 만화를 많이 시청하는 영유아들은 책 읽기나 다른 사람과 만나는 것에 시간을 덜 쓰며, 학업 성취가 떨어진다고 보고되었으며, TV시청의 부정적 영향 중 공격성의 증가가 가장 많은 논란거리이다. 폭력 TV 프로그램에 노출된 영유아는 정서적, 언어적으로 적대적이거나 신체적으로 공격적 행동을 나타낼 가능성이 매우 높다고 밝혀졌다. 또한 장시간 TV를 시청할 경우 심하면 TV, 비디오 중독이 될 수도 있다고 한다(Ostrov et al., 2006).

TV시청의 부정적인 영향이 더 많이 보고되고 있으므로 부정적 영향을 줄이기 위한 바람직한 TV시청 습관에 관한 지침을 제시해보면 아래와 같다.

- 영유아들에게 일정한 원칙에 따라 텔레비전 시청 시간을 계획하고 어떤 프로그램

을 시청할 것인지를 미리 결정한다.

- 책을 읽어주거나 놀잇감을 많이 제공해 주고 다른 영유아들과 함께 놀이하고, 활동할 수 있는 기회를 더 많이 갖게 한다.
- 영유아가 텔레비전을 시청할 때는 부모도 함께 보면서 적절한 질문과 피드백을 통해 프로그램의 내용에 대한 이해도를 높일 수 있게 도와준다.
- 광고의 과장성이나 허위성을 영유아들과 함께 비판적으로 찾아보고 문제점이 무엇인지 생각해보게 한다.

2) 컴퓨터와 인터넷

다양한 정보매체의 보급으로 컴퓨터와 인터넷과 같은 정보매체가 일상생활에서 차지하는 비중이 커져 현대사회를 살아가는 우리의 삶의 일부가 되었으며 영유아 발달에 있어서도 매우 중요한 의미를 가지게 되었다. 미국에서는 80% 이상의 가정이 컴퓨터를 가지고 있으며, 3세 반 정도가 되면 독립적으로 혼자 마우스를 사용하면서 게임을 한다.

우리나라에서도 영유아들은 가정 및 영유아교육기관에서 컴퓨터를 친근하게 사용하게 되었으며, 3세 아동들도 간단한 키보드 명령어를 이해하고 컴퓨터를 이용하여 게임이나 놀이를 즐길 수 있다고 알려져 있다. 영유아가 인터넷을 사용하는 목적을 살펴보면, 게임 · 오락(86.6%)이었으며 이용률이 어린 연령에서 빠른 속도로 증가하고 있다(한국정보화진흥원, 2008).

컴퓨터와 인터넷의 긍정적 영향과 부정적인 영향을 아래와 같이 정리해 볼 수 있다.

컴퓨터는 교육적으로 풍부한 이득이 있으므로 많은 교실들은 컴퓨터 영역을 갖추고 있으며, 컴퓨터 활동은 영유아의 창의적 사고, 추론능력, 문제해결 능력, 언어 발달, 수학능력 발달 등 영유아의 발달과 학습에 긍정적인 효과가 있다. 컴퓨터를 학습 보조매체로 적절하게 사용하면 작문활동이 더 지속적이고 양질의 결과를 낳는 경향이 있으며, 영유아들이 철자-소리 대응, 수 세기, 산술 연산과 같은 기초 기술을 훈련할 수 있는 컴퓨터 게임은 학습능력을 증진시킨다는 연구결과가 있다. 아울러 교실 내 컴퓨터 주위에는 아동들이 모여들고 다른 활동을 할 때보다 영유아들이 높은 수준의 협동을 보였다(김상림 외, 2017).

한편 컴퓨터가 혼자놀이를 가능하게 하므로 컴퓨터 활동 시 또래집단 내에서의 사회적 관계 단절, 지나친 컴퓨터의 사용 시간과 몰입으로 인한 게임중독, 고립된 대인관계, 비(非)현실상의 수용, 신체활동의 제한 현상 등이 나타났다. 특히 3~6세는 뇌발달 과정에서 전두엽이 빠르게 성장하는 중요한 시기로써 이때에 컴퓨터 게임에 자주 노출되면 전두엽에 영향을 미쳐 뇌의 비정상적인 발달을 초래할 수 있다. TV 폭력물이 영유아를 더욱 공격적으로 만드는 것처럼 폭력적인 컴퓨터 게임은 영유아를 더욱 공격적인 아동으로 만든다는 연구결과도 제시되고 있다(Andrson et al., 2003).

한국정보화진흥원이 2015년 인터넷 중독실태를 조사한 결과, 낮은 연령대에서 중독률이 높은 경향으로 조사되었으므로 영유아기에 인터넷과 컴퓨터 사용에 주의가 필요하다. 더불어 과의존위험성이 인터넷에서 스마트폰으로 옮겨가는 경향이 나타났다.

서울 · 경기를 대상으로 영유아의 스마트폰 사용실태에 관한 연구에 따르면, 0~5세의 스마트폰 이용 시기는 평균 2.27세로 나타났다. 이는 3세가 되기 이전인 영아기에 이미 스마트폰에 노출되어 있다는 사실을 확인할 수 있으며, 10명 중 4명이 주 3~4회 스마트폰을 하는 것으로 조사되었다(이정림 외, 2013). 이와 같은 실태조사는 영유아의 스마트폰 이용률이 높아짐에 따라 과다 사용의 경향도 높아질 것이라는 예측을 가능하게 할 수 있다. 또한 연령이 낮을수록 스마트폰 사용의 부정적인 영향에 노출될 가능성이 많으므로 스마트폰 사용에 대한 적절한 안내와 교육이 필요하다는 점을 시사하고 있다.

영유아의 바람직한 컴퓨터 사용을 위한 부모와 교사의 지도방안을 정리해보면 아래와 같다.

- 보상의 대가로 컴퓨터와 스마트폰을 허용하는 것은 금물이다.
- 부모와 교사가 옆에서 함께하면서 관리해준다.

- 컴퓨터와 스마트폰에 접하는 시기가 늦을수록 좋다.
- 게임시간, 휴식시간 등에 관련된 규칙을 정한다.
- 게임보다 더 재미있는 놀이나 즐길거리를 마련해 준다.

[그림 13-2] 컴퓨터하는 영유아

요약하면 TV, 컴퓨터와 인터넷, 스마트폰 사용은 교육적으로 다양한 장점이 있고 영유아의 발달과 학습에 긍정적인 효과가 있으므로 사용목적에 맞게 주의하면서 적절하게 활용해야 할 것이다.

4. 지역사회의 육아지원

최근에 "한 아이를 키우려면 온 마을이 필요하다"는 말처럼 양육에 대한 사회적 책임이 강화되고 있다. 현재 우리나라에서 영유아육아지원을 위한 지역사회의 가장 중요한 기관으로 어린이집(또는 유치원)을 제시해 볼 수 있다. 또한 어린이집을 지원해주는 육아종합지원센터를 제시해 볼 수 있다.

육아종합지원센터는 지역사회 내 육아지원을 위한 거점기관으로서 어린이집을 지원하고 관리하며 가정양육 보호자에 대한 맞춤형 지원사업을 실시하고 있다. 구체적으로는 보육컨설팅, 교직원상담과 교육 등 어린이집 지원기능과 부모와 조부모에 대한 상담 및 교육, 일시보육서비스 등 가정양육지원 기능을 하는 지역 내 one-stop 육아지원 서비스를 제공하고 있다. 이러한 서비스가 전국 도 · 시 · 군 · 구 단위별 육아종합지원센터에서 각 지역 특성에 적합한 프로그램과 다양한 사업들로 구성되어 운영 중이다.

육아종합지원센터 외에도 다문화가정을 위한 다문화센터, 건강한 가정지원과 일·가정 양립을 도와주는 건강가정지원센터 등에서 영유아와 가정을 지원하기 위한 다양한 프로그램을 제공하고 있다.

이외에도 지역사회는 박물관, 어린이도서관, 미술관, 공연장, 공원과 자연환경 등 영유아가 이용할 수 있는 다양한 시설들과 자원들을 제공하고 있으며 이러한 지역사회의 육아지원 노력은 건강한 영유아 발달에 점점 더 중요한 역할을 하게 될 것이다.

참고문헌

강경미 · 구광현 · 김경회 · 김영옥 · 백경숙 · 신현기 · 정채옥 · 최미숙 · 황윤세(2003). **영유아발달과 교육**. 서울: 양지.

강란혜(2008). **아동발달**. 서울: 창지사.

강문희 · 정정옥 · 김승경(2006). **영유아 발달의 이해**. 서울: 신정.

강인숙(2017). **교육심리학**. 서울: 동문사.

권민균 · 문혁준 · 권희경 · 성미영 · 신유림 · 안선희 · 안효진 · 이경옥 · 천희영 · 한유미 · 한유진 · 황혜신(2012). **아동발달**. 서울: 창지사.

김경철 · 김은혜 · 정혜승(2019). **영유아 발달**. 서울: 동문사.

김경화 · 이주연(2013). **유아발달론**. 경기: 공동체.

김경회 · 문혁준 · 김선영 · 김신영 · 김지은 · 김혜금 · 서소정 · 안선희 · 안효진 · 이희경 · 정선아 · 황혜원(2014). **보육학개론**. 서울: 창지사.

김나영 · 이경렬 · 정욱호 · 홍계옥(2005). **영유아발달**. 경기: 양서원.

김미경(2019). **영유아 발달**. 서울: 교육아카데미.

김미영(2013). **영아발달**. 경기: 정민사.

______(2014). **유아발달**. 경기: 정민사.

김상림 · 양성은 · 이윤선 · 한준아 · 배선영 · 김지현(2017). **영유아발달**. 경기: 파워북.

김상윤(2010). **아동발달**. 서울: 학지사.

김신옥 · 민혜영(2019). **영유아 발달**. 경기: 공동체.

김영심(2003). **유아를 위한 놀이 속의 움직임**. 서울: 대경북스

김영태(2017). 영유아 언어발달 검사(SELSI) 개발 연구. **한국언어청각임상학회, 7**(2), 1-23.

김영희(2017). **예비부모교육**. 경기: 양성원.

김재홍(2014). **창의력과 과학수업**. 경기도 과학교육원.

김태희(2016). 한국 웩슬러 유아지능검사 4판(K-WPPSI-Ⅳ) 수행의 안정성 : 단기 종단연구. 울산대학교 대학원 석사학위청구논문.

김현주(2019). **영유아 발달**. 서울: 동문사.

김현호 · 오선영 · 윤경옥 · 이선원 · 최용득 · 현영렬(2015). **영아발달**. 경기: 정민사.

남미경(2007). 애착 단기 점화가 공감 및 도움 의향에 미치는 영향. 이화여자대학교 대학원 석사학위논문.

류진희 · 황환옥 · 최명희 · 정희정 · 김유림(1999). 유아의 발달에 적합한 신체활동. 경기: 양서원.

문혁준 · 김경은 · 서소정 · 성미영 · 안선희 · 임정하 · 하지영 · 황혜정(2014). 유아발달. 서울: 창지사.

박주희 · 이은해(2001). 아동의 또래유능성에 관련된 어머니 양육목표, 양육행동 및 또래관계 관리전략. 아동학회지, 22(4), 1-15.

박찬웅(1998). 뇌 : 학습과 기억의 구조. 서울: 서울대학교 출판부.

보건복지부(2014). 2013년 전국아동학대 현황보고서. 보건복지부, 중앙아동보호전문기관. 아동복지법. 보건복지부.

서영실(2009). 유아 쌓기놀이의 뇌과학적 이해. 서울교육대학교 석사학위논문.

서유리(2011). 부모애착과 자아정체감이 고등학생 친구관계에서의 친밀감 발달에 미치는 영향. 국제신학대학교 대학원 석사학위논문.

성영혜 · 김연진 · 이경화 · 윤혜경 · 송주미 · 징미경 · 윤석희 · 이배근 · 최원기(1999). 영유아 발달의 이론과 실제. 서울: 동문사.

소아청소년 성장도표 해설집(2017). 보건복지부, 질병관리본부, 대한소아과학회.

송혜린(2004). 어린이집의 질적 수준 및 교사의 놀이참여와 아동의 놀이행동 간의 관계. 연세대학교 대학원 박사학위청구논문.

신명희(2014). 교육심리학. 서울: 학지사.

신은경(2019). 영유아발달. 서울: 동문사.

심성경 · 김경의 · 이효숙 · 변길희 · 박유미 · 박주희(2011). 아동발달. 서울: 학지사.

심성경 · 변길희 · 박주희 · 류경희 · 박수경(2014). 유아발달. 서울: 창지사.

안선희 · 문혁준 · 김연하 · 김정희 · 임연진 · 한세영(2017). 영유아발달. 서울: 창지사.

유안진 · 김연진(2003). 부모교육의 이론과 실제. 서울: 동문사.

유효순(2014). 유아발달. 서울: 창지사.

이경옥, 박혜원, 이상희(2016). 한국 웩슬러 유아지능검사 4판(K-WPPSI-IV)의 지능구조에 관한 연구. 아동학회지, 37(6), 107-117.

이기숙 · 장영희 · 이윤경 · 정미라 · 심성경 · 손순복 · 김영아(2015). 유아발달. 경기: 양서원.

________________________(2017). 영유아발달. 경기: 양서원.

이숙재 · 이봉선(2009). 영유아발달과 교육. 서울: 창지사.

이연섭(1987). 유아언어교육. 서울: 창지사.

이영 · 이미란 · 홍희영 · 한성희 · 민성혜 · 박신진 · 유영미 · 신혜원 · 민현숙 · 정지나 · 문영경(2015). 영아발달. 서울: 학지사.

이영 · 이정희 · 김은기 · 이미란 · 조성연 · 이정림 · 박신진 · 유영미 · 이재선 · 신혜원 · 나종혜 · 정지나 · 문영경(2017). 영유아발달(개정판). 서울: 학지사.

이은헤(1995). 아동연구방법. 경기: 교문사.

이정림 · 도남희 · 오유정(2013). 영유아의 미디어매체노출실태 및 보호대책. 육아정책 연구소.

참고문헌

이현균(2012). 유아의 대근육 운동능력 향상을 위한 통합적 체육프로그램 개발 및 효과검증. 명지대학교 대학원 박사학위논문.

임지영 · 도금혜 · 류혜원 · 문영경 · 배기조 · 송혜영 · 이수원(2016). 유아발달. 경기: 공동체.

장휘숙(2010). 아동심리학. 서울: 박영사.

전남련 · 김기선 · 이은임 · 남궁기순 · 한혜선 · 심현임 · 이미향 · 김인자 · 이선영 · 김정화 · 이재영 · 이은기(2014). 영아발달. 경기: 양서원.

정영숙 · 김영희 · 박범혁(2001). 아동발달과 부모교육. 서울: 시그마프레스.

정옥분(2004). 아동발달의 이해. 서울: 학지사.

______(2012). 영아발달. 서울: 학지사.

______(2013). 아동발달의 이해. 서울: 학지사.

______(2015). 영유아발달의 이해(개정판). 서울: 학지사.

정현숙(1993). 부모의 이혼에 따른 자녀들의 적응. 아동학회지, 14(1), 59-75.

______(2000). 재혼가족에 대한 생태 및 재혼 생활의 질에 대한 연구, 대한가정학회지, 38(4).

정혜욱 · 이옥형(2011). 영유아 발달의 이해. 경기: 집문당.

조주연(1998). 학습 및 기억에 대한 인지과학적 발견의 교육적 적용. 초등교육연구, 12(2), 5-27.

조형숙 · 박은주 · 강현경 · 김태인 · 배정호(2013). 유아발달. 서울: 학지사.

중앙M&B 편집부(2010). 1~2세 아이에게 꼭 해줘야 할 116가지. 서울: 중앙M&B.

진지혜 · 안정신(2012). 유아의 기질과 조부모 양육스트레스 간의 관계 : 조부모와 손자녀 친밀감의 중재효과. 한국노년학, 32(4), 1025-1039.

철학사전편찬위원회(2009). 철학사전. 서울: 중원문화.

청소년상담원(1996). 자녀의 힘을 북돋우는 부모. 청소년 대화의 광장.

최경숙(2001). 발달심리학. 경기: 교문사.

최경숙 · 송하나(2010). 발달심리학. 경기: 교문사.

최덕경 · 서의정 · 배은숙 · 이금옥 · 박주현(2013). 인간행동과 사회환경. 경기: 양서원.

최보가 · 김태선 · 추영란 · 손낙주 · 송미화 · 전귀연(2001). 영유아발달(수정판). 대구: 정림사.

최수연 · 홍기경(2018). 영유아발달. 경기: 어가.

최인수(2011). 창의성의 발견. 경기: 쌤앤파커스.

최현석(2009). 인간의 모든 감각. 경기: 서해문집.

한국정보화진흥원(2015). 2015 인터넷중독실태조사. 한국정보화진흥원.

한성희(2010). 취업모와 자녀의 정서적 가용성에 관련된 변인 연구 : 보육시설에 다니는 24-48개월 아동을 중심으로. 연세대학교 대학원 박사학위청구논문.

한순옥 · 손화희(1997). 아동양육론. 서울: 수학사.

홍계옥(2001). 어머니의 자기자각, 양육행동 및 유아의 기질과 유아의 사회적 능력. 아동학회지, 22(2), 181-194.

홍길회 · 한성희(2019). 교사와 부모가 알아야 할 영유아 발달. 경기: 정민사.

Ainsworth, M. D. et al. (1978). *Patterns of attacbment: A psycbological study of the strange situation*. Hillsdale, NJ: Erlbaum.

Ainsworth, M. D. S. (1982). The development of infant-mother attachment. In J. Belsky(Ed.), *In the Beginning- readings on Infancy*, 135-143. New York: Columbia University Press.

Akiskal, H. S., & Mallya, G. (1987). Griteria for the "soft" bipolar spectrum: treatment implications. *Psychopharmacol Bull, 23*.

Amabile, T. M. (1997). Motivating creativity in organizations: On doing what you love and loving what you do. *California Management Review, 40*, 39-58.

Anderson, C. A., Berkowiz, I., Donnerstein, E., Huesmann, R., Johnson, J. D., Linz, D., Malamuth, N. M., & Wartella, E. (2003). The influence of media violence on youth. *Psychological Science in the Public Interest, 4*(3), 81-106.

Bandura, A. (1977). *Social learning theory*. Englewood Cliffs, NJ: Prentice-Hall.

Beckett, C., Maughan, B., Rutter, M., Castle, J., Colvert, E., Groothues, C., Kreppner, J., Stevens, S., O'connor, T. G., & Sonuga-Barke, E. J. (2006). Do the effects of early severe deprivation on cognition persist into early adolescence? Findings from the English and Romanian adoptees study. *Child Development, 77*(3), 696-711.

Bednar, R. L. (1995). *Self-esteem*(2nd ed.). Washington, DC: APA.

Bekkering, H., Wohlschläger, A., & Gattis, M. (2000). Imitation of gestures in children is goal-directed. *Quarterly Journal of Experimental Psychology: Human Experimental Psychology, 53A*, 153-164.

Berk, L. A. (2000). *Child development*(5th ed.). MA: Allyn & Bacon.

__________(2007). *Development through the lifespan*(4th ed.). Boston, MA: Allyn & Bacon.

Berk, L. E. (2009). *Child Development*(8th ed). Boston: Pears.

Blos, P. (1962). *On adolescence*. New York: Free Press.

Bouchard, T. J., & McGue, M. J. (1981) Familial studies of intelligence: A review. Science, 1055-1059. doi:10.1126/science.

Bower, T. G. R. (1979). *Human Development*. San Francisco: W. H. Freeman.

Bowlby, J. (1969). *Attachment and Loss*. New York: Basic Books.

__________(1973). *Attachment and Loss* 2. New York: Basic Books.

Brody, G. H., Kim, S., Murry, V. M., & Brown, A. C. (2003). Longitudinal direct and indirect pathways linking older sibling competencies to the development of younger siblng competence. *Developmental Psychology, 39*, 618-628.

Burchinal, M. R., Roberts, J. E., Riggins, R. Jr., Zeisel, S. A., Neebe, F., & Bryant, D. (2000). Relating quality of center-based child care to early cognitive and language devrlopment longitudinality. *Child Development, 71*(2), 339-357.

Byrne, R. W. (2002). Seeing actions as hierarchically organized structures: Great ape manual skills. In A. N. Meltzoff & W. Prinz(Eds.), *The Imitative Mind: Development, Evolution, and Brain Bases*(pp. 122-140). Cambridge: Cambridge University Press.

Carpenter, M., Akhtar, N., & Tomasello, M. (1998). Fourteen-to 18-month-old infants differentially imitate intentional and accidental actions. *Infant Behavior and Development, 21*, 315-330.

Carpenter, M., Call, J., & Tomasello, M. (2005). Twelve- and 18-montholds copy actions in terms of goals. *Developmental Science, 8*, F13-F20.

Carver, C. S. 김교헌 · 심미영 · 원두리 역(2005). **성격 심리학**. 서울: 학지사.

Chance, P. (2001). 박소현 · 김문수 역(2004). **학습과 행동**. 서울: 시그마프레스.

Collins, N. L., & Read, S. J. (1990). Adult attachment, working models, and relationship quality in dating couples. *Journal of Personality and Social psychology, 58*(4), 644-663.

Crain, W. (2000). *Theories of development: Concepts and applications*(4th ed.). Englewood Cliffs, NJ: Prentice-Hall.

Csikszentmihalyi, M. 노혜숙 역(2003). **창의성의 즐거움**. 서울: 북로드.

Cummings, E. M., & Davies, P. T. (1994). *Children and marital conflict: The impact of family dispute and resolution*. New York: Guilford Press.

Duncan, G. J., & Brooks-Gunn, J. (1997). *Consequences of growing up poor*. New York: Russell Sage Foundation.

Egeland, B., & Hiester, M. (1995). The long-term consequences of infant day-care and mother-infant attachment. *Developmental Psychology, 66*, 474-485.

Eisenberg (2003). Mother's emotional expressivity and children's behavior problems and social competence: Medition through children's regulation. *Developmental Psychology, 37*.

Elder, G. H. Jr., & Rockwell, R. C. (1978). Economic depression and postwar opportunities in men's lives. In R, A, Simmons(Ed.), *Research in community and mental health*. Greenwich, CT: JAI Press.

Erreich, A. (2003). A modest proposal: (re)defining unconscious fantasy. *Psychoanalytic Quartely, 72*.

__________(2015). Unconscious fantasy as a special class of mental representation: A contribution to a model of mind. *Journal of American Psychoanalytic Associationl, 62*(2).

Families and work institute. 곽노의 · 김유미 역(2001). **유아의 두뇌발달**. 경기: 양서원.

Gallahue, D. L. (1993). Motor development and movement skill acquisition in early childhood education. In B. Spodek(Ed.), *Handbook of Research on the Educationof Young Children*. New York: Macmillan Publishing Company.

Garvey, C. (1990). *Play*. Cambridge, MA: Harvard University Press.

Gergely, G., Bekkering, H., & Kiraly, I. (2002). Rational imitation in preverbal infants. *Nature, 415*, 755.

Gesell, A. (1945). *The embryology of behavior*. New York: Harper & Row.

Ginsburg, H., & Opper, S. (1988). *Piaget's theory of intellectual development*. Englewood Cliffs, NJ: Prentice-Hall.

Gottfried, A. E., Bathurst, K., & Gottfried, A. W. (1994). Role of maternal and dual-earner employment status in children's development. In A. E. Gottfried, & A. W. Gottfried(Eds.), *Redefining families: Implications for children's deuelopment* (pp.55-97). New York: Plenum.

Gottfried, A., & Rose, S. (1980). Tactile recognition memory in infants. *Child Development, 51*, 69-74.

Grotstein, J. S. (1981). *Spliting and projective identification*. New York: Jason.

Hamner & Turner (2000). *Parenting in Contemporary Society*. Pearson.

Hirsh-Pasek, K., Kemler Nelson, D. G., Jusczyk, P. W., Druss, B., & Kennedy, L. (1987). Clauses are preceptual units for young infants. *Cognition, 26,* 269-286.

Howe, C., Philips, D. A., & Whitebook, M. (1992). Threeholds of quality implication for the social development of children in center-based child care. *Child Development, 63*, 449-460.

Jusczyk, P. W., Rosner, B. S., Cutting, J. E., & Smith, L. B. (1977). Categorical preception of non-speech sounds by two-month-old infants. *Preception and Psychophysics, 21*, 50-54.

Kernberg, O. (1995). *A psychoanalytic theory of personality disorders. In major theories of personality disorder*. New york & London: The Guilford Press.

Kim, S. R. (1992). *Early day care and the family as predictors of chidren's socio-emotional deuelopment.* Unpublished doctoral dissertation. University of Wiscomsin-Madison.

Lewis, M., Alessanddri, S. M., & Sullivan, M. W. (1992). Differences in shame and pride as function of children's gender ans task difficulty. *Child Development, 63*, 630-638.

Looft, W. R. (1971). Egocentrism and Social Interaction in Adolescence. *Adolescence, 6*, 485-495.

Luke, N., & Banerjee, R. (2013). Differentiated associations between childhood maltreatment experiences and social understanding: A meta-analysis and systematic review. *Developmental Review, 33*, 1-28.

Maccoby, E., & Martin, J. (1983). Socialization in the context of the family: Parent-child interaction. In E. M. Hetherington(Ed.), P. H. Mussen(Series Ed.), *Handbook of child psychology: Vol. 4. Socialization, personality, and social development*(pp. 1-101). New York: John Wiley and Sons.

Maclean, Paul (1990). *The Triune Brain in Evolution*. New York: Plenum.

Mahler, M. S., & McDevitt, J. B. (1982). Thoughts on the emergence of the science of self, with particular emphasis on the body self. *Journal of American Psychoanalytic Association, 30*.

Mahler, M., Pine, F., & Bergman, A. (1975). *The birth of the human infant*. New York: Basic Books.

Markman, E. M. (1991). The whole object, taxonomic and mutual exclusivity assumptions as initial constraints in word meaning. In J. P. Bynes, & S. A. Gelman. *Perspective on language and cognitive interrelations in development*. New York: Cambridge University Press.

Marsiglio, W., Amato, P., Day, R. D., & Lamb, M. E. (2000). Scholarship on father-hood in the 1990's and beyond. *Journal of Marriage and Family, 62*, 1173-1191.

Meitzoff, A. N. (1990). To words a developmental cognitive science. *Annals of the New York Academy of Science, 608*, 1-37.

____________(1988). Infant Imitation After a 1-Week Delay: Long-Term Memory for Novel Acts and Multiple Stimuli. *Developmental Psychology, 24*(4), 470-476.

____________(1995). Understanding the intentions of others: Re-enactment of intended acts by 18-month-old children. *Developmental Psychology, 31*(5), 838-850.

Meltzoff, A. N., & Borton, R. W. (1979). Intermodal matching by human neonates. *Nature, 282*, 403-404.

Mooney, C. G. (2000). *Theories of childhood: An introduction to Dewey, Montessori, Erikson, Piaget, and Vygotsky*. Redleaf Press.

Morrongiello, B. A. (1986). Infants' perception of multiple-group auditory patterns. *Infant Behavior and Development, 9*, 307-319.

Mueller, M. M., & Elder, G. H. (2003). Family contingencies across the generations: Grandparents-grandchild relationships in holistic per-spective. *Journal of Marriage & the Family, 65*, 404-417.

Mussen, P. H. (1974). *Child Development and personality*(4th ed.). New York: Harper Row.

Myers, D. G. (2007). 신형정 · 김비아 역(2008). **마이어스의 심리학개론**. 서울: 시그마프레스.

Osborn, A. (1953). *Applied Imagination: Principles and Procedures of Creative Problem Solving*. New York: Charles Scribner's Sons.

Ostrov, J. M., Gentile, D. A., & Crick, N. R. (2006). Media exposure, aggression, and prosocial behavior during early childhood: A longitudinal study. *Social Development, 15*, 612-627.

Parke, R. D. (1995). Fathers and families. In M. H. Bornstein(Ed.), *Handbook of parenting, 3*(pp. 27-64). Mahwah, NJ: Lawpence Erlbaum Associates, Publishers.

Phillips, D., Voran, M., Kisker, E., Howes, C., & Whitebook, M. (1994). Child care for children in poverty: Opportunity or inequity? *Child Development, 65*, 472-292.

Piaget, J. (1929). *The child's conception of the world*. New York: Harcout Brace.

________(1955). *The child's conception of reality*. London: Routledge and Kegan Paul.

Salkind, N. J. (1985). *Theories of human development*. New York: John Wiley & Sons.

Santrock, J. W. (2004). *Child Development*(10th ed.). New York: McGraw-Hill.

Seifert, K. I. (1995). Cognitive Development and Early Children Education. In B. Spodek(Ed.), *Handbook of research on the education of young children*(pp. 9-23). New York: Macmillan.

Shaffer, D. R. (1999). *Development Psychology*(5th ed.). 송길연 · 김수정 · 이지연 · 양돈규 역(2000). **발달심리학**. 서울: 시그마프레스.

Skinner, B. F. (1953). *Science and human behavior*. New York: Macmillan.

Spearman, C. (1927). *The abilities of man*. London: Macmillan.

Steinberg & Belsky (1991). *Infancy, Childhood, and Adolescence: Development in Cotext*. McGraw-Hill.

Strom, R., & Strom, S. (1990). *Raising expectations for grandparents: A three generational study*.

Thurston, L. L. (1938). *Primary Mental Abilities*. Chicago: University of Chicago Press.

강남차병원 임신출산대백과(https://gangnam.chamc.co.kr)

보건복지부(www.mohw.go.kr)

서울대학교병원 의학백과사전(http://www.snuh.org)

임신육아종합포털 아이사랑(http://www.childcare.go.kr)

질병관리본부(http://www.cdc.go.kr/CDC/main.jsp)

충남일보 (2018.4.5.). '영아수영 신체발달' 맹신은 금물, 스트레스 줄 수도.

한국 P&S.(http://www.pnskorea.co.kr/statistics/analysis.asp)

한국 적성교육 진흥원(http://nyj.multiiq.com)

한국정보화진흥원(www.nia.or.kr)

http://www.cdc.go.kr/CDC/main.jsp

http://www.ibabynews.com

https://terms.naver.com/(NAVER 지식백과)

찾 아 보 기

[인명]

[내용]

ㄱ

찾아보기

ㅇ

ㅈ

ㅊ

ㅋ

ㅌ

ㅍ

ㅎ

저/자/소/개

- **박 주 현** 백석문화대학교 사회복지학부 및 백석대학교 평생교육원 교수
- **김 민 희** 호남대학교 유아교육과 교수
- **모 아 라** 연성대학교 사회복지과 아동보육복지전공 교수
- **이 소 현** 경동대학교 유아교육과 교수
- **이 은 정** 경동대학교 유아교육과 교수
- **정다우리** 경복대학교 유아교육과 교수
- **정 희 정** 백석문화대학교 사회복지학부 영유아보육전공 교수
- **한 성 희** 경인여자대학교 아동미술과 교수

영유아발달

1판 1쇄 인쇄 — 2019년 7월 1일
1판 1쇄 발행 — 2019년 7월 5일

저　　자 - 박주현 · 김민희 · 모아라 · 이소현 · 이은정 · 정다우리 · 정희정 · 한성희
발 행 인 - 강철원
발 행 처 - 양성원
주　　소 - 경기도 파주시 검산로 173번길 29-20
전　　화 - 031-946-3861(代)
팩　　스 - 031-946-3864
이 메 일 - tnwpub@naver.com
홈페이지 - tnwpub.co.kr
출판등록 - 2015년 8월 31일 제 2015-000211 호

ISBN 979-11-6126-196-6

정가 18,000원